AF313083

CODE

DE

L'ENREGISTREMENT

ET DES

DOMAINES,

PUBLIÉ SOUS LES AUSPICES

de MM. VIALLA, FIX et DERBIGNY,

Directeurs des Domaines (le 2ᵉ en retraite),

et MOLLEVAUT, Membre de l'institut.

Par A. Labou,

Receveur des Domaines, à Bouchain (Nord), Membre de la Société
des Sciences et des Arts de Valenciennes.

ON SOUSCRIT :

A BOUCHAIN (NORD), CHEZ L'AUTEUR. AFFRANCHIR.

PRIX : 5 FRANCS.

==

1839.

Le prix de l'ouvrage est payable aussitôt après sa réception. Les lettres et l'argent doivent être adressés à l'auteur et affranchis. L'ouvrage sera expédié franc de port. Celui qui s'adjoindra 3 souscripteurs recevra le 4ᵉ exemplaire **GRATIS.** *Les souscriptions devront être individuelles et dans la forme ci-après. Bâtonner les objets auxquels on ne souscrit pas.*

PRIX.

Modèle de la Souscription.

Je soussigné (nom, qualité et résidence)
déclare souscrire aux ouvrages ci-après publiés par M. Lalou :
1° *Au Code, seul, avec les 2 Tables, pour 5 fr.;*
2° *Au Journal de 1858, seul, avec les 2 Tables, pour 5 fr. 50 c.;*
ou, Au Code, au Journal et aux Tables, ensemble, pour 7 fr.;
3° *Au Tableau synoptique des matières, pour 1 fr. 25 c* (*)
De plus, je m'abonne au Journal des années suivantes, pour 5 fr. 50 c. par an, jusqu'à contre-ordre.

A   le

(*) Ce beau tableau est la reproduction de la Table par ordre des matières ci-après, page 9.

IMPRIMERIE DE A. PRIGNET, A VALENCIENNES.

Avertissement.

Ce **CODE**, le plus complet qui ait encore paru, offre la législation sous une seule série de N^{os} indépendante des séries particulières des **238** lois dont il donne le texte. Chaque article renvoie, à sa fin, à ceux qui les ont précédés, confirmés, modifiés ou abrogés. Cette corrélation complète, non encore donnée, et dont on appréciera toute l'utilité, est établie, comme dans les Codes français, par des N^s n'enlevant rien à la clarté du texte. Souvent on ne sait sous quel mot d'un Dictionnaire ou d'un Journal chercher les décisions intervenues sur un article quelconque de la loi : notre Code donne, à chaque article, *l'expression technique et le N^o* sous lesquels ces décisions se trouveront dans le Journal qui fera suite. *Cette méthode simple et nouvelle dispensera en même temps de toutes annotations manuscrites;* puisque ces indications en tiennent lieu. Nous laissons aux hommes compétens à juger si elle ne serait pas susceptible de plus d'une autre application utile. 742 lois, ordonnances, etc., concernant les Domaines ou la Manutention, ne sont répertoriées dans notre livre que sommairement. Nous avons pensé qu'il suffisait d'indiquer les N^{os} des circulaires, instructions ou bulletins des lois où cette législation se trouve : c'est avec d'autant plus de raison qu'on n'eût pu en offrir le texte qu'en quadruplant le prix du Code.

Telle est la base sur laquelle repose le **RÉPERTOIRE GÉNÉRAL** *de l'Enregistrement et des Domaines,* recueil qui résumera et co-ordonnera, (*) pour 5 fr. 50 c. par an, *toute* la matière de 11 autres Journaux du prix de 110 fr. Les décisions y seront annotées 1° des articles du Code de l'Enregistrement dont elles seront l'application ; 2° des articles des lois civiles sur lesquelles elles seront basées ; 3° de l'autorité première ; 4° des N^{os} de tous les recueils où les décisions se trouveront rapportées; 5° des opinions émises pour ou contre : en sorte que le *Répertoire* sera tout-à-la fois la table générale, substantielle, alphabétique et annuelle de tous les Journaux et le complément de tout journal en particulier. Sous ce double point de vue, l'employé ou l'officier public qui les reçoit tous, de même que celui qui n'en voit qu'un ou deux ne voudra pas, assurément, *pour 5 fr. 50 c. par an,* ne pas posséder le guide que nous lui offrons. Le *Répertoire* sera de plus la suite du Code, en ce qu'il contiendra le texte des lois nouvelles avec indication des articles correlatifs.

Deux **TABLES**, l'une par ordre des matières, l'autre par ordre alphabétique, renvoyant tout-à-la-fois au Code et au Journal, en forment le complément indispensable, en même temps que la Table alphabétique est le *Plan du Journal.* Elles se joignent indifféremment au Code ou au Journal, ce qui permet de prendre l'un sans l'autre, sans que cela nuise en rien à l'intime liaison établie entre eux.

La Table par ordre des matières est reproduite dans un Grand **TABLEAU SYNOPTIQUE** de 5 feuilles qui se vend séparément. (1 fr. 25 c.)

(*) Comme l'a fait l'inst. gén n° 1537 relative aux poursuites et instances.

TABLE

PAR

ORDRE DES MATIÈRES

DU CODE ET

DU JOURNAL TOUT-A-LA-FOIS.

ABRÉVIATIONS.

C. Contraventions.
D. Domaines.
Dr. Droit des Français.
E. Enregistrement.
G. Greffes.
H. Hypothèques.
M. Manutention.
O. Objets divers.

T. Timbre.
Am. Amende.
Cir. Circulaire de l'Administration.
C. Circulaire de la comptabilité.
I. g. Instruction générale.
f. fixe.
p. proportionnel.
V. Voyez.

Explication indispensable.

Le trait d'union qui sépare les N^{os} du Code, montre, à sa gauche, les articles abrogés, et, à sa droite, ceux en vigueur.

Les Circulaires de la comptabilité générale des finances, sont citées, sans exception, par leurs N^{os} et paragraphes.

Les lettres grasses **E**, **T**, **M**, etc., font distinguer, au premier coup d'œil, les articles qui concernent l'Enregistrement, le Timbre, la Manutention, etc. (Voir plus haut les Abréviations.)

Les articles Actes, Arrêts, Bureau, Débet, Débiteurs, Délai, Frais, Instances, Jugemens, Lois, Opérations des Inspecteurs et Vérificateurs, Pluralité des Droits, Poursuites, Prescription, Répertoire, Restitutions, Transcription, Valeurs, Ventes, etc., de la Table alphabétique, réunissent, sous d'autres points de vue généraux, tout ce qui se rattache à ces objets principaux, et sont autant d'auxiliaires de la Table par ordre des matières qui rendent au positif ce que l'ordre alphabétique a d'arbitraire.

La Méthode de classement des titres et papiers des bureaux placée à la fin du livre, explique celle qui a été adoptée pour la distribution des objets qui rentrent dans le paragraphe 2 du chapitre de la Manutention.

On remarquera que le véritable attirail des titres, chapitres, paragraphes, articles, etc., qui accompagne d'ordinaire les Tables des matières, est remplacé, dans les nôtres, par un choix de caractères divers, graduellement rentrant et marquant eux-mêmes les divisions tout en offrant l'objet. (Voyez pages 14 et 169.)

ENREGISTREMENT.

2. *Actes civils, adm. et de l'Etat-civil.*

1° Dispositions Particulières.

2° Enregistrement en Débet.

5° Droits. Exemptions. Valeurs.

3. *Actes judiciaires.*

1° Dispositions Particulières.

2° Droits. Exemptions. Valeurs.

Justices de Paix. Prud'hommes.

Bureaux de Paix.

Tribunaux Criminels et de Police Ord. et Correctionnelle.

3844	— Jugemens. 1 f. f.	1790
	MATIÈRE criminelle, sans partie civile.	
292	— Actes. Exempts.	1905 - 1485
3848	— Jugemens. Exempts.	1905 - 1485

Tribunaux de Première Instance, de Commerce et d'Arbitrage.

296	ACTES de greffe, etc. 3 f. f.	1802, 1803, 1804, 1805 - 4335, 5445
	ADJUDICATION à la folle enchère. *V. E. 2-3°, Adjudication*, 380.	
	— D'immeubles. *V. E. 2-3°, Vente*, 7000.	
3856	JUGEMENS préparat., interl. et d'instruction et ceux définitifs en dernier ressort. 3 f. f.	1802, 1804 - 4335
3864	— Définitifs en 1er ressort ou sur appel. 5 f. f.	1816, 1817, 2354 - 4080, 4312
3868	— En dernier ressort, hors compétence. 10 f. f.	1816, 1817 - 4347
3872	— Interl. ou prépar. de divorce. 5 f. f.	1802 - 4345
3876	— Interdiction. Séparation de biens. 15 f. f.	1823
3880	— Adoption. 50 f. f.	1817 - 4356
3884	— Prononçant un divorce. 50 f. f.	1817 - 4356
4588	ORDONNANCE du juge. 3 f. f.	1801, 1804 - 4335

Cours Royales.

300	ACTES de greffe, etc. 5 f. f.	1802, 1803, 1804, 1805 - 4343
616	ARRÊTS préparatoires et interl. 5 f. f.	1802, 1804 - 4343
620	— Définitifs. 10 f. f.	1816, 1817 - 4348
624	— Interdiction. Séparation de corps. 25 f. f.	1823 - 4352
628	— Adoption. 100 f. f.	1817 - 4358
632	— Prononçant un divorce. 100 f. f.	1817 - 4358
4592	ORDONNANCES. 5 f. f.	1801, 1804 - 4343

Cour de Cassation. Conseils du Roi.

640	ARRÊTS interlocutoires ou préparatoires. 10 f. f.	1826 - 4349
644	— Définitifs. 25 f. f.	1826 - 4353
5380	RECOURS. Premier acte. 25 f. f.	1824, 2605 - 4351

Divers Tribunaux et Cours.

302	ACTES des divorces. E. 15 f. f.	1802 - 4345
748	AVOUÉS. Actes de leur Chambre. Exempts.	2312
1184	COLLOCATION. 50 c. p.	1607, 1850
1292	CONDAMNATION. 50 c. p.	1607, 1850
1296	— Confirmée ou réduite. Droit fixe.	1853
1300	— Supplémentaire. Supplément de droit.	1852
1304	— Sur titre non enregistré ou convention verbale. Droit de titre en sus.	1854, 3634
2100	DÉPOT de dessin d'invention. Exempt.	4981
2104	— Des empreintes du timbre. Gratis.	2554, 2725
2240	DOMMAGES-INTÉRÊTS. 2 f. p.	1607, 1874, 2353
2640	ÉLECTIONS. Gratis.	5093, 5244
2796	ÉTAT CIVIL. Rectifications. Indigens. Gratis.	4563
2820	EXPÉDITIONS Jugemens antérieurs à la loi du 28 avril 1816.	
2824	— Préparatoires ou d'instruction. 2 f. f.	1802
2828	— Définitifs. 3 f. f.	1816
2832	— Prononçant un divorce. 15 f. f.	1822
3284	GARDE NATIONALE. Gratis.	5221
3288	GÉNIE. Actes de procédure. Gratis.	4807
3716	INVENTAIRE après faillite. 2 f. f.	5413
3888	JUGEMENS. Contributions. Sommes dues à l'État. Droit ord.	1791 - 4292
4072	LIQUIDATION. 50 c. p.	1607, 1850
4348	MINIMUM du droit proportionnel. Droit fixe.	1851
4460	NAVIGATION du Rhin. Gratis.	5281
4660	PARAPHE de registre. 1 f. f.	4437
4664	— Des hypothèques. Exempt.	1991
5060	PRÉSENTATION, défaut et congé. Exempts.	2359 - 2865
	PRESTATIONS de serment. Droits des actes préparatoires. *V. E. 5-2°, Actes judiciaires*, 616, 3816, 3856.	

5° Enregistrement en Débet.

4. Exploits et Procès-verbaux.

1° Dispositions Particulières.

2° Droits. Exemptions.

Exploits de Chaque Juridiction.

Exploits et Procès-Verbaux Divers.

TIMBRE.

3° Timbre Proportionnel.

	Feuille de 12 déc. 1/2. 3 c.	
	Par 5 déc. en sus. 1	
	Décime. *V. T. 1, Décime*, 1842.	
4648	— *Restitution du droit en cas d'exportation.*	2885
4652	— *Empreintes.*	1280
4656	— *Fourniture du papier.*	1279

9. *Passeports. Permis de port d'armes.*

4688	PASSEPORTS. A l'intérieur. 2 f. f.	3786
4692	— A l'étranger. 10 f. f.	3787
4696	— Pour les indigens. Gratis.	3973
4792	PERMIS *de port d'armes.* 15 f. f.	3788, 4118 - 4521

10. *Timbre extraordinaire.*

6720	PAPIERS *qui peuvent le recevoir.*	
6724	— Ceux dont les citoyens veulent se servir.	1448
6728	— Parchemins.	1418, 1508
6732	— Papiers des administrations publiques.	1507
352	— Actes s. s. p. non sujets au timbre.	1545
2572	— Effets venant de l'étranger ou des colonies.	1486
6736	EXCEPTIONS.	1506
6740	DIMENSION extraordinaire.	1449
6744	FOURNITURE du papier.	1418

11. *Visa pour valoir timbre.*

1° Visa au Comptant.

330	ACTES passés en pays étranger ou dans les colon. Cir. 1419, 1566 - 36.	1484
352	— S. s. p. non sujets au timbre.	1545
2564	EFFETS au-dessus de 20,000 f.	1460
2572	— Venant de l'étranger ou des colonies.	1486
4092	LIVRES de commerce.	4136

2° Visa en Débet.

	ACTES qui peuvent être visés pour timbre en débet.	
1612	— Actes de poursuites et jugemens. Génie.	3081
1616	— Actes et procès verbaux. Police et impositions.	4490 - 4561, 4777
1620	— Déclaration d'appel. Police correctionnelle.	4562
1624	— Délivrance de bois en nature.	5037
1628	— Interdiction d'office.	3917
1632	— Notifications de procès-verbaux. Génie. I. g. 998.	4804
1636	De jugemens. Génie. I. g. 998.	4805
1640	— Procès-verbaux de contraventions. Génie.	3081, 4803
1644	DÉFENSE de viser en débet.	4433
1648	MENTION des droits en suspens dans le visa.	4491

3° Visa Gratis.

3288	ACTES de procédure. Génie.	4807
2796	ETAT CIVIL. Rectifications. Indigens.	4563
3120	EXPROPRIATION pour cause d'utilité publique.	5385
6124	SOISSONS. Etat-civil.	4209
3304	VENTES. Génie.	4806

GREFFES.

1. *Juridictions civile et commerciale.*

Nos du Journal.	1° Dispositions Générales.	Nos du Code.
900	BUREAU. Heures d'ouverture.	249
1220	COMMUNICATION. Registres des actes de greffe.	2031, 2112

	CONTRAVENTIONS. *V.* C. **2**.	
1600	DÉBET.	2036
1842	DÉCIME.	2085, 3470, 5357
2052	DÉLAI.	2032
3312	DISPOSITIONS diverses. Recherches. Légalisations. Commis-greffiers. Dépenses du greffe. Affiche de la loi. Communications.	2034, 2035, 2040, 2111
2176	— Indépendantes.	1594
2484	DROITS de greffe en général.	2009
4368	— Mise au rôle.	2012, 2015
5388	— Rédaction et transcription.	2013
2884	— Expédition.	2014
3196	FRACTION.	2342
3656	INSTANCES. (*V.* **E. 1**, *Instances*, 3604 et s.)	2362
3320	LÉGISLATION antérieure à celle du 21 vent. 7.	24, 32, 152
4136	LOIS confirmatives.	3451, 4447
4140	— Prononçant abrogation.	2042, 2113
4360	MINUTE.	2025, 2109, 3441
4784	PERCEPTION et versement des droits.	2024, 2031 - 2110, 4769
	POURSUITES. *V.* E. **1**, *Poursuites*, 4868 et s.	
	PRESCRIPTION. (*V.* E. **1**, *Prescription*, 4984, 4992, 5008.)	3453
5612	REMISES du greffier.	2036, 2037, 2110, 4745
5816	RESTITUTIONS.	3450
3324	TRIBUNAUX criminels et correctionnels.	2041

2° Mise au Rôle.

Dispositions Particulières.

5908	REGISTRE ou rôle général.	3405
4812	PLACETS interdits.	2023

Droit Fixe de Mise au Rôle.

4376	COURS royales.	5 f. » c. (Trésor 4 f. 50 ; Greff. 50 c.)	2017, 2036
4380	TRIBUNAUX civils.	3 » (—— 2 70 —— 30)	2018, 2036
4384	COMMERCE.	1 50 (—— 1 35 —— 15)	2020, 2036
4388	CAUSES som. et prov.	1 50 (—— 1 35 —— 15)	2019, 2036
4392	EXEMPTIONS. Référé, etc.		3452, 3406
4396	LE droit n'est dû qu'une fois.		2022
4400	DROIT de l'huissier-audiencier. 25 c.		2021

3° Rédaction et Transcription.

Droit Fixe.

5400	DÉCHARGE de dépôt ; dépôt d'état d'inscription, d'exemplaire d'affiche ; transcription de saisie. 3 f. (Au trésor 2 f. 70 c. ; au greffier 30 c.)	2109 - 2036, 3444, 3446
5404	DÉCHARGE de dépôt ; dépôt de titre de créance ; radiation de saisie ; surenchère. 1 f. 50 c. (Au trésor 1 f. 35 c. ; au greffier 15 c.)	2109 - 2036, 3444, 3446
5408	DÉCHARGE de dépôt ; et autres actes faits ou rédigés par les greffiers. 1 f. 25 c. (Au trésor 1 f. 12 c. 1/2 ; au greffier 12 c. 1/2.)	2109 - 2025, 2036, 3441, 3446
5412	PAR témoin, en sus, sur les enquêtes. 50 c. (Au trésor 45 c. ; au greffier 5 c.)	2026, 2036, 3443
5416	EXEMPTIONS.	1894, 3441

Droit Proportionnel.

5424	ADJUDICATION judiciaire.	2109 - 3444
5428	— Sur les 1res 5000 f. 50 c. p.º/₀. (Au trésor 45 c. ; au greffier 5 c.)	2109 - 2036, 3444
5432	— Sur l'excédant. 25 c. p.º/₀. (Au trésor 22 c. 1/2 ; au greffier 2 c. 1/2.)	2109 - 2036, 3444
5436	— A un co-licitant, sur la part acquise. Droits ci-dessus.	3448
5440	— Revente à la folle enchère, sur l'excédant du 1er prix. Dr. ci-dessus.	3447
5444	MANDEMENT ou bordereau de collocation. 25 c. p.º/₀. (Au trésor 22 c. 1/2 ; au greffier 2 c. 1/2.)	2109 - 2036, 3444

5448 | MINIMUM. 1 f. 50 c. f. (Trésor 1 f. 35 c ; Greff. 15 c.)   2036 , 3449
5452 | EXEMPTIONS.   1894

4° Expédition.

Disposition Particulière.

2888 | VINGT lignes de 8 à 10 syll. à la page.   2027

Droit d'Expédition, par Rôle.

2896 | COURS royales.   2 f. » c. (Trésor 1 f. 70 c. Greff. 30 c.)   2036 , 2028
2900 | TRIBUNAUX civils. 1   25   (—— » 95   —— 30)   2036 , 2029
2904 | COMMERCE, etc.   1   »   (—— » 70   —— 30)   2036 , 2030
2908 | EXPÉDITION demandée au nom de l'Etat.   —— 20)   2036
2912 | EXEMPTIONS. Récompenses nationales.   5197

5° Majorats.

4240 | DROIT FIXE de greffe. Cours d'appel ; savoir :
     | — Duc.   72 f. (Trésor 48 f. Greff. 24 f.)
     | — Marquis, comte.   48 f. (—— 32   —— 16)   3423 , 3469 , 3545
     | — Vicomte, baron.   24 f. (—— 16   ——   8)   4617 , 4681
     | Id. Trib. de 1re inst. 1,2 des droits ci-dessus.
4256 | MAJORAT de propre mouvement. Au greffier.   3426 - 3545

2. Juridictions supérieures.

1520 | COUR de cassation.   125 , 1024 , 4997
1364 | CONSEIL d'état.   4997 , 5273
1524 | COUR des comptes.   3337

HYPOTHÈQUES.

Nᵒˢ du Journal. **1. Dispositions générales.** Nᵒˢ du Code.

 900 | BUREAU. Heures d'ouverture.   249
1016 | CAUTIONNEMENT.   1980
1384 | CONSERVATEURS. Leurs fonctions.   1979
1388 | CONSERVATIONS générales et particulières supprimées.   2002
1392 | CONSERVATION des hypothèques.
1396 | — Confiée aux receveurs de l'enregistrement.   1977
1400 | — Établissement des bureaux.   1978
     | CONTRAVENTIONS. V. C. 4.
1842 | DÉCIME.   2085
2056 | DÉLAI. Jours fériés.   2484 , 3741
2176 | DISPOSITIONS indépendantes.   1594
2488 | DROITS d'hypothèques.   1992
1604 | FORMALITÉ en débet.   1996 , 1997
1784 | DÉBITEURS.   2850
3196 | FRACTION.   1998 , 2342 , 4409
3704 | INTÉRIM.   1982
3660 | INSTANCES. (V. E. 1, Instances, 3604 et s)   2362
3364 | LÉGISLATION antérieure à celle du 21 vent. 7.
     | 180 , 232 , 440 , 1408 , 1560 , 1960
     | 2001 , 3841
4144 | LOIS. Prononçant abrogation.   4447
4146 | — Confirmatives.   2122
4148 | — Rétroactivité.   3073
4150 | — Epoque de mise à exécution.   2000
4736 | PAIEMENT des droits.   1997
4916 | POURSUITES. (V. E. 1, Poursuites, 4876.)   3073
5036 | PRESCRIPTIONS. (V. E. 1, Prescription , 4984 , 4992 , 5008.)   2000
5234 | QUITTANCE des droits et salaires.   1991
5480 | REGISTRES des hypothèques.   1718 , 3073
5820 | RESTITUTIONS.

OBJETS DIVERS.

N°ˢ du Journal. **1. *Actes sous seing-privé.*** N°ˢ du Code.

344	ILS peuvent être écrits par les officiers publics.	3397

2. *Huissiers.*

1490	COPIE illisible. Amende 25 f.	4093, 4095
4914	— Poursuites par le ministère public.	4095

3. *Notariat.*

	CONTRAVENTIONS. *V.* C 5.	
4504	LÉGISLATION antérieure et postérieure à celle du 25 vent. 11.	
4168	LOIS. Rétroactivité.	4925
4502	NOTARIAT.	2620
4918	POURSUITES. Procès-verbal.	
5040	PRESCRIPTIONS. Amendes. 2 ans.	4923, 4924

4. *Patentes.*

4724	LÉGISLATION antérieure à celle du 1er brum. 7.	212, 1148, 1312
4172	LOIS. Rétroactivité.	4925
4720	PATENTE non rappelée. Amende 50 f.	1426, 4201, 4208
4919	POURSUITES. Procès-verbal.	1426
5044	PRESCRIPTIONS. Amendes. 2 ans.	4922

5. *Systéme métrique.*

	CONTRAVENTIONS. *V.* C. 7.	
3664	INSTANCES. (*V.* E 1, *Instances,* 3604 et s)	5521
4920	POURSUITES. (*V.* E. 1, *Poursuites,* 4876.)	5521

6. *Ventes publiques de Meubles.*

920	BUREAU.	1940
7120	CLOTURE et signature des p.-v. de vente.	1938
	CONTRAVENTIONS. *V.* C. 9.	
1892	DÉCLARATION de vente.	1931
1896	— Exceptions.	1953, 4761
3668	INSTANCES. (*V.* E. 1, *Instances,* 3604 et s.)	1951
3672	— Preuve testimoniale.	1952
7124	LÉGISLATION antérieure et postérieure à celle du 22 pluv. 7.	1152

CONTRAVENTIONS.

1. *Enregistrement.*

1° Dispositions Générales.

2° Actes Civils, Adm. et de l'État-Civil.

5° Actes Judiciaires.

304	ACTES judiciaires enregistrés après délai. Double droit.	1678, 1680
308	DÉFAUT de remise d'extrait. Am. 10 f.	1681, 4488, 4906
2932	EXPÉDITION délivrée avant son enregistrement. Am. 10 f.	1691, 4910
5700	RÉPERTOIRE. Omission. Am. 5 f.	1703, 3620, 4291, 4911
312	RESPONSABILITÉ des greffiers.	3797
316	TITRE non enregistré produit en cours d'instance. Double droit.	4405

4° Exploits et Procés-verbaux.

3084	ENREG. Après délai de ceux sujets au droit fixe. Am. 5 f.	1676, 2358, 4911
3088	— Id. au droit prop. Double droit, 10 f. au moins.	1677, 4910
1536	COUT d'exploit non énoncé. Am. 5 f.	3089
5704	RÉPERTOIRE. Omission. Am. 5 f.	1702, 4912

5° Successions.

3692	INSUFFISANCE d'estimation. Double droit.	1685
4512	NOTICE d'actes de décès non fournie. Am. 10 f.	1711, 4906
4552	OMISSIONS dans les déclarations. Double droit.	1685
6344	SUCCESSION non déclarée dans le délai. 1/2 droit en sus.	1684

2. Greffes.

2936	EXPÉDITION délivrée avant le paiement des droits. Am. 100 f.	2032
3316	DROIT indûment exigé ou reçu. Am. 100 f.	2038, 2112

3. Huissiers.

1490	COPIE illisible. Amende 25 f.	4093, 4095

4. Hypothèques.

1446	CONTRAVENTIONS aux art. 2196 à 2101 du code civil. Amende 200 f. à 1000 f. l. g. 233, page 17.	2851
812	BLANC. Amende 1000 f. à 2000 f. l. g. 233, page 17	1991, 2852
3712	INTERLIGNE. Am. 1000 f. à 2000 f. l. g. 233, page 17.	2852

5. Notariat.

24	ABRÉVIATION. Amende 20 f.	2625, 4909
232	ACTE. Illisible. Amende 20 f.	2625, 4909
324	— Non écrit en un seul et même contexte. Am. 20 f.	2625, 4909
372	ADDITION dans le corps de l'acte. Am. 10 f.	2626, 4910
816	BLANC, lacune ou intervalle. Am. 20 f.	2625, 4909
956	CALENDRIER de la République. Plus d'amende.	2627, 3017
1176	CLAUSES et expressions féodales. Amende 20 f. et en cas de récidive 40 f.	2627, 4909
1212	COMMUNICATION donnée aux non-intéressés. Am. 20 f.	2628, 4909
1436	CONTRAT de mariage des com. Extrait non déposé. Am. 20 f. 3313, 4909	
2940	EXPÉDITION délivrée aux non-intéressés. Am. 20 f.	2628, 4909
3708	INTERLIGNE. Amende 10 f.	2626, 4910
3900	LECTURE des actes non mentionnée. Am. 20 f.	2625, 4909
4428	MOTS rayés mal approuvés. Am. 10 f.	2626, 4910
4472	NOMS. Et qualifications supprimés. Amende 20 f. et en cas de récidive 40 francs.	2627, 4909
4476	— Et résidences des notaires non énoncés. Am. 20 f.	2624, 4909
4480	— Prénoms, qualités et demeures des parties et des témoins attestans non énoncés. Am. 20 f.	2625, 4909
5180	PROCURATION non annexée. Am. 20 f.	2625, 4909
5596	REMISE tardive des minutes et répertoire. Am. 20 f.	2630, 4909
6136	SOMMES et dates en chiffres. Am. 20 f.	2625, 4909
6352	SURCHARGE. Amende 10 f.	2626, 4910
6384	SYSTÈME MÉTRIQUE. Am. 20 f. et en cas de récidive 40 f.	2627, 4909

6. Patentes.

4720	PATENTE non rappelée. Amende 50 f.	1426, 4201, 4908

7. *Système métrique*.

9 *Ventes publiques de Meubles.*

DOMAINES.

2. Foréts et Péche.

3. Ventes diverses.

DROIT DES FRANÇAIS.

1. *Charte constitutionnelle.*

2. *Code civil.*

Des Personnes.

Des Biens et des Modifications de la Propriété.

Différentes Manières dont on Acquiert la Propriété.

3. *Code de Procédure civile.*
Procédures Devant les Tribunaux.

Procédures Diverses.

4. *Code de Commerce.*

5. *Code d'instruction criminelle.*

6. *Code pénal.*

7. *Code forestier.*

MANUTENTION.

Avec citation des circulaires de la comptabilité, par leurs Nᵒˢ et § précédés d'un C.

1. *Employés de tous grades.*

(Attributions, Fonctions, Droits, Devoirs, Personnel.)

Nᵒˢ du Journal.   **1° Dispositions Particulières.**   Nᵒˢ du Code

2° Dispositions Générales.

2. *Registres*,

et généralement tous les objets qui s'y rattachent.

1° Sommiers.

6140	**SOMMIERS** en général.
560	AMENDES de cassation. Cir. 1057.
756	BAUX de domaines. Cir. 1841.
	96 , 324, 496, 544 , 604 , 656 , 664 , 716, 724 , 772 , 800 , 804 ,
	828 , 952 , 1112 , 1156 , 1164 , 1264 , 1380 , 1388 , 2220 , 2544
872	BUREAUX (Arrondissement de).
1016	CAUTIONNEMENS des conservateurs. 1980
1328	CONGÉS. 2764 , 2944
1464	CONTRIBUTION foncière. Cir. 1109. I. g. 1147, 1183.
1512	COUPES de bois (Adj. des). I. g. 413-16, 1358.
	2220 , 2576 , 2872 , 4516 , 5056 , 5504
1652	DÉBET des comptables. I. g. 999.
	340 , 868 , 1016 , 2180, 3324 , 3436 , 3560 , 4936
1908	DÉCOUVERTES à éclaircir. Ordres gén. 83; Cir. 33.
2080	DÉPENSES visées par le Directeur.
2124	DÉPOUILLEMENT des recettes et dépenses. I. g. 971; C. 24-2, 11-16, 46-13.
2128	DÉSHÉRENCES. I. g. 413-11. 580 , 2668 , 3664
2216	DOMAINES. Cir. 600 ; I. g. 413-13-17, 1358, 1488. 92 , 220 , 316 , 320 ,
	456 , 1564 , 2220 , 3892 , 4084 , 4172 , 5352 , 5380 , 5396 , 5476
	Au surplus *V*. **D**. **1**, *Domaines* , 2216 et s.
2456	DROITS CERTAINS. Cir. 24 juil. 1807.
2460	**DROITS CONSTATÉS**. I. g. 1358; C. 24-1-8 , 27-5-7, 30 , 32 , 35 , 37 ,
	40-5 à 9, 43-5-6 8, 46-12. 5340
2716	— *Enregistrement, timbre, greffe, amendes.* (N° **1**.) I. g. 1358.
2476	Enregistrement. Droits principaux.
2480	— Droits en sus.
6764	Timbre sujet au décime.
4616	— Papier-musique.
996	— Catalogues et prospectus.
4368	Greffe. Mise au rôle.
5388	-- Rédaction.
2952	— Expédition.
568	Amendes fixes de contravention. Enreg. Timbre. Greffe. 5444
1842	Décime pour franc. 2084
6760	Timbre non sujet au décime.
3360	— *Hypothèques* (Droits d'). (N° **2**.) I. g. 1358.
3560	Inscriptions de créances.
6808	Transcription.
532	— *Amendes de condamnation et perceptions diverses.* (N° **3**.) I. g. 1358.
	1196 , 1204 , 3132
536	Attribuées aux Com. et hospices.
	296 , 300 , 356 , 1568 , 2452 , 2700 , 3580 , 4884
540	Autres. I. g. 408; C. 41. 40 , 208 , 992
544	— Grande voirie. 2520 , 3968 , 4100
548	— Huissiers. 4076
552	— Roulage. 3144
556	— Université. 3956
3212	Frais de justice. 2060 , 2368 , 3304
3252	Frais de poursuites et d'instances. Enreg. 4068
2220	— *Domaines. Revenus et prix de mobilier.* (N° **4**.) I. g. 1358.
	Domaines. Revenus. *V*. **D**. **1**, *Domaines*, 2216 et s.
3192	Fortifications et bâtimens militaires. I. g. 514 ; C. 18-8, 24-13, 25-2 ,
	27-4, 38-2 , 41-4 144 , 292 , 328 , 3888 , 4044 , 5284
2242	Dommages-intérêts adjugés à l'état. C. 46-2.
5628	Rentes. I. g. 443-17. 1358.
	84, 136 , 176, 264, 404 , 448 , 572 , 632 , 700 , 712 ,
	860 , 1558 , 2208 , 2240 , 2612 , 2732 , 2892 , 2940 , 3264 , 3668
1535	Créances. 901 , 920 , 940 , 960 , 972 , 976

2° Registres de Recette.

5° Journal de Dépense. Cir. 1418.

4° Tables Alphabétiques.

5° Autres Registres.

3. États et autres Pièces

à recevoir, à fournir ou à rédiger, autres que ceux qui se rattachent aux sommiers, registres, etc., ou à leurs différens objets.

4. Objets divers.

EXAMENS DES SURNUMÉRAIRES.

Années.	MATIÈRES sur lesquelles doivent porter les 3 examens des surnuméraires d'après les instructions générales n°ˢ 1470 et 1534.	Chapitres de la Table des matières offrant le développement du programme ci-dessus.
1ʳᵉ	Administration de l'enreg. et des domaines.	M.
1ʳᵉ	Enregistrement.	E. C.
1ʳᵉ	Timbre.	T. C.
2ᵉ	Greffes.	G. C.
3ᵉ	Hypothèques.	H. C.
3ᵉ	Domaines.	D.
2ᵉ	Comptabilité et manutention.	M.
2ᵉ	Notariat.	O. C.
2ᵉ	Ventes publiques de meubles.	O. C.
1ʳᵉ	Code civil. Liv. 2, titres 1, 2 et 3.	Dr.
2ᵉ	Code civil. Liv. 3, titres 1, 2 et 3.	Dr.
3ᵉ	Code civil. Liv. 3, titres 5, 6, 7 et 18.	Dr.
3ᵉ	Code de procédure. 1ʳᵉ partie. Livre 5.	Dr.
3ᵉ	Code de commerce. Livre 1, titres 3 et 8.	Dr.
3ᵉ	Code forestier. Titres 1, 3 et 13.	Dr.

CODE

DE

L'ENREGISTREMENT

ET DES

DOMAINES.

Base du Journal.

ABRÉVIATIONS.

C. 240. — Circulaire Nº 240.
I. 447. — Instruction générale Nº 447.
B. 16-712. — Bulletin des lois Nº 16, loi Nº 712.
V. — Voyez le présent Code Nº....

Explication indispensable.

Il est très-essentiel de ne pas confondre les Nᵒˢ DU CODE avec CEUX DU JOURNAL, OU DE SON PLAN (la Table alphabétique.)

Les mots imprimés en caractères italiques, et les Nᵒˢ qui les suivent dans le Code, indiquent les mots, et qui plus est les Nᵒˢ, sous lesquels les décisions rendues ou les opinions émises sur chaque article, ou sur chaque loi, seront rigoureusement classées dans le Journal.

Les Nᵒˢ placés à la fin de chaque article du Code, renvoient aux articles de ce Code qui l'ont précédé, confirmé, modifié ou abrogé. Le trait d'union qui les précède, les suit ou les sépare, montre, à sa gauche, la législation antérieure, et, à sa droite, celle postérieure.

La corrélation des lois non données textuellement se trouve, à la Table alphabétique, sous les mots et Nᵒˢ qui suivent leur date dans le Code.

64. — 25 juillet 1790.

8. **ÉDIT.** Avril 1668. *Alluvion*, 512.

16. **DÉCLARATION.** 21 mars 1671. *Amendes de consignation*, 561. I. 1098.

24. **REGLEMENT.** 28 juin 1738. *Amendes de consignation*, 564; *Restitution des amendes de consignation*, 5736; *Greffes*, 5320 C. 1020, 1683.

32. **ARRÈT** du Conseil. 12 sept. 1739. *Greffes*, 5320.

40. **LOI.** 27 nov. 1789. *Amendes de condamnation*, (autres), 510. C. 252.

44. **DECRET.** 16-17 et 22 avril 1790. *Hypothèques*, 3376.

48. **LOI.** 23 avril 90. *Vente des bois de l'État*, 7072.

52. **LOI.** 14-17 mai 90. *Ventes de domaines*, 7048; *Hypothèques*, 3376; *Enregistrement*, 2720. Desenne, 13-430.

56. **DÉCR.** 25, 26, 29 juin - 9 et 25 juill. 90. *Hypothèque*, 3376; *Enregistrement*, 2720.

60. **LOI.** 24 juillet 90. *Maison canonicale*, 4192. C. 510 bis.

64. **LOI.** 25 juillet 90. *Ventes de domaines*, 7048.

68. **LOI** 13 août 90. *Apanage*, 596. C. 157. § 5.
72. **LOI** 15 août 90. *Arbres*, 604. C. 223.
76. **LOI** 16 août 90. *Amendes de consignation*, 564. C. 316.
80. **LOI** 24 août 90. *Amendes de consignation*, 564. C. 183.
84. **LOI** 24 août 90. *Rentes*, 5628. C. 331.
88. **LOI** 6 et 7 sept. 90. *Enregistrement*, 2720. C. 53.
92. **LOI** 23 oct. 90. *Domaines*, 2216. C. 137. Baudouin, 7-120.
96. **LOI** 28 oct.–5 nov. 90. *Baux de domaines*, 756; *Hypothèques*, 3376. C. 54.
100. **LOI** 5 nov. 90. *Incompatibilité*, 3504. C. 31.
104. **LOI** 5 nov. 90. *Instance judiciaire*, 3680. I. 1029, 1057.
108. **LOI** 5 nov. 90. *Vente de mob. de l'État*, 7056. Desenne, 13-478.
112. **LOI** 22 nov. - 1er déc. 90. *Contributions des Domaines*, 1460. C. 143.
116. **LOI** 22 nov. 90. *Domaines et Bois engagés*, 2228. C. 157. Desenne, 13-479.
120. **LOI** 27 nov. - 1er déc. 90. *Instances judiciaires*, 3680.

124. **DÉCR.** 27 nov. - 1er déc. 90. GREFFES. Cour de cassation. Desenne, 3-117.
125. **28.** Provisoirement et jusqu'à ce qu'il en ait été autrement statué, le règlement qui fixait la forme de procéder au conseil des parties sera exécuté à la *Cour de cassation* (1520), à l'exception des points auxquels il est dérogé par le présent décret. *V*-4997.

128. **LOI** 1er déc. 90. *Domaines engagés*, 2228. C. 351 bis.
132. **LOI** 1er déc. 90. *Épaves*, 2756; *Biens vacans*, 792.
136. **LOI** 1er déc. 90. *Rentes*, 5628. C. 157.
140. **LOI** 1er déc. 90. *Vente des Bois de l'État*, 7072.
144. **LOI** 1er déc. 90. *Fortifications*, 3192. C. 351.
148. **LOI** 1er déc. 90. *Instance judiciaire*, 3684. C. 406.
152. **LOI** 5 déc. 90. *Enregistrement*, 2720; *Greffes*, 3320. C. 69.

156. **DÉCR.** 5 et 19 déc. 90. ENREGISTREMENT; *Hypothèques*, 3376. Desenne, 14-228.
157. **2.** (*Délai*, 1980.) Tout *Acte sous seing-privé* (340) contenant *Mutation d'immeubles* (4110, 4452) réels ou fictifs, est assujetti à l'enregistrement dans les six mois de sa date, sous peine de payer deux fois la somme des droits. — A défaut d'actes en forme ou sous seing-privé constatant la translation de la nouvelle propriété, il doit être fait enregistrement de la déclaration que les nouveaux propriétaires et les usufruitiers sont tenus de fournir de la consistance et de la valeur des immeubles, soit qu'ils les aient recueillis par succession ou autrement en vertu des lois ou coûtumes, ou par l'échéance des conditions attachées aux dispositions éventuelles. *V*. - 1274, 1595, 1641, 1682, 1916, 2311, 2344.
158. **25.** (*Mutation*, 4436, 4440.) Les actes sous seing-privé d'une date antérieure au 1er février 1791, ne sont assujettis au droit d'enregistrement qu'autant qu'ils l'étaient à ceux d'insinuation et centième denier, ou dans le cas où il est formé quelque demande en justice ou passé quelque acte authentique en conséquence et seulement au simple droit. *V*. - 1274, 1641, 1912, 1916.

160. **DÉCR.** 18 et 29 déc. 90. *Hypothèques*, 3376. Desenne, 5-374.
164. **LOI** 19 déc. 90. *Incompatibilité*, 3504.
168. **LOI** 19 déc. 90. *Amendes de consignation*, 564. C. 252.
172. **LOI** 19 déc. 90. *Enregistrement*, 2720. C. 4, 5.
176. **LOI** 29 déc. 90. *Rentes*, 5628; *Enregistrement*, 2720.
180. **DÉCR.** 27 janv. et 4 fév. 91. *Hypothèques*, 3364, 3376. C. 41. Desenne, 14-337.

184. **LOI** 7-11 fév. 91. TIMBRE, 6492; *Timbrage*, 6480. C. 8, 36.
Cette loi prononce une amende de 50 livres contre les préposés qui timbrent des feuilles imprimées ou gravées. *V*. - 1306, 4910.

188. **LOI** 8 fév. 91. *Cautionnement des employés*, 1020. C. 21. Desenne, 14-244.
192. **LOI** 12 fév. 91. *Timbre*, 6492. C. 162.
196. **LOI** 18 fév. 91. *Fabriques*, 3132. C. 485.
200. **LOI** 25 fév. 91. *Pensions*, 4760. C. 120.
204. **LOI** 9 mars 91. *Émigrés*, 2648. C. 266. Desenne, 13-497.
208. **LOI** 17 mars 91. *Amendes de condamnation* (autres), 536. C. 252.
212. **LOI** 17 mars 91. *Patentes*, 4724. C. 212.
216. **LOI** 20 mars 91. *Système métrique*, 6372.
220. **LOI** 20 mars 91. *Domaines*, 2216. C. 71. Desenne, 11-205.
224. **LOI** 27 mars 91. *Instances judiciaires*, 3680.
228. **LOI** 12 avril 91. *Pays d'états*, 4740. C. 341. Desenne, 11-221.

232. **DÉCR**. 13 et 26 avril 91. *Hypothèques*, 3364, 3376. Desenne, 5-387.
236. **LOI**. 16 mai 91. *Émigrés*, 2648. C. 266.
240. **LOI**. 18 mai 91. *Émigrés*, 2648. C. 266.
244. **LOI**. 18-27 mai 91. *Timbre*, 6748. C. 82. Desenne, 14-246.

248. **LOI**. 27 mai 91. BUREAU ; *Administration générale*, 412 ; *Cautionnement des Employés*, 1020. C. 90, 89. Desenne, 11-238.
249. 11. Les *Bureaux* (900) doivent être ouverts au public tous les jours, les dimanches et fêtes exceptés, quatre heures le matin et quatre heures le soir, et les heures d'ouverture doivent être affichées à la porte extérieure. *V.* - 1635 et suivans.

252. **LOI**. 27 mai 91. *Timbre*, 6492. C. 79.
256. **LOI**. 1er juin 91. *Incompatibilité*, 3504. C. 194.
260. **LOI**. 1er juin 91. *Prestation de serment*, 5064. I. 1364.
264. **DÉCR**. 7 juin 91. *Rentes*, 5628. C. 157. Desenne, 5-401.
268. **LOI**. 10 juin 91. *Timbre*, 6492. C. 105. Desenne, 14-427.
272. **LOI**. 28 juin 91. *Enregistrement*, 2720. C. 118.
276. **LOI**. 1-6 juillet 91. *Prescription*, 5052. C. 122. Desenne, 13-512.
280. **LOI**. 2 juillet 91. *Pensions*, 4760. C. 120. Desenne, 11-257.
284. **LOI**. 3 juillet 91. *Hypothèques*, 3376. Desenne, 13-512.
288. **LOI**. 3 juillet 91. *Maison canonicale*, 4192. C. 510 bis.
292. **LOI**. 10 juillet 91. *Fortifications*, 3192. C. 351.
296. **LOI**. 17 juillet 91. *Amendes attribuées*, 536.
300. **LOI**. 19-22 juillet 91. *Amendes attribuées*, 536. C. 252. Desenne, 3-303.
304. **LOI**. 21 juillet 91. *Enregistrement*, 2720. C. 144. Desenne, 11-266.
308. **LOI**. 26 juillet 91. *Amendes de consignation*, 564. C. 763.
312. **LOI**. 31 juillet 91. *Pensions*. 4760. C. 120. Desenne, 11 274.
316. **LOI**. 6 août 91. *Domaines*, 2216. C. 126.
320. **LOI**. 19 août 91. *Domaines*, 2216. C. 157. Desenne, 13-538.
324. **LOI**. 12 sept. 91. *Baux de Domaines*, 756 ; *Poursuites*, 4932. C. 157.
328. **LOI**. 12 sept. 91. *Fortifications*. 3192. C. 351.
332. **LOI**. 16 sept. 91. *Contumax*, 1468 ; *Restitution*, 5796. C. 621.
336. **LOI**. 22 sept. 91. *Réparations*, 5640. C. 157-13.
340. **LOI**. 29 sept. 91. *Débet des Comptables*. 1652. C 630.
344. **LOI**. 29 sept. 91. *Enreg* 2720 ; *Timbre*, 6492. C. 182. Desenne, 14-254.

348. **LOI**. 29 sept. 91. RÉPERTOIRE. C. 1304. Desenne, 5-267.
349. 16. A compter du 1er janvier 1793, les notaires publics seront tenus de déposer, dans les deux premiers mois de chaque année, au greffe du tribunal de leur immatriculation, un double, par eux certifié, du *Répertoire* (5688) des actes qu'ils auront reçus dans le cours de l'année précédente, à peine de 100 livres d'amende pour chaque mois de retard. *V.* - 1093, 4906, 4912.

356. **LOI**. 6 oct. 91. *Amendes attribuées*, 536. C. 252.
360. **LOI**. 6 oct. 91. *Incompatibilité*, 3504.
364. **LOI**. 6 oct. 91. *Timbre*, 6492. C. 193.

368. **LOI**. 9 oct. 91. PRESCRIPTION. C. 147.
372. La date des actes sous seing-privé ne peut être opposée pour preuve de *Prescription* (4980) contre la demande de droits ouverts par la transmission d'immeubles réels ou fictifs. *V.* - 1725, 1916.

376. **LOI**. 16 oct. 91. *Titres et qualifications abolis*, 6780. C. 180.
380. **DÉCR**. 14-19 fév. 92. *Saisie - arrêt. Opp.*, 5928. I. 1548. Desenne, 11-376.
384. **LOI**. 28 mars 92. *Ordres*, 4604. C. 269.
388. **LOI**. 8 avril 92. *Émigrés*, 2648. C. 266.
392. **LOI**. 7 juill. 92. *Domaines et bois engagés*, 2228 C. 311. Desenne, 13-552.
396. **LOI**. 18 août 92. *Congrégations*, 1332. C. 323. Desenne, 13 556.
400. **LOI**. 19 août 92. *Fabriques*, 3132. C. 333. Desenne, 7-270.
404. **LOI**. 20 août 92. *Rentes*, 5628. Desenne, 5-421.
408. **LOI**. 23 août 92. *Émigrés*, 2648. C. 314.
412. **LOI** 27 août 92. *Enregistrement*, 2720. Desenne, 14-258.
416. **LOI**. 29 août 92. *Economats*, 2552. C. 393. Desenne, 11-424.
420. **LOI**. 30 août 92. *Abbayes et Communautés*, 20. C. 429. Desenne, 13-566.
424. **LOI**. 2 sept. 92. *Employés*, 2684. C. 312.
428. **LOI** 2 sept. 92. *Émigrés*, 2648. C. 325 bis. Desenne, 10-52.
432. **LOI**. 3 sept. 92. *Domaines engagés*, 2228. C. 351 bis. Desenne, 13-567.
436. **LOI**. 5 sept. 92. *Fabriques*, 3132. C. 485.

864. **LOI**. 5 pluv. 3. *Réparations*, 5640. C. 741. Baudouin, 51. 32.

868. **LOI**. 28 pluv. 3. *Débet des Comptables*, 1652. I. 356. B. 124-654.

872. **LOI**. 6 vent. 3. *Enregistrement*, 2720 ; *Ventes de domaines*, 7048. C. 752. B. 127-668.

876. **LOI**. 8 vent. 3. *Ventes de domaines*, 7048. C. 752. B. 127-672.

880. **LOI**. 13 vent. 3. *Restitutions aux condamnés*, 5764. C. 780. B. 128-678.

884. **LOI**. 21 vent. 3. *Ventes de domaines*, 7048. C. 752. B. 130-701.

888. **LOI**. 26 vent. 3. *Expropriation pour utilité publique*, 3116. C. 792.

892. **LOI**. 30 vent. 3. *Ventes de domaines*, 7048. C. 752. B. 131-711.

896. **LOI**. 18 germ. 3. *Système métrique*, 6372. B. 135-749.

900. **LOI**. 24 germ. 3. *Enregistrement*, 2720. C. 758. B. 137-761.

904. **LOI**. 1er flor. 3. *Créances*, 1535 ; *Enregistrem.*, 2720. C. 819. B. 141-792.

908. **LOI**. 3 flor. 3. *Vente de domaines*, 7048. C. 761. B. 139-781.

912. **LOI**. 9 flor. 3. *Émigrés*, 2648. C. 777. B. 140-789.

916. **LOI**. 24 flor. 3. *Ventes de domaines*, 7048. C. 772. B. 143-808.

920. **LOI**. 28 flor. 3. *Créances*, 1535. C. 786. B. 149-861.

924. **LOI**. 11 prair. 3. *Restitution aux communes*, 5760. C. 773.

928. **LOI**. 12 prair. 3. *Ventes de domaines*, 7048. B. 151-882.

932. **LOI**. 15 prair. 3. *Ventes de domaines*, 7048. B. 152-895.

936. **LOI**. 21 prair. 3. *Bourbons*, 844 ; *Restitution aux condamnés*, 5768. C. 780. B. 154-908.

940. **LOI**. 23 prair. 3. *Créances*, 1535 ; *Enregistrement*, 2720 C. 819. B. 156-915.

944. **LOI**. 27 prair. 3. *Vente de domaines*, 7048. B. 156-919.

948. **LOI**. 9 mess. 3. *Hypothèques*, 3376. B. 164 963.

952. **ARR**. 10 mess. 3. *Baux de domaines*, 756. C. 795.

956. **LOI**. 15 mess. 3. *Timbre*, 6492. C. 788. B. 160 940.

960. **LOI**. 25 mess. 3. *Créances*, 1535. C. 819. B. 163-958

964. **LOI**. 14 fruct. 3. *Enregistrement*, 2720. B. 175 1060.

968. **LOI**. 22 fruct. 3. *Restitutions aux déportés*, 5768. C. 809. B. 178-1084.

972. **LOI**. 28 fruct. 3. *Créances*, 1535. C. 819. B. 179-1091.

976. **LOI**. 29 fruct. 3. *Créances*, 1535. C. 819. B. 178-1090.

980. **LOI**. 6 compl. 3. *Vente de domaines*, 7048. C. 820. B. 181-1116.

984. **LOI**. 1 vend. 4. *SYSTÈME MÉTRIQUE*, 6372. C. 838. B. 183-1120.

988. 9. (*Système métrique*, 6380.) A compter de l'époque à laquelle chaque espèce de mesure républicaine sera devenue obligatoire, il est enjoint à tous notaires et officiers publics des lieux où cette obligation sera en activité, d'exprimer, en mesures républicaines, toutes les quantités de mesures qui seront à énoncer dans les actes que lesdits notaires ou officiers publics passeront ou recevront. — Les actes qui seraient en contravention avec le présent article, seront sujets à un excédant de droit d'enregistrement de la valeur de cinquante francs. Cette somme sera payée comme une amende par le notaire ou l'off. public qui aura passé l'acte, sans que, sous aucun prétexte, elle puisse être imputée aux parties pour qui l'acte aura été passé. *V.*-2627, 4910, 5521.

992. **LOI**. 23 vend. 4. *Amendes de condamnation* (autres), 540. C. 1434.

996. **LOI**. 28 vend. 4. *Enregistrement*, 2720. C. 821.

1000. **LOI**. 2 brum. 4. *Hospices*, 3336. C. 826. B. 191-1191.

1004. **LOI**. 2 brum. 4. *Amendes de consignation*, 564 ; *Instances judiciaires*, 3684. C. 1683. B. 201-1198.

1008. **LOI**. 2 brum. 4. *Hypothèques*, 3376. B. 201-1200.

1012. **ARR**. 4 brum. 4. *Administration générale*, 412 ; *Pensions*, 4760 ; *Salines*, 6056. C. 825.

1016. **LOI**. 18 frim. 4. *Débet des Comptables*, 1652. I. 356. B. 11-52.

1020. **LOI**. 29 frim. 4. GREFFE ; COUR DE CASSATION. B. 13-69.

1024. 4. Le traitement du greffier de la *Cour de cassation* (1520) est égal aux 5/6 de celui des juges. Les droits et émolumens du greffe seront perçus pour le compte de la nation ; le greffier sera tenu d'en arrêter l'état à l'expiration de chaque mois, de le faire viser par le président du tribunal et le commissaire du gouvernement, et d'en verser sans délai le montant entre les mains du receveur de l'enregistrement.

1028. **LOI**. 2 niv. 4. *Ventes de bois*, 7072. C. 854. B. 14-72.

1032. **LOI**. 3 niv. 4. *Ventes de bois*, 7072. C. 854.

1036. **LOI** 7 niv. 4. *Ventes de bois*, 7072 ; *Enregistrement*, 2720. C. 854.

1040. **LOI**. 11 niv 4. *Timbre*, 6492. C. 848. B. 16-92.

1044. **ARR**. 14 niv. 4. *Monnaie*, 4420. C. 850. B. 53-458.

1048. **LOI**. 19 niv. 4. *Instances judiciaires*, 3680. I. 1029. B. 18-104.

1052. **LOI**. 21 niv. 4. *Hypothèques*, 3376. C. 853. B. 18-106.
1056. **LOI**. 7 pluv. 4. *Émigrés*, 2648. C. 862. B. 21-137.
1060. **LOI**. 9 pluv. 4. *Enregistrement*, 2720. C. 856. B. 21-141.
1064. **LOI**. 26 vent. 4. *Enregistrement*, 2720. C. 886. B. 33-243.
1068. **LOI**. 28 vent. 4. *Ventes de domaines*, 7048. C. 893. B. 34-252.
1072. **ARR**. 30 vent. 4. *Pensions*, 4760. I. 1218. B. 34-256.
1076. **LOI**. 11 germ. 4. *Vente de mob. déposé dans les greffes et prisons*, 7064. I. 1275, 653. B. 36-281.
1080. **ARR**. 29 germ. 4. *Pensions*, 4760. C. 949. B. 41-539.
1084. **LOI**. 2 flor. 4. *Main-levée de sequestre*, 4188. C. 2028.
1088. **LOI**. 6 flor. 4. *Ventes de bois*, 7072. C. 854.

1092. **LOI**. 16 flor. 4. RÉPERTOIRE. C. 1304. B. 45-384.
1093. **1**. Les notaires publics seront tenus d'effectuer, chaque année, au greffe du tribunal civil du département de leur résidence, le dépôt du double, d'eux certifié, du *Répertoire* (5688) des actes par eux reçus dans le cours de l'année précédente, et ce dans le délai et sous les peines portées par l'article 16 du titre 3 du décret du 29 sept. 1791. *V*. 349-4912.
1094. **2**. (*Poursuites*, 4880.) Le commissaire du Directoire exécutif près le tribunal civil de chaque département, demeure chargé, sous sa responsabilité, de poursuivre les notaires en retard ; il les fera condamner en l'amende déterminée par la loi précitée, et cette amende sera recouvrée par le receveur des domaines de l'arrondissement de la résidence du notaire qui l'aura encourue. *V*. l. g. 384.

1100. **LOI**. 19 prair. 4. *Hypothèques*, 3376. C. 920. B. 52-450.
1104. **LOI**. 22 prair. 4. *Ventes de domaines*, 7048. C. 917. B. 52-457.
1108. **LOI**. 5 mess. 4. *Enregistrement*, 2720. B. 54-483.
1112. **LOI**. 9 mess. 4. *Baux de domaines*, 756. C. 953. B. 55-491.
1116. **LOI**. 19 mess. 4. *Ventes de domaines*, 7048. C. 925. B. 57-518.
1120. **ARR**. 10 therm. 4. *Instances judiciaires*, 3680. I. 1029. B. 62-572.
1124. **LOI**. 13 therm. 4. *Ventes de domaines*, 7048. C. 931. B. 62-573.
1128. **ARR**. 14 therm. 4. *Enregistrement*, 2720 ; *Timbre*, 6492. C. 926, 930. B. 62-575 et 576.
1132. **LOI**. 16 therm. 4. *Prestation de serment*, 5064. C. 936. B. 63-581.
1136. **LOI**. 23 therm. 4. *Enregistrement*, 2720. C. 940. B. 66-661.
1140. **LOI**. 24 therm. 4. *Hypothèques*, 3376. C. 938. B. 68-612.
1144. **LOI**. 25 therm. 4. *Écoles centrales*, 2540. C. 937.
1148. **LOI**. 6 fruct. 4. *Patentes*, 4724. C. 941. B. 70-642.
1152. **ARR**. 12 fruct. 4. *Ventes de meubles*, 7124. C. 967. B. 72-666.
1156. **LOI**. 18 fruct. 4. *Baux de domaines*, 756. C. 953. B. 73-680 et 681.
1160. **LOI**. 20 fruct. 4. *Vente de domaines*, 7048. C. 951. B. 74-687.
1164. **LOI**. 21 fruct. 4. *Baux de domaines*, 756. C. 953. B. 74-691.
1168. **LOI**. 23 fruct. 4. *Vente de domaines*, 7048. C. 951. B. 75-697.
1172. **LOI**. 16 vend. 5. *Restitutions aux hospices*, 5784. C. 969. B. 81-753.
1176. **LOI**. 28 vend. 5. *Hypothèques*. 3376. C. 973. B. 84-794.
1180. **LOI**. 3 brum. 5. *Monnaie*, 4420. C. 972. B. 84-802 et 803.
1184. **ARR**. 14 brum. 5. *Amendes de consignation*, 564. C. 1020. B. 87-838.
1188. **LOI**. 16 brum. 5. *Ventes de domaines*, 7048. C. 990.
1192. **LOI**. 27 frim. 5. *Enregistrement*, 2720. C. 1170.
1196. **ARR**. 1 niv. 5. *Amendes de condamnation*, 532. C. 996. B. 97-917.
1200. **LOI**. 7 niv. 5. *Domaines et bois engagés*, 2228. C. 1003. B. 99-952.
1204. **ARR**. 16 niv. 5. *Amendes de condamnation*, 532. C. 1020. B. 99-941.
1208. **LOI**. 30 niv. 5. *Frais de justice a payer*, 3208. I. 531. B. 102-967.
1212. **LOI**. 16 pluv. 5. *Ventes de domaines*, 7048. C. 1019. B. 104-996.
1216. **LOI**. 6 vent. 5. *Ventes de domaines*, 7048.
1220. **LOI**. 13 vent. 5. *Émigrés*, 2648. C. 1119. B. 111-1054.
1224. **LOI**. 20 vent. 5. *Réparations*, 5640. C. 1032. B. 113-1077.
1228. **LOI**. 9 germ. 5. *Ventes de domaines*, 7048 ; *Enregistrement*, 2720 C. 1044. B. 116-1112.
1232. **ARR**. 12 germ. 5. *Frais de justice à payer*, 3208. C. 1039.
1236. **ARR**. 21 germ. 5. *Incompatibilité*, 3504. C. 1045. B. 117-1129.
1240. **LOI**. 21 germ. 5. *Maison canonicale*, 4192. B. 117-1130.
1244. **LOI**. 5 flor. 5. *Timbre*, 6492. C. 1043. B. 119-1153.
1248. **LOI**. 24 flor. 5. *Ventes de domaines*, 7048.
1252. **LOI**. 16 mess. 5. *Restitution aux hospices*, 5784. C. 969.
1256. **ARR**. 5 therm. 5. *Pensions*, 4760. I. 1218.

1260. **LOI**. 2 fruct. 5. *Ventes de domaines*, 7048. C. 1096. B. 138-1366.
1264. **LOI**. 9 fruct. 5. *Baux de domaines*, 756. C. 1104. B. 139-1378 et 1379.
1268. **LOI**. 19 fruct. 5. *Émigrés*, 2648; *Déportés*, 2084. C. 1097. B. 142-1400.

1272. **LOI**. 9 vend. 6. ENREGISTREMENT ; TIMBRE ; HYPOTHÈQUES ; *VENTES DE DOMAINES*, 7048. C. 1105, 1109, 1129, 1454. B. 148-1447.

1274. 50. Tout *Acte sous signature privée* (340) translatif de propriété ou d'usufruit d'immeubles réels ou fictifs, sera soumis à la formalité de l'enregistrement dans les trois mois du jour de sa date, et avant qu'il puisse en être fait usage en justice ou devant quelque autre autorité constituée, ou devant notaire, à peine du triple droit. — A l'égard de ceux faits antérieurement à la publication de la présente, il n'est rien changé aux dispositions de la loi du 19 décembre 1790 qui les concernent : cependant ceux qui seront présentés à l'enregistrement dans les trois mois de ladite publication, seront exempts de la peine du droit en sus prononcée par ladite loi. — Passé ce *Délai* (1980, 2004), ceux desdits actes qui seraient d'une date antérieure au 1er février 1791, ne seront plus admis au simple droit d'enregistrement ; en conséquence il est dérogé, quant à ce, à la disposition de l'article 23 de ladite loi du 29 déc. 1790, qui les exempte, sans limitation de temps, de la peine du droit en sus. *V*.157, 158 - 1595, 1641, 1682, 1916.

1275. 53. La *Mutation* (1444, 4152) d'un immeuble en propriété ou usufruit, sera suffisamment établie, relativement à la demande des droits, soit par des paiemens faits d'après les rôles de la contribution foncière, soit par des baux passés par le nouveau possesseur, soit enfin par des transactions ou tous autres actes qui constateront sa propriété ou jouissance. — 54. Tout nouveau possesseur d'immeubles réels ou fictifs, qui, après avoir laissé passer le délai fixé pour l'enregistrement de sa déclaration, agira en sa qualité de possesseur, soit en justice, soit devant quelque autre autorité constituée, ou devant notaire, sera contraint au paiement du double droit d'enregistrement. *V*. -1595, 1916. 2344.

1276. 56. Les *Journaux* (3752), gazettes, feuilles périodiques ou papiers-nouvelles, les feuilles de *Papier-musique* (4620), toutes les *Affiches* (432, 436), autres que celles d'actes émanés d'autorité publique, quelle que soit leur nature ou leur objet, seront assujettis au timbre fixe ou de dimension. *V*.- 1373, 2885, 4420, 4432, 4564.

1277. 57. (*Journaux*, 3768.) Sont exceptés les ouvrages périodiques relatifs aux sciences et aux arts, ne paraissant qu'une fois par mois et contenant *au moins deux feuilles* d'impression. *V*. - 4432, 4564.

1278. 58. (*Papier-musique*, 4628.) Le droit de timbre fixe ou de dimension pour les *Journaux* (3776) et *Affiches* (440, 452) sera de 5 centimes pour chaque feuille de vingt-quatre centimètres sur trente-huit, feuilles ouvertes, ou environ ; et pour chaque demi-feuille de cette dimension de 3 cent. — Ceux qui voudront user, pour lesdites impressions, de papiers dont la dimension serait supérieure à vingt-cinq centimètres pour la feuille, et à douze centimètres et demi pour la demi-feuille, les feront timbrer extraordinairement, en payant un centime pour cinq centimètres d'excédant. *V*. - 1289, 2095, 4422, 4432, 4663, 5201 et s.

1279. (*Affiches*, 468. *Journaux*, 3808. *Papier-musique*, 4656.) Le papier sera fourni dans tous les cas par ceux auxquels il sera nécessaire. *V*. - 1290, 4420, 4650.

1280. 59. (*Papier-musique*, 4652.) La régie fera graver deux timbres pour lesdits *Journaux* (3804) et *Affiches* (460). Chaque *Timbre* (6496) portera distinctement son prix ; ils auront pour légende : République française.

1281. 60. (*Imprimés*, 3492.) Ceux qui auront répandu des journaux ou papiers-nouvelles et autres objets compris dans l'article 56 ci-dessus, et apposé ou fait apposer des affiches, sans avoir fait timbrer leur papier, seront condamnés à une amende de cent livres pour chaque contravention ; les objets soustraits aux droits seront lacérés. *V*. 1276 - 2096, 4429, 4909

1282. 61. (*Débiteur*, 1816. *Imprimé*, 3496, 3500. *Poursuites*, 4912.) Les auteurs, afficheurs, distributeurs et imprimeurs desdits journaux et affiches, seront solidairement tenus de l'amende, sauf leur recours les uns contre les autres. *V*. - 4431.

1283. 62. Il sera établi, au profit du trésor public, et perçu par les receveurs de l'enregistrement : — 1° Un droit proportionnel calculé à raison d'un pour deux mille du montant des créances hypothécaires antérieures à l'entière mise en activité du régime hypothécaire, et dont l'*Inscription* (3536) sera requise pour en obtenir la conservation ; et à raison d'un pour mille du montant de celles postérieures. *V*. -2121, 1993, 4408.

1284. — 2° (*Transcription*, 6876.) Un autre droit proportionnel d'un et demi pour cent sur le prix intégral des mutations que les nouveaux possesseurs voudront purger d'hypothèques. *V*. - 1928.

1288. **LOI**. 13 vend. 6. TIMBRE. C. 1105. B. 150-1472.

1289. (*Papier-musique*, 4628.) Le droit de timbre fixe ou de dimension pour les *Journaux* (3776, et *Affiches* (440, 452) sera de cinq centimes pour chaque feuille de vingt-cinq décimètres carrés de superficie (ou trois cent quarante-un pouces carrés) et de trois centimes pour chaque demi-feuille de même espèce. — Ceux qui voudraient user, pour lesdites impressions, de papier dont la superficie serait plus grande que vingt-cinq déc. carrés pour la feuille entière, et douze décimètres et demi carrés pour la demi-feuille, paieront un centime en sus du droit fixe pour chaque cinq décimètres carrés (ou soixante-huit pouces carrés) d'excédant. — En conséquence, l'art. 58 de la loi du 9 de ce mois est abrogé. *V*. 1278 - 2095, 4422, 4432, 4663, 5201 et s.

1290. (*Affiches*, 468. *Journaux*, 3808.) Le papier sera fourni, dans tous les cas, par les citoyens auxquels il sera nécessaire. *V*. 1279 - 4420, 4650.

1296. **ARR**. 15 vend. 6. *Affouage*, 504. C. 1115.

1300. **ARR**. 3 brum. 6. TIMBRE. C. 1105, 1124. B. 154 - 1513.

1304. **5.** Les papiers destinés à la musique ne pourront être gravés ou *Imprimés* (3492), qu'ils n'aient été timbrés, avant la gravure ou l'impression de la musique. — Les journaux, gazettes, feuilles périodiques ou papiers-nouvelles, et les *Affiches* (476, 480) assujettis au timbre par la loi du 9 vendémiaire, ne pourront également être imprimés que sur du papier timbré avant l'impression. — **4.** Les imprimeurs et graveurs qui imprimeront ou graveront des journaux, gazettes, feuilles périodiques ou papiers-nouvelles, des affiches et papiers-musique, sur du papier non timbré, encourront l'amende et la peine de la lacération, prononcées par l'art. 60 de ladite loi. *V*. 1281 - 4427.

1305. **5.** (*Poursuites*, 4896, 4904.) Dans le cas de contravention, les préposés de la régie retiendront les feuilles imprimées ou gravées qui ne seront pas timbrées pour les joindre au p.-verbal qu'ils seront tenus de rapporter contre l'imprimeur ou le graveur.

1306. **6.** (*Timbrage*, 6480.) Les préposés qui appliqueront le timbre sur des feuilles imprimées ou gravées, seront contraints au paiement de l'amende portée en l'art. 16 de la loi du 11 février 1791. En cas de récidive, ils seront destitués. *V*. 184 - 4910.

1312. **LOI**. 7 brum. 6. *Patentes*, 4724. C. 1135. B. 155 - 1522.

1316. **ARR**. 22 brum. 6. *Ventes de mobilier de l'État*, 7056. C. 1156. B. 157 - 1545.

1320. **ARR**. 27 brum. 6. *Frais de justice à payer*, 3208. C. 1154. B. 159 - 1558.

1324. **ARR**. 28 brum. 6. *Dépôt des minutes des juges-de-paix*, 2112; *Répertoires des greffiers*, 5652. C. 1147. B. 159 - 1562.

1328. **LOI**. 16 frim. 6. *Ventes de domaines*, 7048; *Enregistrement*, 2720. C. 1169. B. 164 - 1591.

1332. **LOI**. 17 frim. 6. *Instance judiciaire*, 3680; *Enregistrement*, 2720. I. 1029. B. 164 - 1592.

1336. **LOI**. 24 frim. 6. *Dette publique*, 2140; *Ventes de domaines*, 7048. C. 1178, 1211. B. 168 - 1604.

1340. **ARR**. 29 frim. 6. *Frais de justice à payer*, 3208. C. 1164.

1344. **ARR**. 19 niv. 6. *Noms et prénoms*, 4468. C. 1204. B. 177 - 1660.

1348. **ARR**. 23 niv. 6. *Vente de mob. de l'État*, 7056, 7060. C. 1220. B. 178.

1352. **LOI** 26 pluv. 6. *Émigrés*, 2648. C. 1227. B. 183 - 1727.

1356. **ARR**. 23 vent. 6. *Vente de mob. Guerre*, 7084. C. 1246.

1360. **ARR**. 5 germ. 6. *Timbre*, 6492. C. 1243.

1364. **ARR**. 14 germ. 6. *Calendrier*, 952. C. 1264. B. 194 - 1785.

1368. **ARR**. 29 germ. 6. *Vente de mob. de l'État*, 7056. C. 1259.

1372. **LOI**. 2 flor. 6. TIMBRE. C. 1290. B. 196 - 1804.

1373. **1.** (*Papier-musique*, 4624.) L'article 56 de la loi du 9 vendémiaire an 6, concernant le droit de timbre, n'est applicable qu'aux feuilles périodiques de musique, quelle que soit leur étendue, et à tout œuvre de musique qui n'excédera pas deux feuilles d'impression. — **2.** Toutes poursuites et saisies qui pourraient avoir été faites par une fausse interprétation de l'art. 56 de la loi précitée, cesseront et n'auront aucun effet, à compter de la publication de la présente loi. *V*. 1276 - 4564.

1380. **LOI**. 6 mess. 6. *Baux de domaines*, 756. C. 1327. B. 209 - 1894.

1384. **ARR**. 6 mess. 6. *Frais de justice à payer*, 3208. C. 1363. B. 207 - 1887.

1388. **LOI**. 17 mess. 6. *Baux de domaines*, 756. C. 1327. B. 212 - 1910.

1392. **ARR**. 28 mess. 6. *Pêche*, 4744. C. 1338. B. 213 - 1925.

1396. **LOI**. 1 therm. 6. *Amendes de consignation*, 564. C. 1336. B. 213 - 1927.

1400. **LOI**. 18 therm. 6. *Émigrés*, 2648. C. 1358. B. 217 - 1948.

1404. **LOI**. 23 fruct. 6. *Calendrier*, 952. C. 1375. B. 225 - 2002.

1408. **LOI**. 26 fruct. 6. *Hypothèques*, 3364. C. 1454.

1412. **LOI**. 26 vend. 7. DÉCLARATION DE COMMAND; *VENTES DE DOMAINES*, 7048. C. 1417 b. B. 233 - 2092.

1416. **11.** Tout adjudicataire de domaines nationaux peut, dans les trois jours de l'adjudication, faire des *Déclarations d'ami ou de command* (1864), et les citoyens en faveur desquels ces déclarations sont faites ne sont tenus que du droit d'enregistrement qu'aurait payé l'adjudicataire lui-même. *V.* -2508, 2514, 3525, 4327.

1420. **LOI**. 1 brum. 7. PATENTE. C. 1417. B. 234-2096.

1424. **21**. Les *Patentes* (4712) seront sur papier timbré, aux frais de ceux à qui elles seront délivrées, et dans la même forme qu'en l'an 5 et en l'an 6. Il ne pourra être perçu aucun autre droit que celui du timbre.

1425. **22**. Il sera tenu par le secrétaire de l'administration municipale, sur papier non timbré, un *Registre* (5552) coté et paraphé par le président, sur lequel registre seront inscrites de suite, et par ordre de numéros, toutes les patentes qui seront délivrées. Les quittances seront conservées au secrétariat, avec des numéros correspondant à celui de l'inscription sur les registres

1426. **57**. (*Poursuites*, 4919) Nul ne pourra former de demande, ni fournir aucune exception ou défense en justice, ni faire aucun acte ou signification par acte extrajudiciaire, pour tout ce qui serait relatif à son commerce, sa profession ou son industrie, sans qu'il soit fait mention en tête des actes, de la *Patente* (4720) prise avec désignation de la classe, de la date, du numéro et de la commune où elle aura été délivrée, à peine d'une amende de 500 francs, tant contre les particuliers sujets à la patente, que contre les fonctionnaires publics qui auraient fait ou reçu lesdits actes sans mention de la patente. La condamnation à cette amende sera poursuivie au tribunal civil du département, à la requête du commissaire du pouvoir exécutif près ce tribunal. Le rapport de la patente ne pourra suppléer au défaut de l'énonciation, ni dispenser de l'amende prononcée ci-dessus. *V.*-4201, 4908, 4922. *V.* Code de com. 776.

1427. **59**. Ceux qui auront besoin de plusieurs expéditions de leur *Patente* (4712) pour en justifier dans d'autres cantons que celui de leur domicile, pourront les requérir, sans autres frais que ceux du papier timbré. Il en sera de même pour ceux qui auront perdu leur patente.

1430. **LOI**. 11 brum. 7. *Saisies réelles*, 5956. C. 1429.

1431. **LOI**. 11 brum. 7. *Ventes de domaines*, 7048. C. 1424. B. 235-2122.

1432. **LOI**. 11 brum. 7. *Hypothèques*, 3372. C. 1501. B. 238-2137, 2138.

1433. **LOI**. 13 brum. 7. **TIMBRE**, 6496 à 6512, 6748. C. 1419. B. 237-2136.

TITRE 1er. *De l'établissement et de la fixation des droits.*

1434. **1**. La contribution du *Timbre* (6524) est établie sur tous les papiers destinés aux actes civils et jud., et aux écritures qui peuvent être produites en justice et y faire foi.

1435. (*Timbre*, 6700, 6712.) Il n'y a d'autres exceptions que celles nommément exprimées dans la présente. Toutefois *V.*1425-1488 à 1504, 1711, 1935, 1991, 2106, 2168, 2189, 2292, 2554, 2617, 2641, 2725, 2797, 2841, 2987, 3005, 3006, 3145, 3154, 3245, 3422, 3517, 3534, 3601, 3689, 3919, 3957, 4079, 4291, 4581, 4601, 4658, 4841, 4953, 4981, 5006, 5013, 5029, 5038, 5094, 5197, 5221, 5233, 5241, 5281, 5285, 5445.

1436. **2**. (*Timbre*, 6628.) Cette contribution est de deux sortes :

1437. La première est le droit de *Timbre* (6696) imposé et tarifé en raison de la dimension du papier dont il est fait usage.

1438. La seconde est le droit de *Timbre* (6708) créé pour les effets négociables ou de commerce, et gradué en raison des sommes à y exprimer, sans égard à la dimension du papier.

1439. **3**. Les papiers destinés au *Timbre* (6632) qui seront débités par la régie, seront fabriqués dans les dimensions déterminées suivant le tableau ci-après :

DÉNOMINATION des PAPIERS.	DIMENSIONS (en parties de mètre) DE LA FEUILLE DÉPLOYÉE (supposée rognée).			SUPERFICIE RECTIFIÉE.
	Hauteur.	Largeur.	Superficie	
	m.	m.	m.	m. d.
Grand registre.....................	0, 4204	0, 5946	0, 2500	0, 24,997
Grand papier.....................	0, 3536	0, 5000	0, 1768	0, 17,680
Moyen papier (moitié du grand registre)	0, 2973	0, 4204	0, 1250	0, 12,498
Petit papier (moitié du grand papier)..	0, 2500	0, 3536	0, 0884	0, 8,840
Demi-feuille (moitié du petit papier)...	0, 2500	0, 1768	0, 0442	0, 4,420
Effets de commerce (moitié de la demi-feuille du petit papier coupée en long).	0, 0884	0, 2500	0, 0221	0, 2,210

1446. (*Timbre*, 6688, 6692.) Ils porteront un filigrane particulier imprimé dans la pâte même à la fabrication.

1448. 7. (*Timbre extraordinaire*, 6724, 6728, 6744.) Les citoyens qui voudront se servir de papiers autres que ceux de la régie, ou de parchemins, seront admis à les faire timbrer avant d'en faire usage. *V.* - 1506.

1449. (*Timbre extraordinaire*, 6740.) Si les papiers ou le parchemin se trouvent être de dimensions différentes de celles des papiers de la régie, le timbre, quant au droit établi en raison de la dimension, sera payé au prix du format supérieur. *V.* 1439 - 1450, 4411.

1450. 8. Le prix des papiers timbrés fournis par la régie, et les droits de *Timbre* (6632) des papiers que les citoyens feront timbrer, seront fixés ainsi qu'il suit, savoir : — 1° Droit de timbre en raison de la dimension du papier. — La feuille de grand registre, 1 fr. 50 c. ; — celle de grand papier, 1 fr. ; — celle de papier moyen, 75 c. ; — celle de petit papier, 50 c. ; — et la demi-feuille de ce petit papier, 25 c. — Il n'y aura point de droit de timbre supérieur à 1 fr. 50 c., ni inférieur à 25 c., quelle que soit la dimension du papier, soit au-dessus du grand registre, soit au-dessous de la demi-feuille de petit papier. *V.* - 4411.

1458. — 2° Droit de *Timbre* (6664) gradué en raison des sommes.

1459. (*Timbre*, 6680.) Ce droit est de cinquante centimes par 1,000 fr. inclusivement et sans fraction, à quelques sommes que puissent monter les effets. *V.* - 4419 4904, 5423, 5536.

1460. 11. Les citoyens qui voudront faire des *Effets* (2564) au-dessus de 20,000 fr., seront tenus de présenter les papiers qu'ils y destineront au receveur de l'enregistrement, et de les faire viser pour timbre, en payant le droit à raison de 50 c. par 1,000 fr. sans fraction, ainsi qu'il est réglé par l'art. 8 de la présente. *V.* 1459 - 4419, 4904, 5423.

TITRE 2. *De l'application des droits.*

1461. 12. Sont assujettis au droit de *Timbre* (6700), établi en raison de la dimension, tous les papiers à employer pour les actes et écritures, soit publics, soit privés, savoir :

1462. — 1° Les *Actes des notaires* (152), et les extraits, copies et *Expéditions* (2868) qui en sont délivrés ;

1463. Les *Actes des huissiers* (172), et les copies et *Expéditions* (2864) qu'ils en délivrent ;

1464. Les *Actes* (164) et les *Procès-verbaux* (5136) des gardes et de tous autres employés ou agens ayant droit de verbaliser, et les *Copies* (1484) qui en sont délivrées ;

1465. Les *Actes* (320) et jugemens de la justice de paix, des bureaux de paix et de conciliation, de la police ordinaire, des tribunaux et des arbitres, et les extraits, copies et *Expéditions* (2872) qui en sont délivrées ;

1466. Les *Actes* (320) particuliers des juges-de-paix et de leurs greffiers, ceux des autres juges et des commissaires du Directoire exécutif, et ceux reçus aux greffes ou par les greffiers, ainsi que les extraits, copies et *Expéditions* (2872) qui s'en délivrent ;

1467. Les *Actes des avoués ou défenseurs officieux* (168) près les tribunaux, et les copies ou *Expéditions* (2860) qui en sont faites ou signifiées ;

1468. Les *Consultations* (1412), mémoires, observations et précis, signés des hommes de loi et défenseurs officieux ;

1469. Les *Actes* (92) des autorités constituées administratives, qui sont assujettis à l'enregistrement ou qui se délivrent aux citoyens, et toutes les *Expéditions* (2852) ou extraits des actes, arrêtés et délibérations desdites autorités, qui sont délivrés aux citoyens ; *V.* - 4656, 4658.

1470. Les *Pétitions* (4800) et mémoires, même en forme de lettres, présentés au Directoire exécutif, aux ministres, à toutes autorités constituées, aux commissaires de la trésorerie nationale, à ceux de la comptabilité nationale, aux directeurs de la liquidation générale, et aux administrations ou établissemens publics ; *V.* - 5285.

1471. Les *Actes entre particuliers sous signature privée* (336), et le double des *Comptes* (1248) de recette ou gestion particulière ; *V.* - 1492, 2097, 3533, 3534.

1472. Et généralement tous *Actes et écritures* (184), extraits, copies et *Expéditions* (2844), soit publics, soit privés, devant ou pouvant faire titre, ou être produits pour obligation, décharge, justification, demande ou défense ; *V.* - 1488 et s., 2098, 3849.

1473. — 2° Les *Registres* (5500) de l'autorité judiciaire, où s'écrivent des actes sujets à l'enregistrement sur les minutes, et les *Répertoires* (5656) des greffiers ;

1474. Les *Registres* (5488) des administrations centrales et municipales, tenus pour objets qui leur sont particuliers, et n'ayant point de rapport à l'administration générale et les *Répertoires* (5664) de leurs secrétaires ; *V*. - 2987.

1475. Les *Registres* (5548) des notaires, huissiers et autres officiers publics et ministériels , et leurs *Répertoires* (5660) ;

1476. Les *Registres* (5556) des receveurs des droits et des revenus des communes et des établissemens publics ;

1477. Les *Registres* (5536) des fermiers des postes et messageries ;

1478. Les *Registres* (5512) des compagnies et sociétés d'actionnaires ;

1479. Les *Registres* (5544) des établissemens particuliers et des maisons particulières d'éducation ;

1480. Les *Registres* (5496) des agens d'affaires , directeurs, régisseurs, syndics de créanciers et entrepreneurs des travaux et fournitures ;

1481. Les *Registres* (5504) des banquiers, nég., armateurs, marchands , fabricans , commissionnaires , agens de change , courtiers, ouvriers et artisans ; *V*. - 4434 , 5533.

1482. Les *Registres* (5540) des aubergistes , maîtres d'hôtels garnis et logeurs, sur lesquels ils doivent inscrire les noms des personnes qu'ils logent.

1483. Et généralement tous *Livres* (4108) , *Registres* (5568) et *Minutes* (4364) de lettres qui sont de nature à être produits en justice et dans le cas d'y faire foi , ainsi que les extraits , copies et *Expéditions* (2876) , qui sont délivrés desdits livres et registres. *V*. - 1488 et s.

1484. 13. Tout *Acte* (220, 330) fait ou passé en pays étranger, ou dans les îles et colonies françaises , où le timbre n'aurait pas encore été établi , sera soumis au timbre , avant qu'il puisse en être fait aucun usage en France, soit dans un acte public, soit dans une déclaration quelconque, soit devant une autorité judiciaire ou administrative. *V*. - 1518 , 1527.

1485. 14. Sont assujettis au droit de *Timbre* (6712) en raison des sommes et valeurs , les billets à ordre ou au porteur, les rescriptions , mandats , mandemens , ordonnances , et tous autres *Effets négociables* (2560 , 2568) ou de commerce , même les lettres de change tirées par seconde , troisième et duplicata, et ceux faits en France et payables chez l'étranger. *V*. - 2098 , 2409 , 4833.

1486. 15. Les *Effets négociables* (2572) , venant de l'étranger, ou des îles et colonies françaises où le timbre n'aurait pas encore été établi , seront , avant qu'ils puissent être négociés , acceptés ou acquittés en France, soumis au timbre ou au visa pour timbre , et le droit sera payé d'après la quotité fixée par l'art. 8 de la présente. *V*. 1459 - 1518, 1527, 2098 , 5427.

TITRE 3. *Des actes et registres non soumis à la formalité du timbre.*

1488. 16. Sont exceptés du droit et de la formalité du timbre, savoir : — 1° Les *Actes* (176) du corps législatif et ceux du directoire exécutif ;

1489. Les minutes de tous les *Actes* (96), arrêtés, décisions et délibérations de l'administration publique en général et de tous les établissemens publics, dans tous les cas où aucun de ces actes n'est sujet à l'enregistrement sur la minute et les extraits , copies et *Expéditions* (2848) qui s'expédient ou se délivrent par une administration ou un fonctionnaire public à une autre administration publique ou à un fonctionnaire public , lorsqu'il y est fait mention de cette destination ; *V*. - 4658.

1490. Les *Inscriptions sur l* grand-livre (3572) de la dette nationale, et les *Effets publics* (2624) ; *V*. - 5445 , 5446.

1491. Tous les *Comptes* (1260) rendus par des comptables publics ;

1492. Les doubles , autres que celui du comptable de chaque *Compte* (1252) de recette ou gestion particulière et privée ; *V*. 1471-

1493. Les *Quittances* (5260) de traitemens et émolumens des fonctionnaires et employés salariés par la République ;

1494. Les *Quittances* (5240) ou *Récépissés* (5284) délivrés aux collecteurs et receveurs de deniers publics ; celles que les collecteurs des contributions directes peuvent délivrer aux contribuables ; celles des contributions indirectes qui s'expédient sur les actes , et celles de toutes autres contributions qui se délivrent sur feuilles particulières , et qui n'excèdent pas 10 fr.; *V*. 1472 -

1495. Les *Quittances* (5256) des secours payés aux indigens , et des indemnités pour incendies , inondations , épizooties et autres cas fortuits ;

1496. Toutes autres *Quittances* (5236) , même celles entre particuliers, pour créances ou sommes non excédant 10 fr. , quand il ne s'agit pas d'un à-compte ou d'une quittance finale sur une plus forte somme ; *V*. 1472 -

1497. Les engagemens, enrôlemens, congés, certificats, cartouches, passeports, quittances pour prêts et fournitures, billets d'étape, de subsistance et de logement, et autres pièces ou écritures concernant les gens de guerre , tant pour le *Service* (6108) de terre que pour le service de mer ; *V*. - 2168.

1498. Les *Pétitions* (4804) présentées au corps législatif; celles qui ont pour objet des demandes de congés absolus et limités, et de secours, et les pétitions des déportés et réfugiés des colonies, tendant à obtenir des certificats de résidence, passeports et passages pour retourner dans leur pays;

1499. Les *Certificats d'indigence* (1104);

1500. Les *Rôles* (5912) qui sont fournis pour l'appel des causes;

1501. Les *Actes de police générale et de vindicte publique* (160), et ceux des commissaires du directoire exécutif, non soumis à la formalité de l'enreg., et les *Copies des pièces de procédure criminelle* (1480) qui doivent être délivrées sans frais;

1502. — 2° Les *Registres* (5492) de toutes les administrations publiques et des établissemens publics pour ordre et administration générale; *V.* - 2987.

1503. Les *Registres* (5564) des tribunaux, des accusateurs publics, et des commissaires du directoire exécutif, où il ne se transcrit aucune minute d'actes soumis à la formalité de l'enregistrement;

1504. Les *Registres* (5560) des receveurs des contributions publiques, et autres préposés publics. *V.* - 1991, 2851.

TITRE 4. *Des obligations respectives des notaires, huissiers, greffiers, secrétaires des administrations, arbitres et experts, des diverses autorités publiques, des préposés de la régie et des citoyens, et peines prononcées contre les contrevenans.*

1505. **17.** (*Emploi*, 2680.) Les notaires, huissiers, secrétaires des administrations centrales et municipales, et autres officiers et fonctionnaires publics, les arbitres et les avoués ou défenseurs officieux près des tribunaux, ne pourront employer, pour les actes qu'ils rédigeront et leurs copies et expéditions, d'autre papier que celui timbré du département où ils exercent leurs fonctions. *V.* - 1527, 1540, 2553.

1506. **18.** (*Emploi*, 2668. *Timbre extraordinaire*, 6736.) La faculté accordée par l'article 7 de la présente aux citoyens qui voudront employer d'autre papier que celui fourni par la régie, en le faisant timbrer avant d'en faire usage, est interdite aux notaires, huissiers, greffiers, arbitres, avoués ou défenseurs officieux, et à tous autres officiers ou fonctionnaires publics; ils seront tenus de se servir du papier timbré débité par la régie. *V.* 1448 - 1527, 1540.

1507. (*Timbre extraordinaire*, 6732.) Les administrations publiques seulement conserveront cette faculté.

1508. (*Timbre extraordinaire*, 6728.) Les notaires et autres officiers publics pourront néanmoins faire timbrer à l'extraordinaire du parchemin, lorsqu'ils seront dans le cas d'en employer.

1509. **19.** (*Timbre spécial des expéditions*, 6702.) Les notaires, greffiers, arbitres et secrétaires des administrations ne pourront employer, pour les expéditions qu'ils délivreront des actes retenus en minute, et de ceux déposés ou annexés, de papier timbré d'un format inférieur à celui appelé moyen papier, et dont le prix est fixé à 75 centimes la feuille par l'article 8 de la présente. Ce prix sera aussi celui du timbre du parchemin que l'on voudra employer pour expédition, sans égard à la dimension, si toutefois elle est au-dessous de celle de ce papier. — Les huissiers et autres officiers publics ou ministériels ne pourront non plus employer de papier timbré d'une dimension inférieure à celle du moyen papier, pour les expéditions des procès-verbaux de ventes de mobilier. *V.* - 1526, 1540, 4417.

1511. **20.** (*Timbre spécial des expéditions*, 6704.) Les papiers employés à des expéditions ne pourront contenir, compensation faite d'une feuille à l'autre, savoir : — Plus de vingt-cinq lignes par page de moyen papier; — plus de trente lignes par page de grand papier; — et plus de trente-cinq lignes par page de grand registre. *V.* - 1524, 1540, 4094, 44 7.

1512. **21.** (*Altération*, 520.) L'empreinte du timbre ne pourra être couverte d'écriture ni altérée. *V.* - 1523, 1524, 1540.

1513. **22.** (*Emploi*, 2656.) Le papier timbré qui aura été employé à un acte quelconque, ne pourra plus servir pour un autre acte, quand même le premier n'aurait pas été achevé. *V.* - 1525, 1527, 1528, 1529, 1540.

1514. **23.** Il ne pourra être fait ni expédié deux *Actes à la suite l'un de l'autre* (108) sur la même feuille de papier timbré, nonobstant tout usage ou réglement contraire. *V.* 1494 - 1515, 1525, 1527, 1528, 1529, 1540, 2821, 2849, 3090, 3106, 3107, 3113, 3121, 3270, 3653, 3317, 4021, 4804, 5233.

1515. (*Actes à la suite*, 124.) Sont exceptés les ratifications des actes passés en l'absence des parties, les quittances de prix de ventes et celles de remboursement de contrats de constitution ou obligation, les inventaires, procès-verbaux et autres actes qui ne peuvent être consommés dans un même jour et dans la même vacation, les procès-verbaux de reconnaissance et levée de scellés qu'on pourra faire à la suite du procès-verbal d'apposition, et les significations des huissiers, qui peuvent également être écrites à la suite des jugemens et autres pièces dont il est délivré copie. — Il pourra aussi être donné plusieurs quittances sur une même feuille de papier timbré, pour à-comptes d'une seule et même créance, ou d'un seul terme de fermage ou loyer.

1517. (*Acte à la suite*, 108.) Toutes autres quittances qui seront données sur une même feuille de papier timbré n'auront pas plus d'effet que si elles étaient sur papier non timbré.

1518. **24.** Il est fait défenses aux notaires, huissiers, greffiers, arbitres et experts, d'agir, aux juges de prononcer aucun jugement, et aux administrations publiques de rendre aucun arrêté, sur un *Acte* (220), registre, ou effet de commerce non écrit sur papier timbré du timbre prescrit ou non visé pour timbre. *V.* - 1527, 1540, 1545, 4438, 4439, 4444, 4917, 5432.

1519. Aucun juge ou officier public ne pourra non plus coter et parapher un *Registre* (5476) assujetti au timbre, si les feuilles n'en sont timbrées. *V.* - 1527, 1540.

1520. **25.** Il est également fait défenses à tout receveur de l'*Enregistrement* (2744) :— 1° D'enregistrer aucun acte qui ne serait pas sur papier timbré du timbre prescrit, ou qui n'aurait pas été visé pour timbre ; — 2° D'admettre à la formalité de l'enregistrement, des protêts d'effets négociables, sans se faire représenter ces effets en bonne forme ; *V.* - 1526, 1540, 4833, 5221, 5281.

1521. — 3° De délivrer de *Patentes* (4716) aux citoyens dont les registres doivent être tenus en papier timbré, si ces registres ne leur sont préalablement représentés aussi en bonne forme. — Les citoyens seront, en conséquence, tenus d'en justifier. *V.* -1526, i 1540, 2449.

1523. **26.** Il est prononcé, par la présente, une amende, savoir : — 1° (*Altération*, 524.) De 15 francs pour contravention, par les particuliers, aux dispositions de l'article 21 ci-dessus. *V.* 1512 - 4911.

1524. — 2° (*Altération*, 528. *Expédition*, 2944.) De 25 francs, pour contravention aux art. 20 et 21, par les officiers et fonctionnaires publics ; *V.* 1511, 1512 - 4094, 4911.

1525. — 3° (*Acte à la suite*, 116. *Emploi*, 2660, 2672.) De 30 francs, pour chaque acte ou écrit sous signature privée, fait sur papier non timbré, ou en contravention aux articles 22 et 23 ; *V.* 1461 1513, 1514 - 4911.

1526. — 4° (*Expédition*, 2948. *Patente*, 4716.) De 50 francs pour contravention à l'article 19 de la part des officiers et fonctionnaires publics y dénommés ; et à l'art. 25 de la part des préposés de l'*Enregistrement* (2744). *V.* 1509, 1520, 1521 - 4910.

1527. — 5° (*Acte à la suite*, 112. *Acte en conséquence*, 220. *Emploi*, 2664, 2668, 2676, 2680. *Registres*, 5476.) De 100 francs pour chaque acte public ou expédition écrit sur papier non timbré, et pour contravention aux articles 17, 18, 22, 23 et 24, par les officiers et fonctionnaires publics ; *V.* 1505, 1506, 1513, 1514, 1518, 1519 - 4909.

1528. — 6° Et du vingtième de la somme exprimée dans un *Effet négociable* (2584, 2612) s'il est écrit sur papier non timbré, ou sur un papier timbré d'un timbre inférieur à celui qui aurait dû être employé aux termes de la présente, et pour contravention aux articles 22 et 23. *V.* 1513, 1514 - 2098, 4915, 5425, 5427.

1529. L'amende sera de 30 francs, dans les mêmes cas, pour les *Effets* (2608, 2616) au-dessous de 600 fr. *V.* 1513, 1514 - 4914, 5428.

1540. Les contrevenans, dans tous les cas ci-dessus, paieront en outre les droits de *Timbre* (6514). *V.* - 5429.

1541. **27.** (*Vente*, 7032 à 7044.) Aucune personne ne pourra vendre ou distribuer du papier timbré, qu'en vertu d'une commission de la régie, à peine d'une amende de 100 francs pour la première fois et de 300 francs en cas de récidive. — Le papier qui sera saisi chez ceux qui s'en permettront ainsi le commerce, sera confisqué. *V.* - 4909.

1543. **28.** (*Abus*, 40.) La peine contre ceux qui abuseraient des timbres pour timbrer et vendre frauduleusement du papier timbré, sera la même que celle qui est prononcée par le code pénal, contre les contrefacteurs des timbres. *V.* - 3717, 3718.

1544. **29.** (*Débiteur*, 1792.) Le timbre des quittances fournies au gouvernement, ou délivrées en son nom, est à la charge des particuliers qui les donnent ou les reçoivent ; il en est de même pour tous autres actes entre l'État et les citoyens.

1545. **30.** (*Actes s. s. p.* 348, 352.) Les écritures privées qui auraient été faites sur papier non timbré, sans contravention aux lois du timbre, quoique non comprises nommément dans les exceptions, ne pourront être produites en justice, sans avoir été soumises au timbre extraordinaire ou au visa pour timbre, à peine d'une amende de 30 francs, outre le droit de timbre. *V.* 1435, 1488 à 1504 - 4911.

1546. 31. (*Poursuites*, 4896, 4904.) Les préposés de la régie sont autorisés à retenir les actes, registres ou effets en contravention à la loi du timbre, qui leur seront présentés, pour les joindre aux procès-verbaux qu'ils en rapporteront, à moins que les contrevenans ne consentent à signer lesdits procès-verbaux, ou à acquitter sur-le-champ l'amende encourue et le droit de timbre. *V.* - 1713, 4445. *V.* I. g. 1490 § 14.

1547. 32. (*Poursuites*, 4900. *Instances*, 3652.) En cas de refus, de la part des contrevenans, de satisfaire aux dispositions de l'article précédent, les préposés de la régie leur feront signifier, dans les trois jours, les procès-verbaux qu'ils auront rapportés, avec assignation devant le tribunal civil du département. — L'instruction se fera ensuite sur simples mémoires respectivement signifiés. — Les jugemens définitifs qui interviendront seront sans appel. *V.* - 1730, 1733, 2256, 2362, 2661, 4445.

<h3 style="text-align:center">TITRE 5. Des dispositions particulières.</h3>

1548. 39. Toutes *Lois* (4156) et dispositions d'autres lois sur le timbre des actes civils et judiciaires et des registres, sont et demeurent abrogées pour l'avenir, et à compter de la publication de la présente.

1549. Les dispositions de la *Loi* (4152) du 9 vendémiaire an 6, relatives au timbre des journaux, gazettes, feuilles périodiques ou papiers-nouvelles, feuilles de papier-musique, affiches et cartes à jouer, sont maintenues. *V.* 1276 à 1282-

1556. LOI. 27 brum. 7. *Enregistrement*, 2720; *Ventes de domaines*, 7048. C. 1441. B. 241-2188.

1558. LOI. 3 frim. 7. *Contributions des domaines*, 1460; *Rentes*, 5628. C. 1463. B. 243-2197.

1560. ARR. 5 frim. 7. *Hypothèques*, 3364; *Enregistrement*, 2720. C. 1454. B. 245-2209.

1564. LOI. 9 frim. 7. *Domaines*, 2216. C. 1456. B. 245-2217.

1568. LOI. 11 frim. 7. *Amendes attribuées*, 536. C. 1466. B. 247-2219.

1572. ARR. 21 frim. 7. *Mobilier de l'État*, 4404. C. 1458. B. 248-2223.

1576. LOI. 22 frim. 7. **ENREGISTREMENT**; *ADMINISTRATION GÉNÉRALE*, 412. C. 1450. B. 248-2224.

<h3 style="text-align:center">TITRE 1er. De l'enregistrement, des droits et de leur application.</h3>

1578. 1. Les *Droits d'enregistrement* (2464) seront perçus d'après les bases et suivant les règles déterminées par la présente.

1579. 2. Les *Droits d'enregistrement* (2464) sont fixes ou proportionnels, suivant la nature des actes et mutations qui y sont assujettis.

1580. 3. Le *Droit fixe* (2468) s'applique aux actes soit civils, soit judiciaires ou extrajudiciaires, qui ne contiennent ni obligation, ni libération, ni condamnation, collocation ou liquidation de sommes et valeurs, ni transmission de propriété, d'usufruit ou de jouissance de biens meubles ou immeubles; — Il est perçu aux taux réglés par l'article 68 de la présente. *V.* - 1736.

1581. 4. (*Succession*, 6184.) Le *Droit proportionnel* (2472) est établi pour les obligations, libérations, condamnations, collocations ou liquidations des sommes ou valeurs, et pour toute transmission de propriété, d'usufruit ou de jouissance de biens meubles et immeubles, soit entre vifs, soit par décès. — Ses quotités sont fixées par l'article 69 ci-après — Il est assis sur les valeurs. *V.* - 1598 à 1624, 1827, 1894, 4639, 4646, 4647, 4900, 5177, 5237.

1582. 5. Il n'y a point de *Fraction* (3196) de centime dans la liquidation du droit proportionnel. Lorsqu'une fraction de somme ne produit pas un centime de droit, le centime est perçu au profit de la République. *V.* - 2342.

1583. 6. (*Minimum*, 4344.) Cependant le moindre droit à percevoir sur un acte donnant lieu au droit proportionnel, sur une mutation de biens par décès, sera du montant de la quotité sous laquelle chaque acte ou mutation se trouve classé dans les art. 68 et 69, sauf les exceptions y mentionnées. *V.* - 1736, 1827, 2342, 2343.

1584. 7. (*Exploits*, 3090.) Les *Actes civils* (136) et extrajudiciaires sont enregistrés sur les minutes, brevets ou originaux.

1585. Les *Actes judiciaires* (256) reçoivent cette formalité soit sur les minutes, soit sur les expéditions, suivant les distinctions ci-après. *V.* - 4290.

(NOTA.) *L'art. 38 de la loi du 28 avril 1816 soumet tous les actes judiciaires, sans exception, à l'enregistrement sur la minute. Néanmoins ceux d'une date antérieure à cette loi, qui n'étaient pas susceptibles d'être enregistrés sur les minutes, peuvent l'être sur les expéditions.* (Inst. gén. 758.)

1586. (*Actes judiciaires*, 260.) Ceux qui doivent être enregistrés sur les minutes sont les procès-verbaux d'apposition, de reconnaissance et de levée de scellés, et ceux de nomination de tuteurs et curateurs ; les avis de parens , les émancipations , les actes de notoriété , les déclarations en matière civile , les adoptions ; tous actes contenant autorisation, acceptation, abstention , renonciation ou répudiation ; les nominations d'experts et arbitres, les oppositions à levée de scellés par comparution personnelle, les cautionnemens de personnes à représenter à justice , ceux de sommes déterminées ou non déterminées , les ordonnances et mandemens d'assigner les opposans à scellés, tous procès-verbaux généralement quelconques des bureaux de paix , portant conciliation ou non-conciliation , défaut ou congé, remise ou ajournement; tous actes d'acquiescement, de dépôt et consignation, d'exclusion de tribunaux , d'affirmation de voyage , d'enchère et sur-enchère, de reprise d'instance , de communication de pièces avec ou sans déplacement , d'affirmation ou vérification de créances, d'opposition à délivrance de titres ou jugemens , de procès-verbaux et rapports, de dépôts de bilan, et de décharges ; les certificats de toute nature et ordonnances sur requêtes ; les jugemens portant transmission d'immeubles , et ceux par lesquels il est prononcé des condamnations sur des conventions sujettes à l'enregistrement , sans énonciation de titres enregistrés. *V* . - 3481, 3633 , 4290.

1587. Tous autres *Actes* (264) et jugemens soit préparatoires ou d'instruction , soit définitifs, ne sont soumis à l'enregistrement que sur les expéditions. *V*. - 3633 , 4290.

1588. Ceux des *Actes de l'état-civil* (144) qui sont assujettis à l'enregistrement par la présente, ne seront également enregistrés que sur les expéditions.

1589. (*Actes judiciaires* , 264.) Les jugemens de la police ordinaire , des tribunaux de police correctionnelle et des tribunaux criminels, ne sont de même soumis à l'enregistrement que sur les expéditions, lorsqu'il y a partie civile, et seulement pour les expéditions requises par elle ou autres intéressés. *V*. - 4290.

1590. 8. Il n'est dû aucun droit d'enregistrement pour les extraits , copies ou *Expéditions* (2814) des actes qui doivent être enregistrés sur les minutes ou originaux.

1591. Quant à ceux des *Actes judiciaires* (264) qui ne sont assujettis à l'enregistrement que sur les expéditions, chaque expédition doit être enregistrée, savoir : la première, pour le droit proportionnel , s'il y a lieu, ou pour le droit fixe , si le jugement n'est pas passible du droit proportionnel ; et chacune des autres, pour le droit fixe. *V*. - 1802 , 1816, 1822, 1850, 1851, 1874 , 4290.

1592. 9. (*Vente*, 7024.) Lorsqu'un acte translatif de propriété ou d'usufruit comprend des meubles et immeubles, le droit d'enregistrement est perçu sur la totalité du prix, au taux réglé pour les immeubles, à moins qu'il ne soit stipulé un prix particulier pour les objets mobiliers, et qu'ils ne soient désignés et estimés, article par article, dans le contrat.

1594. 10. Dans le cas de transmission de biens , la quittance donnée, ou l'obligation consentie par le même acte , pour tout ou partie du prix entre les contractans, ne peut être sujette à un droit particulier d'enregistrement. — 11. Mais lorsque dans un acte quelconque, soit civil , soit judiciaire ou extrajudiciaire, il y a plusieurs *Dispositions indépendantes* (2176) ou ne dérivant pas nécessairement les unes des autres , il est dû pour chacune d'elles, et selon son espèce, un droit particulier. La quotité en est déterminée par l'article de la présente, dans lequel la disposition se trouve classée, ou auquel elle se rapporte.

1595. 12. La *Mutation d'un immeuble* (4448) en propriété ou usufruit sera suffisamment établie pour la demande du droit d'enregistrement et la poursuite du paiement contre le nouveau possesseur, soit par l'inscription de son nom au rôle de la contribution foncière, et des paiemens par lui faits d'après ce rôle , soit par des baux par lui passés, ou enfin par des transactions ou autres actes constatant sa propriété ou son usufruit. *V*. 157, 1275 - 1641, 2344.

1596. 13. La jouissance à titre de ferme, ou de location , ou d'engagement d'un immeuble , sera aussi suffisamment établie pour la demande et la poursuite du paiement des droits des *Baux* (776) ou *Engagemens* (2712) non enregistrés, par les actes qui la feront connaître, ou par des paiemens de contributions imposées aux fermiers, locataires et détenteurs temporaires.

TITRE 2. *Des valeurs sur lesquelles le droit proportionnel est assis , et de l'expertise.*

1598. 15. La valeur de la propriété , de l'usufruit et de la jouissance des biens meubles , est déterminée, pour la liquidation et le paiement du droit proportionnel , ainsi qu'il suit ; savoir : 1° Pour les *Baux* (760) et locations , par le prix annuel exprimé , en y ajoutant les charges imposées au preneur. *V*. - 4893.

1599. — 2° (*Billet à ordre* , 804. *Lettre de change*, 3912. *Obligation* , 4528.) Pour les créances à terme , leurs cessions et transports, et autres actes obligatoires, par le capital exprimé dans l'acte, et qui en fait l'objet.

1600. — 3° (*Remboursement*, 5588. *Retrait*, 5856.) Pour les *Quittances* (5204) et tous autres actes de libération, par le total des sommes ou capitaux dont le débiteur se trouve libéré.

1601. — 4° (*Adjudication au rabais*, 392, 400.) Pour les marchés et traités, par le prix exprimé ou l'évaluation qui sera faite des objets qui en seront susceptibles. *V.* — 1839.

1602. — 5° (*Déclaration de command*, 1868. *Licitation*, 4064. *Retour*, 5818.) Pour les *Ventes* (6964, 6968, 6992, 6996) et autres transmissions à titre onéreux, par le prix exprimé et le capital des charges qui peuvent ajouter au prix.

1603.— 6° (*Constitution*, 1404.) Pour les créations de rentes, soit perpétuelles, soit viagères, ou de pensions, aussi à titre onéreux, par le capital constitué et aliéné. — 7° Pour les cessions ou transports desdites rentes ou pensions, et pour leur amortissement ou rachat, par le capital constitué, quel que soit le prix stipulé pour le transport ou l'amortissement.

1604. — 8° (*Donations*, 2416. *Succession*, 6312.) Pour les transmissions entre vifs, à titre gratuit, et celles qui s'opèrent par décès, par la déclaration estimative des parties sans distraction des charges.

1605. — 9° (*Constitution*, 1404.) Pour les rentes et pensions créées sans expression de capital, leurs transports et amortissemens, à raison d'un capital formé de vingt fois la rente perpétuelle, et de dix fois la rente viagère ou la pension, et quel que soit le prix stipulé pour le transport ou l'amortissement. — Il ne sera fait aucune distinction entre les rentes viagères et pensions créées sur une tête, et celles créées sur plusieurs têtes, quant à l'évaluation.

1606. Les rentes et pensions stipulées payables en nature, seront évaluées aux mêmes capitaux, estimation préalablement faite des objets d'après les dernières *Mercuriales* (4336) du canton de la situation des biens, à la date de l'acte, s'il s'agit d'une rente créée pour aliénation d'immeubles, ou dans tout autre cas, d'après les dernières mercuriales du canton où l'acte aura été passé. — Il sera rapporté à l'appui de l'acte un extrait certifié des mercuriales. *V.* – 3413, 4649.

1606 bis. (*Valeurs*, 6956.) S'il est question d'objets dont les prix ne puissent être réglés par les mercuriales, les parties en feront une déclaration estimative. *V.* – 1624.

1607. — 10° (*Dommages-intérêts*, 2240.) Pour les actes et jugemens portant *Condamnation* (1292), *Collocation* (1184), *Liquidation* (4972) ou *Transmission* (6906), par le capital des sommes et les intérêts et dépens liquidés.

1608. — 11° (*Donation*, 2424. *Succession*, 6320.) L'usufruit, transmis à titre gratuit, s'évalue à la moitié de la valeur entière de l'objet.

1609. 13. La valeur de la propriété, de l'usufruit et de la jouissance des immeubles est déterminée, pour la liquidation et le paiement du droit proportionnel, ainsi qu'il suit ; savoir : — 1° Pour les *Baux* (760) à ferme ou à loyer, les sous-baux, cessions et subrogations de baux, par le prix annuel exprimé, en y ajoutant les charges imposées au preneur. *V.* – 1858, 4893.

1610 Si le bail est stipulé payable en nature, il en sera fait une évaluation d'après les dernières *Mercuriales* (4336) du canton de la situation des biens, à la date de l'acte, à l'appui duquel il sera rapporté un extrait certifié des mercuriales. — Il en sera de même des baux à portion de fruits, pour la part revenant au bailleur, dont la quotité sera préalablement déclarée, et sur la valeur de laquelle le droit d'enregistrement sera perçu. *V.* – 3413, 4649.

1611. S'il s'agit d'objets dont la *Valeur* (6956) ne puisse être constatée par les mercuriales, les parties en feront une déclaration estimative. *V.* – 1624.

1612. — 2° Pour les *Baux* (764) à rentes perpétuelles, et ceux dont la durée est illimitée, par un capital formé de vingt fois la rente ou le prix annuel, et les charges aussi annuelles, en y ajoutant également les autres charges en capital, et les deniers d'entrée, s'il en est stipulé.

1613. (*Mercuriales*, 4336.) Les objets en nature s'évaluent comme ci-dessus. *V.* 1610 - 3413, 4649.

1614. — 3° Pour les *Baux à vie* (764), sans distinction de ceux faits sur une ou plusieurs têtes, par un capital formé de dix fois le prix et les charges annuels, en y ajoutant de même le montant des deniers d'entrée, et des autres charges, s'il s'en trouve d'exprimées.

1615. (*Mercuriales*, 4336.) Les objets en nature s'évaluent pareillement comme il est prescrit ci-dessus. *V.* 1610 - 3413, 4649.

1616. — 4° Pour les *Échanges* (2512, 2516), par une évaluation qui doit être faite en capital, d'après le revenu annuel multiplié par vingt, sans distraction des charges.

1617. — 5° Pour les *Engagemens* (2708), par les prix et sommes pour lesquels ils sont faits.

1618 — 6° (*Déclaration de command*, 1872. *Retour*, 5840, 5852. *Retrait*, 5860.) Pour les *Ventes* (7000, 7004, 7016), adjudications, cessions, rétrocessions, *Licitations* (4068) et tous autres actes civils ou judiciaires, portant translation de propriété ou d'usufruit à titre onéreux, par le prix exprimé, en y ajoutant toutes les charges en capital, ou par une estimation d'experts, dans les cas autorisés par la présente. *V.* - 3870.

1619. (*Vente*, 7000, 7004, 7016.) Si l'usufruit est réservé par le vendeur, il sera évalué à la moitié de tout ce qui forme le prix du contrat, et le droit sera perçu sur le total; mais il ne sera dû aucun autre droit pour la *Réunion de l'usufruit à la propriété* (5872, 5884): cependant si elle s'opère par un acte de cession, et que le prix soit supérieur à l'évaluation qui en aura été faite pour régler le droit de la translation de propriété, il est dû un droit, par supplément, sur ce qui se trouve excéder cette évaluation. Dans le cas contraire, l'acte de cession est enregistré pour le droit fixe. *V.* - 1784, 4328, 4382.

1620. — 7° (*Donation*, 2420. *Succession*, 6316.) Pour les transmissions de propriété entre vifs, à titre gratuit, et celles qui s'effectuent par décès, par l'évaluation qui sera faite et portée à vingt fois le produit des biens, ou le prix des baux courans, sans distraction des charges.

1621. Il ne sera rien dû pour la *Réunion de l'usufruit à la propriété* (5876), lorsque le droit d'enregistrement aura été acquitté sur la valeur entière de la propriété.

1622. — 8° (*Donation*, 2428. *Succession*, 6321.) Pour les transmissions d'usufruit seulement, soit entre vifs, à titre gratuit, soit par décès, par l'évaluation qui en sera portée à dix fois le produit des biens, ou le prix des baux courans, aussi sans distraction des charges. *V.* - 3429.

1623. (*Réunion*, 5864. *Succession*, 6328.) Lorsque l'usufruitier qui aura acquitté le droit d'enregistrement pour son usufruit acquerra la nue-propriété, il paiera le droit d'enregistrement (de donation, d'échange, de succession ou de vente) sur sa valeur, sans qu'il y ait lieu de joindre celle de l'usufruit.

1624. 16. Si les sommes et *Valeurs* (6956) ne sont pas déterminées dans un acte ou un jugement donnant lieu au droit proportionnel, les parties seront tenues d'y suppléer, avant l'enregistrement, par une déclaration estimative, certifiée et signée au pied de l'acte. *V.* 1606 bis, - 1611.

1625. 17. (*Prescription*, 4996.) Si le prix énoncé dans un acte translatif de propriété ou d'usufruit de biens immeubles, à titre onéreux, paraît inférieur à leur valeur vénale à l'époque de l'aliénation, par comparaison avec les fonds voisins de même nature, la régie pourra requérir une *Expertise* (2964), pourvu qu'elle en fasse la demande dans l'année, à compter du jour de l'enregistrement du contrat.

1626. 18. La demande en *Expertise* (2972, 2976, 2984) sera faite au tribunal civil du département dans l'étendue duquel les biens sont situés, par une pétition portant nomination de l'expert de la nation. *V.* - 3505.

1627. L'*Expertise* (3000) sera ordonnée dans la décade de la demande. *V.* - 3506.

1628. (*Expertise*, 2988.) En cas de refus par la partie de nommer son expert sur la sommation qui lui aura été faite d'y satisfaire dans les trois jours, il lui en sera nommé un d'office par le tribunal.

1629 (*Expertise*, 2992.) Les experts, en cas de partage, appelleront un tiers-expert: s'ils ne peuvent en convenir, le juge-de-paix du canton de la situation des biens y pourvoira.

1630. Le procès-verbal d'*Expertise* (3004) sera rapporté, au plus tard, dans le mois qui suivra la remise qui aura été faite aux experts de l'ordonnance du tribunal, ou dans le mois après l'appel d'un tiers-expert.

1631. Les frais de l'*Expertise* (3008) seront à la charge de l'acquéreur, mais seulement lorsque l'estimation excédera d'un huitième au moins le prix énoncé au contrat.

1632. (*Expertise*, 3012.) L'acquéreur sera tenu, dans tous les cas, d'acquitter le droit sur le supplément d'estimation, s'il y a une plus-value constatée par le rapport des experts. *V.* - 2345.

1633. 19. Il y aura également lieu à requérir l'*Expertise* (2968) des revenus des immeubles transmis en propriété ou usufruit à tout autre titre qu'à titre onéreux, lorsque l'*Insuffisance* (3688) dans l'évaluation ne pourra être établie par des actes qui puissent faire connaître le véritable revenu des biens. *V.* - 1685, 1720, 3508.

TITRE 3. *Des délais pour l'enregistrement des actes et déclarations. V.* 249 -

1635. 20. Les *Délais* (2020) pour faire enregistrer les actes publics, sont, savoir:

— De quatre jours, pour ceux des huissiers et autres ayant pouvoir de faire des exploits et procès-verbaux. *V*. - 1676, 1677, 2358, 3654, 5039.

1636. (*Délai*, 1944.) De dix jours, pour les actes des notaires qui résident dans la commune où le bureau d'enregistrement est établi; *V*. - 1675. 3277, 3654, 5431.

1637. (*Délai*, 1948.) De quinze jours, pour ceux des notaires qui n'y résident pas. *V*. - 1675, 3277, 3654, 5431.

1638. (*Délai*, 2008.) De vingt jours, pour les actes judiciaires soumis à l'enregistrement sur les minutes, et pour ceux dont il ne reste pas de minute au greffe, ou qui se délivrent en brevet. *V*. - 1678, 3481, 3654, 4486, 4640.

1639. (*Délai*, 1968.) De vingt jours aussi, pour les actes des administrations centrales et municipales assujettis à la formalité de l'enregistrement. *V*. - 1679, 1680, 1681, 2346, 4656.

1640. 21. (*Délai*, 1964.) Les testamens déposés chez les notaires, ou par eux reçus, seront enregistrés dans les trois mois du décès des testateurs, à la diligence des héritiers, donataires, légataires ou exécuteurs testamentaires. *V*. - 1683.

1641. 22. (*Délai*, 1980.) Les actes qui, à l'avenir, seront faits sous signature privée, et qui porteront transmission de propriété ou d'usufruit de biens immeubles, et les baux à ferme ou à loyer, sous-baux, cessions et subrogations de baux, et les engagemens, aussi sous signature privée, de biens de même nature, seront enregistrés dans les trois mois de leur date. *V*. 157, 158, 1274 - 1682, 2344.

1642. Pour ceux des actes de ces espèces qui seront passés en pays étranger, ou dans les îles ou colonies françaises où l'enregistrement n'aurait pas encore été établi, le *Délai* (1988, 1992, 1996) sera de six mois, s'ils sont faits en Europe; d'une année, si c'est en Amérique; et de deux années, si c'est en Asie ou en Afrique. *V*. - 1682.

1643. 23. Il n'y a point de *Délai* (2000) de rigueur pour l'enregistrement de tous autres actes que ceux mentionnés dans l'article précédent, qui seront faits sous signature privée, ou passés en pays étranger, et dans les îles et colonies françaises où l'enregistrement n'aurait pas encore été établi; mais il ne pourra en être fait aucun usage, soit par acte public, soit en justice, ou devant toute autre autorité constituée, qu'ils n'aient été préalablement enregistrés. *V*. - 1692, 1845, 1897 et s., 4360, 4405, 4917.

1645. 24. Les *Délais* (2028) pour l'enregistrement des déclarations que les héritiers, donataires ou légataires auront à passer des biens à eux échus ou transmis par décès, sont; savoir : — De six mois, à compter du jour du décès, lorsque celui dont on recueille la succession est décédé en France; *V*. - 1684.

1646. (*Délai*, 2032.) De huit mois, s'il est décédé dans toute autre partie de l'Europe; *V*. - 1684.

1647. (*Délai*, 2036.) D'une année, s'il est mort en Amérique; *V*. - 1684.

1648. (*Délai*, 2040.) Et de deux années, si c'est en Afrique ou en Asie. *V*. - 1684.

1649. Le *Délai* (2044) de six mois ne courra que du jour de la mise en possession, pour la succession d'un absent; celle d'un condamné, si ses biens sont séquestrés; celle qui aurait été séquestrée pour toute autre cause; celle d'un défenseur de la patrie, s'il est mort en activité de service hors de son département; ou enfin celle qui serait recueillie par indivis avec la nation. *V*. - 4293, 4295.

1650. Si, avant les derniers six mois des *Délais* (2048) fixés pour la déclaration des successions de personnes décédées hors de France, les héritiers prennent possession des biens, il ne restera d'autre délai à courir, pour passer déclaration, que celui de six mois, à compter du jour de la prise de possession.

1651. 25. Dans les *Délais* (1932) fixés par les articles précédens pour l'enregistrement des actes et des déclarations, le jour de la date de l'acte, ou celui de l'ouverture de la succession, ne sera point compté.

1652. Si le dernier jour du *Délai* (1936) se trouve être un décadi ou un jour de fête nationale, ou s'il tombe dans les jours complémentaires, ces jours-là ne seront point comptés non plus. *V*. - 2484, 3741.

TITRE 4. *Des bureaux où les actes et mutations doivent être enregistrés.*

1653. 26. Les notaires ne pourront faire enregistrer leurs actes qu'aux *Bureaux* (880) dans l'arrondissement desquels ils résident. *V*. - 1940.

1654. Les huissiers et tous autres ayant pouvoir de faire des exploits, procès-verbaux ou rapports, feront enregistrer leurs actes, soit au *Bureau* (892) de leur résidence, soit au bureau du lieu où ils les auront faits. *V*. - 1940, 4778.

1655. Les greffiers et les secrétaires des administrations centrales et municipales feront enregistrer les actes qu'ils sont tenus de soumettre à cette formalité, aux *Bureaux* (876, 884) dans l'arrondissement desquels ils exercent leurs fonctions. *V*. - 1940, 2346.

1656. Les actes sous signature privée, et ceux passés en pays étranger, pourront être enregistrés dans tous les *Bureaux* (888) indistinctement. *V.* - 2685.

1657. **27.** Les mutations de propriété ou d'usufruit par décès seront enregistrées au *Bureau* (908) de la situation des biens.

1658. Les héritiers, donataires ou légataires, leurs tuteurs ou curateurs, seront tenus d'en passer *Déclaration* (1884) détaillée et de la signer sur le registre.

1659. S'il s'agit d'une mutation, au même titre, de biens meubles, la déclaration en sera faite au *Bureau* (912) dans l'arrondissement duquel ils se seront trouvés au décès de l'auteur de la succession.

1660. Les rentes et les autres biens meubles, sans assiette déterminée lors du décès, seront déclarés au *Bureau* (916) du domicile du décédé.

1661. Les héritiers, légataires ou donataires rapporteront, à l'appui de leurs déclarations de biens meubles, un inventaire ou *État estimatif* (2780), article par article, par eux certifié, s'il n'a pas été fait par un officier public; cet inventaire sera déposé et annexé à la *Déclaration* (1884), qui sera reçue et signée sur le registre du receveur de l'enregistrement.

TITRE 5 *Du paiement des droits, et de ceux qui doivent les acquitter.*

1662. **28.** Les droits des actes et ceux des mutations par décès seront payés avant l'enregistrement, aux taux et quotités réglés par la présente. — Nul ne pourra en atténuer ni différer le *Paiement* (4732), sous le prétexte de contestation sur la quotité, ni pour quelque autre motif que ce soit, sauf à se pourvoir en restitution, s'il y a lieu.

1664. **29.** (*Débiteur*, 1692.) Les droits des actes à enregistrer seront acquittés; savoir : — Par les notaires, pour les actes passés devant eux.

1665. (*Débiteur*, 1756.) Par les huissiers et autres ayant pouvoir de faire des exploits et procès-verbaux, pour ceux de leur ministère.

1666. (*Débiteur*, 1752.) Par les greffiers, pour les actes et jugemens (sauf le cas prévu par l'article 37 ci-après) qui doivent être enregistrés sur les minutes, aux termes de l'article 7 de la présente, et ceux passés et reçus aux greffes, et pour les extraits, copies et expéditions qu'ils délivrent des jugemens qui ne sont pas soumis à l'enregistrement sur les minutes. *V.* - 1680, 4487, 4488.

1667. (*Débiteur*, 1696) Par les secrétaires des administrations centrales et municipales, pour les actes de ces administrations qui sont soumis à la formalité de l'enregistrement, sauf aussi le cas prévu par l'article 37. *V.* - 1680, 2346.

1668. (*Débiteur*, 1668, 1704, 1736, 1740, 1748.) Par les parties, pour les actes sous signature privée, et ceux passés en pays étranger, qu'elles auront à faire enregistrer ; pour les ordonnances sur requêtes ou mémoires; et les certificats qui leur sont immédiatement délivrés par les juges, et pour les actes et décisions qu'elles obtiennent des arbitres, si ceux-ci ne les ont pas fait enregistrer.

1669. (*Débiteur*, 1708.) Et par les héritiers, légataires et donataires, leurs tuteurs et curateurs, et les exécuteurs testamentaires, pour les testamens et autres actes de libéralité à cause de mort.

1670. **30.** (*Débiteur*, 1672) Les officiers publics qui, aux termes des dispositions précédentes, auraient fait, pour les parties, l'avance des droits d'enregistrement, pourront prendre exécutoire du juge-de-paix de leur canton pour leur remboursement. — L'opposition qui serait formée contre cet exécutoire, ainsi que toutes les contestations qui s'élèveraient à cet égard, seront jugées conformément aux dispositions portées par l'article 65 de la présente, relatif aux instances poursuivies au nom de la nation. *V.* - 1729.

1671. **31.** (*Débiteur*, 1676.) Les droits des actes civils et judiciaires emportant obligation, libération, ou translation de propriété, ou d'usufruit de meubles ou immeubles, seront supportés par les débiteurs et nouveaux possesseurs; et ceux de tous les autres actes le seront par les parties auxquelles les actes profiteront, lorsque, dans ces divers cas, il n'aura pas été stipulé de dispositions contraires dans les actes.

1672. **32.** (*Débiteur*, 1764.) Les droits des déclarations des mutations par décès seront payés par les héritiers, donataires ou légataires. *V.* - 1687, 2686, 3461.

1673. (*Débiteur*, 1776.) Les cohéritiers seront solidaires. *V.* - 2686.

1674. La nation aura *Action sur les revenus* (364) des biens à déclarer, en quelques mains qu'ils se trouvent, pour le paiement des droits dont il faudrait poursuivre le recouvrement. *V.* - 3809.

TITRE 6. *Des peines pour défaut d'enregistrement des actes et déclarations dans les délais, et de celles portées relativement aux omissions, aux fausses estimations et aux contre-lettres.*

1675. **33.** (*Débiteur*, 1692.) Les notaires qui n'auront pas fait enregistrer leurs *Ac-*

tes (156) dans les délais prescrits paieront personnellement, à titre d'amende et pour chaque contravention, une somme de cinquante francs, s'il s'agit d'un acte sujet au droit fixe, ou une somme égale au montant du droit, s'il s'agit d'un acte sujet au droit proportionnel, sans que, dans ce dernier cas, la peine puisse être au-dessous de cinquante francs. — Ils seront tenus, en outre, du paiement des droits, sauf leur recours contre les parties pour ces droits seulement. *V.* 1636, 1637, 1664 - 3277, 4910, 5431.

1676. **34.** (*Débiteur,* 1756.) La peine contre un huissier ou autre ayant pouvoir de faire des *Exploits ou procès-verbaux* (3084), est, pour un exploit ou procès-verbal non présenté à l'enregistrement dans le délai, d'une somme de vingt-cinq francs, et de plus une somme équivalente au montant du droit de l'acte non enregistré. L'exploit ou procès-verbal non enregistré dans le délai est déclaré nul, et le contrevenant responsable de cette nullité envers la partie. *V.* 1635 - 2358, 4911, 5039.

1677 (*Débiteur,* 1756.) Ces dispositions, relativement aux *Exploits et procès-verbaux* (3088), ne s'étendent pas aux procès-verbaux de vente de meubles et autres objets mobiliers, ni à tout autre acte du ministère des huissiers, sujet au droit proportionnel. La peine pour ceux-ci sera d'une somme égale au montant du droit, sans qu'elle puisse être au-dessous de cinquante francs. Le contrevenant paiera en outre le droit dû pour l'acte, sauf son recours contre ce droit seulement. *V.* 1635, 1665 - 4910.

1678. **35.** (*Débiteur,* 1752.) Les greffiers qui auront négligé de soumettre à l'enregistrement, dans le délai fixé, les *Actes* (304) qu'ils sont tenus de présenter à cette formalité, paieront personnellement, à titre d'amende et pour chaque contravention, une somme égale au montant du droit. — Ils acquitteront en même temps le droit, sauf leur recours, pour ce droit seulement, contre la partie. *V.* 1638, 1666-1680, 2356, 3634, 4290, 4488.

1679. **36.** (*Débiteur,* 1696.) Les dispositions de l'article précédent s'appliquent également aux secrétaires des administrations centrales et municipales, pour chacun des *Actes* (100) qu'il leur est prescrit de faire enregistrer, s'ils ne les ont pas soumis à l'enregistrement dans le délai. *V.* 1639, 1667, 1678 - 1680, 2346.

1680. **37.** (*Débiteur,* 1700, 1744. *Actes,* 100, 304.) Il est néanmoins fait exception aux dispositions des deux articles précédens, quant aux jugemens rendus à l'audience, qui doivent être enregistrés sur les minutes, et aux actes d'adjudication passés en séance publique des administrations, lorsque les parties n'auront pas consigné aux mains des greffiers et des secrétaires, dans le délai prescrit pour l'enregistrement, le montant des droits fixés par la loi. Dans ce cas, le recouvrement en sera poursuivi contre les parties par les receveurs, et elles supporteront en outre la peine du droit en sus. *V.* 1639, 1678, 1679 - 2356, 4487.

1681. (*Débiteur,* 1700, 1744.) Pour cet effet, les greffiers et les secrétaires fourniront, aux receveurs de l'enregistrement, dans la décade qui suivra l'expiration du délai, des extraits par eux certifiés des *Act s* (104, 308) et jugemens dont les droits ne leur auront pas été remis par les parties, à peine d'une amende de dix francs, pour chaque décade de retard, et pour chaque Acte et jugement, et d'être en outre personnellement contraints au paiement des doubles droits. *V.* 1639 - 4291, 4488, 4657, 4906.

1682. **38.** Les *Actes sous signature privée* (340), et ceux passés en pays étranger dénommés dans l'article 22, qui n'auront pas été enregistrés dans les délais déterminés, seront soumis au double droit d'enregistrement. *V.* 157, 158, 1274, 1641, 1642 - 2344, 3701.

1683. Il en sera de même pour les *Testamens* (6468) non enregistrés dans le délai. *V.* 1640.

1684. **39.** (*Succession,* 6344.) Les héritiers, donataires ou légataires qui n'auront pas fait, dans les délais prescrits, les déclarations des biens à eux transmis par décès, paieront, à titre d'amende, un demi-droit en sus du droit qui sera dû pour la mutation. *V.* 1645 - 4293, 4295.

1685. La peine pour les *Omissions* (4552) qui seront reconnues avoir été faites dans les déclarations, sera d'un droit en sus de celui qui se trouvera dû pour les objets omis : il en sera de même pour les *Insuffisances* (3692) constatées dans les estimations des biens déclarés. *V.* 1633 -

1686. Si l'insuffisance est établie par un rapport d'experts, les contrevenans paieront en outre les frais de l'*Expertise* (3008).

1687. (*Débiteur,* 1780.) Les tuteurs et curateurs supporteront personnellement les peines ci-dessus, lorsqu'ils auront négligé de passer les déclarations dans les délais, ou qu'ils auront fait des omissions ou des estimations insuffisantes. *V.* 1672 -

1688. **40.** Toute *Contre-lettre* (1456) faite sous signature privée, qui aurait pour objet une augmentation du prix stipulé dans un acte public, ou dans un acte sous signature privée précédemment enregistré, est déclarée nulle et de nul effet. — Néanmoins, lorsque l'existence en sera constatée, il y aura lieu d'exiger, à titre d'amende, une somme triple du droit qui aurait eu lieu, sur les sommes et valeurs ainsi stipulées. *V.* C. civil 1321.

TITRE *. Des obligations des notaires, huissiers, greffiers, secrétaires, juges, arbitres, administrateurs et autres officiers ou fonctionnaires publics, des parties et des receveurs, indépendamment de celles imposées sous les titres précédens.*

1689. 41. (*Débiteur,* 1680.) Les notaires, huissiers, greffiers et secrétaires des administrations centrales et municipales, ne pourront délivrer en *Brevet* (860), copie ou *Expédition* (2928), aucun acte soumis à l'enregistrement sur la minute ou l'original, ni faire aucun autre *Acte en conséquence* (192, 196), avant qu'il ait été enregistré, quand même le délai pour l'enregistrement ne serait pas encore expiré, à peine de cinquante francs d'amende, outre le paiement du droit. *V.* - 2346, 4404, 4910, 4913.

1690. (*Copie,* 1488.) Sont exceptés les exploits et autres actes de cette nature qui se signifient à parties ou par affiches et proclamations, et les effets négociables compris sous l'article 69, paragraphe 2, nombre 6 de la présente. *V.* - 1844.

1691. A l'égard des jugemens qui ne sont assujettis à l'enregistrement que sur les *expéditions* (2932), il est défendu aux greffiers, sous les mêmes peines, d'en délivrer aucune, même par simple note ou extrait, aux parties ou autres intéressés, sans l'avoir fait enregistrer. *V.* 1689 - 4290, 4910.

1692. 42. (*Débiteur,* 1684. *Annexe,* 592.) Aucun notaire, huissier, greffier, secrétaire ou autre officier public, ne pourra faire ou rédiger un *Acte* (200, 208, 212, 216) en vertu d'un acte sous signature privée, ou passé en pays étranger, l'annexer à ses minutes, ni le recevoir en *Dépôt* (2096), ni en délivrer extrait, copie ou *Expédition* (2920), s'il n'a été préalablement enregistré, à peine de cinquante francs d'amende, et de répondre personnellement du droit, sauf l'exception mentionnée dans l'article précédent. *V.* 1643 - 1845, 2049, 3105, 4360, 4406, 4910, 4913, 4917.

1693. 43. Il est également défendu, sous la même peine de cinquante francs d'amende, à tout notaire ou greffier, de recevoir aucun acte en *Dépôt* (2116), sans dresser acte du dépôt. *V.* - 4910.

1694. (*Dépôt,* 2120.) Sont exceptés les testamens déposés chez les notaires par les testateurs.

1695. 44. Il sera fait *Mention* (4292), dans toutes les expéditions des actes publics, civils ou judiciaires, qui doivent être enregistrés sur les minutes, de la quittance des droits, par une transcription littérale et entière de cette quittance. — Pareille mention sera faite dans les minutes des actes publics, civils, judiciaires ou extrajudiciaires, qui se feront en vertu d'actes sous signature privée, ou passés en pays étranger, et qui sont soumis à l'enregistrement par la présente. — Chaque contravention sera punie par une amende de dix francs. *V.* - 4911.

1696. 45. Les greffiers qui délivreront des secondes et subséquentes expéditions des actes et jugemens assujettis au droit proportionnel, mais qui ne sont pas dans le cas d'être enregistrés sur les minutes, seront tenus de faire *Mention* (4296), dans chacune de ces expéditions, de la quittance du droit payé pour la première expédition, par une transcription littérale de cette quittance. — Ils feront également mention, sur la minute de chaque expédition délivrée, de la date de l'enregistrement et du droit payé. — Toute contravention à ces dispositions sera punie par une amende de dix francs. *V.* - 4290, 4911.

1697. 46. Dans le cas de *Fausse mention d'enregistrement* (3140), soit dans une minute, soit dans une expédition, le délinquant sera poursuivi par la partie publique, sur la dénonciation du préposé de la régie, et condamné aux peines prononcées pour le faux. *V.* Code pénal 145 et 150.

1698. 47. (*Acte fait en conséquence,* 228. *Débiteur,* 1680, 1684.) Il est défendu aux juges et arbitres de rendre aucun jugement, et aux administrations centrales et municipales de prendre aucun arrêté en faveur des particuliers, sur des actes non enregistrés, à peine d'être personnellement responsables des droits. *V.* - 2346, 3166, 4405, 4406.

1699. 48. Toutes les fois qu'une condamnation sera rendue ou qu'un arrêté sera pris sur un acte enregistré, le jugement, la sentence arbitrale ou l'arrêté en fera *Mention* (4300), et énoncera le montant du droit payé, la date du paiement et le nom du bureau où il aura été acquitté : en cas d'omission, le receveur exigera le droit, si l'acte n'a pas été enregistré dans son bureau, sauf la *Restitution* (5808), dans le délai prescrit, s'il est ensuite justifié de l'enregistrement de l'acte sur lequel le jugement aura été prononcé ou l'arrêté pris. *V.* - 4405.

1700. **49.** Les notaires, huissiers, greffiers, et les secrétaires des administrations centrales et municipales, tiendront des *Répertoires* (5668) à colonnes, sur lesquels ils inscriront, jour par jour, sans blanc ni interligne, et par ordre de numéros, savoir: *V.* - 2346, 3620, 4912.

1701. — 1° *(Répertoire, 5692.)* Les notaires, tous les actes et contrats qu'ils recevront, même ceux qui seront passés en brevets, à peine de dix francs d'amende pour chaque omission. *V.* - 4911

1702. — 2° *(Répertoire, 5704.)* Les huissiers, tous les actes et exploits de leur ministère, sous peine d'une amende de cinq francs pour chaque omission. *V.* - 4912.

1703. — 3° *(Répertoire, 5700.)* Les greffiers, tous les actes et jugemens qui, aux termes de la présente, doivent aussi être enregistrés sur les minutes, à peine d'une amende de dix francs pour chaque omission. *V.* — 3620, 4291, 4911.

1704. — 4° *(Répertoire, 5696.)* Et les secrétaires, tous les actes des administrations qui doivent aussi être enregistrés sur les minutes, à peine d'une amende de dix francs pour chaque omission. *V.* - 4656, 4661, 4911.

1705. **50.** Chaque article du *Répertoire* (5676) contiendra : 1° son numéro; 2° la date de l'acte; 3° sa nature; 4° les noms et prénoms des parties et leur domicile; 5° l'indication des biens : leur situation et le prix, lorsqu'il s'agira d'actes qui auront pour objet la propriété, l'usufruit ou la jouissance de biens-fonds; 6° la relation de l'enregistrement *V.* - 2629, 4078, 4912.

1706. **51.** Les notaires, huissiers, greffiers, et les secrétaires des administrations centrales et municipales, présenteront, tous les trois mois, leurs *Répertoires* (5680) aux receveurs de l'enregistrement de leur résidence, qui les viseront, et qui énonceront dans leur visa le nombre des actes inscrits. Cette présentation aura lieu, chaque année, dans la première décade de chacun des mois de nivose, germinal, messidor et vendémiaire, à peine d'une amende de dix francs pour chaque décade de retard. *V.* - 2346, 4906, 4912.

1707. **52.** Indépendamment de la représentation ordonnée par l'article précédent, les notaires, huissiers, greffiers et secrétaires, seront tenus de communiquer leurs *Répertoires* (5684), à toute réquisition, aux préposés de l'enregistrement qui se présenteront chez eux pour les vérifier, à peine d'une amende de cinquante francs en cas de refus. *V.* - 4661, 4910, 4912.

1708. *(Poursuites, 4884.)* Le préposé, dans ce cas, requerra l'assistance d'un officier municipal, ou de l'agent, ou de l'adjoint de la commune du lieu, pour dresser, en sa présence, procès-verbal du refus qui lui aura été fait. *V.* - 4912.

1709. **53.** Les *Répertoires* (5672) seront cotés et paraphés, savoir : ceux des notaires, huissiers, et greffiers de la justice de paix, par le juge-de-paix de leur domicile; ceux des greffiers des tribunaux, par le président; et ceux des secrétaires des administrations, par le président de l'administration. *V.* - 2629, 3777, 4077, 4912.

1710. **54.** *(Poursuites, 4838.)* Les dépositaires des registres de l'état-civil, ceux des rôles des contributions, et tous autres chargés des archives et dépôts des titres publics, seront tenus de les communiquer, sans déplacer, aux préposés de l'enregistrement, à toute réquisition, et de leur laisser prendre, sans frais, les renseignemens, extraits et copies qui leur seront nécessaires pour les intérêts de la république, à peine de cinquante francs d'amende pour refus constaté par procès-verbal du préposé, qui se fera accompagner, ainsi qu'il est prescrit par l'article 52 ci-dessus, chez les détenteurs et dépositaires qui auront fait refus. — Ces dispositions s'appliquent aussi aux notaires, huissiers, greffiers, et secrétaires d'administrations centrales et municipales, pour les actes dont ils sont dépositaires. — Sont exceptés les testamens et autres actes de libéralité à cause de mort, du vivant des testateurs. — Les *Communications* (1208, 1216) ci-dessus ne pourront être exigées les jours de repos; et les séances, dans chaque autre jour, ne pourront durer plus de quatre heures, de la part des préposés, dans les dépôts où ils feront leurs recherches. *V.* 1708 - 2034, 2346, 2985, 4661, 4910.

1711. **55.** Les *Notices des actes de décès* (4508, 4512), qui, aux termes de l'art. 5 de la loi du 13 fructidor an 6, relative à la célébration des décadis, doivent être remises, pour chaque décade, au chef-lieu du canton, par les officiers publics ou les agens de communes faisant fonctions d'officiers publics, seront transcrites sur un registre particulier tenu par les secrétaires des administrations municipales. — Ces secrétaires fourniront, par quartier, aux receveurs de l'enregistrement de l'arrondissement, les relevés, par eux certifiés, desdits actes de décès. Ils seront délivrés sur papier non timbré, et remis dans les mois de nivose, germinal, messidor et vendémiaire, à peine d'une amende de trente francs pour chaque mois de retard. Ils en retireront *Récépissé* (5288) aussi sur papier non timb. *V.* - 4906.

1712. 55. Les receveurs de l'enregistrement ne pourront, sous aucun prétexte, lors même qu'il y aurait lieu à l'expertise, différer l'*Enregistrement* (2736) des actes et mutations dont les droits auront été payés aux taux réglés par la présente. *V.* 1520 - 1713, 3377.

1713. Ils ne pourront non plus suspendre ou arrêter le cours des procédures en retenant des *Actes* (24, 243) ou exploits : cependant, si un acte dont il n'y a pas de minute, ou un exploit, contient des renseignemens dont la trace puisse être utile pour la découverte des droits dûs, le receveur aura la faculté d'en tirer copie, et de la faire certifier conforme à l'original par l'officier qui l'aura présenté. En cas de refus, il pourra réserver l'acte pendant vingt-quatre heures seulement, pour s'en procurer une collation en forme, à ses frais, sauf répétition s'il y a lieu. — Cette disposition est applicable aux actes sous signature privée qui seront présentés à l'enregistrement. *V.* - 1546, 1712.

1714. 57. La *Quittance de l'enregistrement* (5232, 5264) sera mise sur l'acte enregistré, ou sur l'extrait de la déclaration du nouveau possesseur. — Le receveur y exprimera en toutes lettres la date de l'enregistrement, le folio du registre, le numéro, et la somme des droits perçus. — Lorsque l'acte renfermera plusieurs dispositions opérant chacune un droit particulier, le receveur les indiquera sommairement dans sa quittance, et y énoncera distinctement la quotité de chaque droit perçu, à peine d'une amende de dix francs pour chaque omission. *V.* - 4911.

1715. 58. Les receveurs de l'enregistrement ne pourront délivrer d'*Extraits* (3128) de leurs registres que sur une ordonnance du juge-de-paix, lorsque ces extraits ne seront pas demandés par quelqu'une des parties contractantes, ou leurs ayans-cause. *V.* Inst. gén. n° 456 y 64.

1716. Il leur sera payé un franc pour *Recherche* (5328) de chaque année indiquée, et 50 centimes par chaque extrait, outre le papier timbré : ils ne pourront rien exiger au-delà.

1717. 59. Aucune autorité publique, ni la régie, ni ses préposés, ne peuvent accorder de *Remise ou modération* (5592) des droits établis par la présente, et des peines encourues, ni en suspendre ou faire suspendre le recouvrement, sans en devenir personnellement responsables.

TITRE 8. *Des droits acquis et des prescriptions.*

1718. 60. (*Restitution*, 5800, 5820.) Tout droit d'enregistrement perçu régulièrement en conformité de la présente, ne pourra être restitué, quels que soient les événemens ultérieurs, sauf les cas prévus par la présente. *V.* - 3182, 4294.

1720. 61. Il y a *Prescription* (4992, 5000, 5004, 5020) pour la demande des droits, savoir : — 1° Après deux années, à compter du jour de l'enregistrement, s'il s'agit d'un droit non perçu sur une disposition particulière dans un acte, ou d'un supplément de perception insuffisamment faite, ou d'une fausse évaluation dans une déclaration, et pour la constater par voie d'expertise. *V.* 1633 - 3073, 3801, 4918, 4919.

1721. (*Prescription*, 4984.) Les parties seront également non-recevables, après le même délai, pour toute demande en restitution de droits perçus. *V.* - 3073.

1722. — 2° (*Prescription*, 5016.) Après trois années, aussi à compter du jour de l'enregistrement, s'il s'agit d'une omission de biens dans une déclaration faite après décès.

1723. — 3° (*Prescription*, 5012.) Après cinq années, à compter du jour du décès, pour les successions non déclarées.

1724. Les *Prescriptions* (5008) ci-dessus seront suspendues par des demandes signifiées et enregistrées avant l'expiration des délais ; mais elles seront acquises irrévocablement, si les poursuites commencées sont interrompues pendant une année sans qu'il y ait d'instance devant les juges compétens, quand même le premier délai pour la prescription ne serait pas expiré.

1725. 62. La date des actes sous signature privée ne pourra cependant être opposée à la république pour *Prescription* (4980) des droits et peines encourus, à moins que ces actes n'aient acquis une date certaine par le décès de l'une des parties, ou autrement. *V.* 372 -

TITRE 9. *Des poursuites et instances.*

1726. 63. La *Solution des difficultés* (6128) qui pourront s'élever relativement à la perception des droits d'enregistrement avant l'introduction des instances, appartient à la régie.

1727. 64 Le premier acte de *Poursuite* (4876) pour le recouvrement des droits d'enregistrement et le paiement des peines et amendes prononcées par la présente, sera une contrainte : elle sera décernée par le receveur ou préposé de la régie ; elle sera visée et déclarée exécutoire par le juge-de-paix du canton où le bureau est établi, et elle sera signifiée.

1728. (*Instances*, 3608.) L'exécution de la contrainte ne pourra être interrompue que par une opposition formée par le redevable et motivée, avec assignation, à jour fixe, devant le tribunal civil du département. Dans ce cas, l'opposant sera tenu d'élire domicile dans la commune ou siège le tribunal. *V*. - 3253, 1115.

1729. 65. L'introduction et l'instruction des *Instances* (3512) auront lieu devant les tribunaux civils de département : la connaissance et la décision en sont interdites à toutes autres autorités constituées ou administratives.

1730. (*Instances*, 3616.) L'instruction se fera par simples mémoires respectivement signifiés. *V*. - 2362, 3253.

1731. (*Instances*, 3620.) Il n'y aura d'autres frais à supporter pour la partie qui succombera, que ceux du papier timbré, des significations, et du droit d'enregistrement des jugemens.

1732. (*Instances*, 3624.) Les tribunaux accorderont, soit aux parties, soit aux préposés de la régie qui suivront les instances, le délai qu'ils leur demanderont pour produire leurs défenses : il ne pourra néanmoins être de plus de trois décades.

1733. (*Instances*, 3628 à 3644.) Les jugemens seront rendus dans les trois mois au plus tard, à compter de l'introduction des instances, sur le rapport d'un juge, fait en audience publique, et sur les conclusions du commissaire du directoire exécutif, ils seront sans appel et ne pourront être attaqués que par voie de cassation. *V*. - 2256.

1734 66. Les *Frais de poursuite* (3244) payés par les préposés de l'enregistrement pour des articles tombés en non-valeur pour cause d'insolvabilité reconnue des parties condamnées, leur seront remboursés sur l'état qu'ils en rapporteront à l'appui de leurs comptes. L'état sera taxé sans frais par le tribunal civil du département, et appuyé de pièces justificatives.

TITRE 10. *De la fixation des droits.*

1735. 67. Les *Droits* (2464) à percevoir pour l'enregistrement des actes et mutations sont et demeurent fixés aux taux et quotités tarifés par les articles 68 et 69 suivans. *V*. - 1736, 1827.

DROITS FIXES.

1736. 68. Les actes compris sous cet article seront enregistrés et les *Droits* (2468) payés ainsi qu'il suit ; savoir : *V*. 1580 -

§ 1er. *Actes sujets à un droit fixe d'un franc.*

1737. — 1° Les abstentions, répudiations et *Renonciations* (5624) à successions, legs ou communautés, lorsqu'elles seront pures et simples, si elles ne sont pas faites en justice. — Il est dû un droit par chaque renonçant et pour chaque succession à laquelle on renonce.

1739. — 2° Les *Acceptations* (48) de successions, legs ou communautés, aussi lorsqu'elles seront pures et simples. — Il est dû un droit par chaque acceptant et pour chaque succession.

1741. — 3° Les *Acceptations* (52) de transports ou délégations de créances à terme, faites par actes séparés, lorsque le droit proportionnel a été acquitté pour le transport ou la délégation ; — Et celles qui se font dans les actes mêmes de délégation de créances aussi à terme.

1743. — 4° Les *Acquiescemens* (68) purs et simples, quand ils ne sont point faits en justice. *V*. - 4301.

1744. — 5° Les actes de *Notoriété* (4516). *V*. - 4302.

1745. — 6° Les *Actes* (328) qui ne contiennent que l'exécution, le complément et la consommation d'actes antérieurs enregistrés.

1746. — 7° Les *Actes refaits* (332) pour cause de nullité ou autre motif, sans aucun changement qui ajoute aux objets des conventions ou à leur valeur. *V*. - 4303.

1747. — 8° Les *Adjudications à la folle enchère* (380), lorsque le prix n'est pas supérieur à celui de la précédente adjudication, si elle a été enregistrée. *V*. - 1866, 1881, 4325.

1748. — 9° Les *Adoptions* (424). *V*. - 4356, 4358.

1749. — 10° Les *Attestations* (660) pures et simples.

1750. — 11° Les *Avis de parens* (696) autres que ceux contenant nomination de tuteurs et curateurs. *V*. - 1788, 4304.

1751. — 12 Les *Autorisations* (676) pures et simples. *V*. - 4305.

1752. — 13° Les *Bilans* (796).

1753. — 14° Les *Brevets d'apprentissage* (852) qui ne contiennent ni obligation de sommes et valeurs mobilières, ni quittance. *V*. - 1846.

1754. — 15° Les *Cautionnemens* (1056) de personnes à représenter en justice. *V.* - 4361.

1755. — 16° Les *Certificats de cautions* (1076) et de cautionnemens. *V.* - 4306.

1756. — 17° Les *Certificats* (1072, 1080) purs et simples, ceux de vie par chaque individu, et ceux de résidence. *V.* - 2080, 3185, 3205.

1757. — 18° Les *Collations* (1180) d'actes et pièces ou des extraits d'iceux, par quelque officier public qu'elles soient faites. — Le droit sera payé par chaque acte, pièce ou extrait collationné.

1759. — 19° Les *Compromis* (1228) qui ne contiennent aucune obligation de sommes et valeurs donnant lieu au droit proportionnel. *V.* - 4326.

1760. — 20° Les *Connaissemens* (1336) ou reconnaissances de chargement par mer, et les *Lettres de voiture* (3916). — Il est dû un droit par chaque personne à qui les envois sont faits. *V.* - 4330.

1762. — 21° Les *Consentemens* (1368) purs et simples. *V.* - 4307.

1763. — 22° Les *Décharges* (1840) également pures et simples, et les *Récépissés de pièces* (5296). *V.* - 3655, 4308.

1764. — 23° Les *Déclarations* (1844), aussi pures et simples, en matière civile. *V.* - 4309.

1765. — 24° Les *Déclarations ou élections de command* (1860, 1864) ou d'ami, lorsque la faculté d'élire un command a été réservée dans l'acte d'adjudication ou le contrat de vente, et que la déclaration est faite par acte public, et notifié dans les vingt-quatre heures de l'adjudication ou du contrat. *V.* - 1870, 1884, 3108, 4327, 5036.

1765 bis. — 25° Les *Délivrances de legs* (2064) pures et simples.

1766. — 26° Les *Dépôts* (2092) d'actes et pièces chez des officiers publics. *V.* - 4310.

1767. — 27° Les *Dépôts* (2108) et consignations de sommes et effets mobiliers chez des officiers publics, lorsqu'ils n'opèrent pas la libération des déposans; et les *Décharges* (1841) qu'en donnent les déposans ou leurs héritiers, lorsque la remise des objets déposés leur est faite. *V.* - 4311.

1768. — 28° Les *Désistemens* (2132) purs et simples. *V.* - 4312.

1769. — 29° Les *Devis d'ouvrages* (2148) et entreprises qui ne contiennent aucune obligation de somme et valeur, ni quittance.

1770. — 30° Les *Exploits* (3024 à 3036, 3044, 3048, 3056, 3060, 3064, 3092), les significations, celles des cédules des juges-de-paix, les commandemens, demandes, notifications, citations, offres, ne faisant pas titre au créancier et non acceptées; oppositions, sommations, procès-verbaux, assignations, protêts, interventions à protêt, protestations, publications et affiches, saisies, saisies-arrêts, séquestres, mains-levées, et généralement tous actes extrajudiciaires des huissiers ou de leur ministère, qui ne peuvent donner lieu au droit proportionnel, sauf les exceptions mentionnées dans la présente; *V.* - 1790, 1892, 2149, 2358, 4297, 4298, 4299, 4313, 4331, 4336, 4338, 4561.

1771. Et aussi les *Exploits* (3072, 3076), significations, et tous autres actes extrajudiciaires faits pour le recouvrement des contributions directes et indirectes, et de toutes autres sommes dues à la nation, même des contributions locales, mais seulement lorsque la somme principale excède 25 francs. *V.* - 1895, 4314, 4821, 4902.

1772. (*Exploits*, 3100.) Il sera dû un droit pour chaque demandeur ou défendeur, en quelque nombre qu'ils soient, dans le même acte, excepté les copropriétaires et cohéritiers, les parens réunis, les co-intéressés, les débiteurs ou créanciers associés ou solidaires, les séquestres, les experts et les témoins, qui ne seront comptés que pour une seule et même personne, soit en demandant, soit en défendant, dans le même original d'acte, lorsque leurs qualités y seront exprimées. *V.* - 2355.

1773. — 31° Les *Lettres missives* (3944) qui ne contiennent ni obligation, ni quittance, ni aucune autre convention donnant lieu au droit proportionnel. *V.* - 4315.

1774. — 32° Les *Nominations d'experts* (4492) ou arbitres. *V.* - 4316, 4326.

1775. — 33° Les *Prises de possession* (5116) en vertu d'actes enregistrés.

1776. — 34° Les *Prisées de meubles* (5120).

1777. — 35° Les *Procès-verbaux* (5160, 5168) et rapports d'employés, gardes, commissaires, séquestres, experts, arpenteurs et agens forestiers ou ruraux. *V.* - 1792, 1892, 4317, 4561, 4638.

1778. — 36° Les *Procurations* (5172) et pouvoirs pour agir, ne contenant aucune stipulation ni clause donnant lieu au droit proportionnel. *V.* - 3517, 4318.

1779. — 37° Les *Promesses d'indemnités* (5188), indéterminées et non susceptibles d'estimation. *V.* - 4319.

1780. — 38° Les *Ratifications* (5280) pures et simples d'actes en forme.

1781. — 39° Les *Reconnaissances* (5352) aussi pures et simples, ne contenant aucune obligation ni quittance. *V.* - 4320.

1782. — 40° Les *Résiliemens* (5720) purs et simples, faits par actes authentiques dans les vingt-quatre heures des actes résiliés. *V.* - 4321.

1783. — 41° Les rétractations et *Révocations* (5896). *V.* - 4322.

1784. — 42° Les *Réunions de l'usufruit à la propriété* (5880), lorsque la réunion s'opère par acte de cession, et qu'elle n'est pas faite pour un prix supérieur à celui sur lequel le droit a été perçu lors de l'aliénation de la propriété. *V.* - 4328.

1785. — 43° Les soumissions et *Enchères* (2696), hors celles faites en justice, sur des objets mis ou à mettre en adjudication ou en vente, ou sur des marchés à passer, lorsqu'elles seront faites par actes séparés de l'adjudication.

1786. — 44° Les *Titres nouvels* (6784) ou reconnaissances de rentes dont les contrats sont justifiés en forme. *V.* - 4329.

1787. — 45° Les *Transactions* (6804), en quelque matière que ce soit, qui ne contiennent aucune stipulation de somme et valeur, ni dispositions soumises par la présente à un plus fort droit d'enregistrement. *V.* - 4333.

1788. — 46° Les *Actes* (276) (les cédules exceptées), et *Jugemens* (3816) préparatoires, interlocutoires ou d'instruction de juge-de-paix ; certificats d'individualité, procès-verbaux d'*Avis de parens* (696), visa de pièces, et poursuites préalables à l'exercice de la contrainte par corps ; les oppositions à levée de scellés, par comparence personnelle dans le procès-verbal ; les ordonnances et mandemens d'assigner les opposans à scellés ; tous autres actes de juges-de-paix non classés dans les paragraphes et articles suivans, et leurs jugemens définitifs portant condamnation de sommes dont le droit proportionnel ne s'élèverait pas à un franc. *V.* 1750 - 3619, 1301. 4334.

1789. — 47° Tous les procès-verbaux des *Bureaux de paix* (924), desquels il ne résulte aucune disposition donnant lieu au droit proportionnel, ou dont le droit proportionnel ne s'élèverait pas à un franc. *V.* - 3619.

1790. — 48° Les *Actes* (288) et *Jugemens* (3844) de la police ordinaire et des tribunaux de police correctionnelle (et criminels, soit entre parties, soit sur la poursuite du ministère public, avec partie civile), lorsqu'il n'y a pas condamnation de sommes et valeurs, ou dont le droit proportionnel ne s'élèverait pas à un franc ; et les dépôts et décharges aux greffes desdits tribunaux, dans les mêmes cas où il y a partie civile. *V.* - 1892, 1905, 4485, 4489.

1791. — 49° Les *Jugemens* (3888) qui seront rendus en matière de contributions, soit directes, soit indirectes, ou pour autres sommes dues à la nation, ou pour contributions locales, quel que soit le montant des condamnations, et de quelque autorité ou tribunal qu'émanent les jugemens. *V.* - 4292.

1792. — 50° Les *Procès-verbaux* (5156) de délits et contraventions aux réglemens généraux de police ou d'impositions. *V.* 1777 - 1892, 4317, 4361, 4490.

1793. — 51° Et généralement tous *Actes* (240) civils, judiciaires ou extrajudiciaires, qui ne se trouvent dénommés dans aucun des paragraphes suivans, ni dans aucun autre article de la présente, et qui ne peuvent donner lieu au droit proportionnel.

§ 2. *Actes sujets à un droit fixe de 2 francs.*

1794. — 1° Les *Inventaires* (3720) de meubles, objets mobiliers, titres et papiers. — Il est dû un droit pour chaque vacation. *V.* - 3035, 4637, 5413.

1796. — 2° Les clôtures d'*Inventaires* (3724).

1797. — 3° Les procès-verbaux d'apposition, de reconnaissance et de levée de *Scellés* (6068). — Il est dû un droit pour chaque vacation. *V.* - 3035, 5413.

1799. — 4° (*Tutelle officieuse*, 6932.) Les procès-verbaux de *Nomination de tuteurs et curateurs* 4496). *V.* - 4355.

1800. — 5° Les *Jugemens* (3828) de juges-de-paix portant renvoi ou décharge de demande, débouté d'opposition, validité de congé, expulsion, condamnation à réparation d'injures personnelles, et généralement tous ceux qui, contenant des dispositions définitives, ne donnent pas ouverture au droit proportionnel. *V.* 3618, 3619, 4334.

1801. — 6° Les *Ordonnances des juges* (4588, 4592) des tribunaux civils, rendues sur requêtes ou mémoires, celles de référé, de compulsoire et d'injonction ; celles portant permission de saisir-gager, revendiquer ou vendre, et celles des commissaires du Directoire exécutif, dans les cas où la loi les autorise à en rendre ; *V.* - 4335, 4343.

1802. (*Expédition*, 1824. *Arrêts*, 616.) Les *Actes* (296, 300, 302) et *Jugemens* (3856, 3872) préparatoires ou d'instruction de ces tribunaux et des arbitres ; *V.* 1587 - 4335, 4343, 4345.

1803. Et les *Actes* (296, 300) faits ou passés aux greffes des mêmes tribunaux, portant acquiescement, dépôt, décharge, désaveu, exclusion de tribunaux, affirmation de voyage, opposition à remise de pièces, enchères, sur-enchères, renonciation à communauté, succession ou legs (il est dû un droit par chaque renonçant), reprise d'instance, communication de pièces sans déplacement, affirmation et vérification de créances, opposition à délivrance de jugement. *V.* - 4335, 4343, 5415.

1804. — 7° (*Arrêts*, 616.) Les *Ordonnances* (4588, 4592) sur requêtes ou mémoires, celles de réassigné, et tous *Actes* (296, 300) et *Jugemens* (3856) préparatoires ou d'instruction des tribunaux de commerce ; *V.* - 4335, 4343.

1805. — Et les *Actes* (296, 300) passés aux greffes des mêmes tribunaux, portant dépôt de sommes et pièces, et tous autres actes conservatoires ou de formalité. *V.* - 4335, 4343.

1806. — 8° Les *Expéditions* (2836) des ordonnances et procès-verbaux des officiers publics de l'état-civil, contenant indication du jour ou prorogation de délai pour la tenue des assemblées préliminaires au mariage ou à divorce.

§ 3. Actes sujets à un droit fixe de 3 francs.

1807. — 1° Les *Contrats de mariage* (1432) qui ne contiennent d'autres dispositions que des déclarations, de la part des futurs, de ce qu'ils apportent eux-mêmes en mariage et se constituent, sans aucune stipulation avantageuse entre eux. — La reconnaissance y énoncée, de la part du futur, d'avoir reçu la dot apportée par la future, ne donne pas lieu à un droit particulier. — Si les futurs sont dotés par leurs ascendans, ou s'il leur est fait des donations par des collatéraux ou autres personnes non parentes, par leur contrat de mariage, les droits, dans ces cas, sont perçus suivant la nature des biens, ainsi qu'ils sont réglés dans les paragraphes 4, 6 et 8 de l'article suivant. *V.* - 1862, 1878, 4339, 4381, 5291, 5292, 5298, 5299, 5305, 5306, 5312, 5313.

1808. — 2° Les *Partages* (4672) de biens meubles et immeubles entre co-propriétaires, à quelque titre que ce soit, pourvu qu'il en soit justifié. *V.* - 4340.

1809. S'il y a *Retour* (5848, 5852), le droit sur ce qui en sera l'objet sera perçu aux taux réglés pour les ventes. *V.* - 1873, 1886, 4900.

1810. — 3° Les *Prestations de serment* (5068) des greffiers et huissiers des juges-de-paix, des gardes des douanes, gardes-forestiers et gardes-champêtres, pour entrer en fonctions. *V.* - 1825, 2357.

1811. — 4° Les actes de *Société* (6120) qui ne portent ni obligation, ni libération, ni transmission de biens meubles ou immeubles entre les associés ou autres personnes ; — Et les actes de dissolution de société qui sont dans le même cas. *V.* - 4339.

1812. — 5° (*Donation éventuelle*, 2444.) Les *Testamens* (6460) et tous autres actes de libéralité qui ne contiennent que des dispositions soumises à l'événement du décès, et les dispositions de même nature qui sont faites par contrat de mariage entre les futurs ou par d'autres personnes. — Le droit pour ces dispositions par acte de mariage sera perçu indépendamment de celui du contrat. *V.* - 4341, 4382.

1814. — 6° Les *Unions* (6940) et directions de créanciers. *V.* - 1815.

1815. Si elles portent *Obligation* (4528) de sommes déterminées par les co-intéressés envers un ou plusieurs d'entre eux, ou autres personnes chargées d'agir pour l'union, il sera perçu un droit particulier, comme pour obligation. *V.* - 1859.

1816. — 7° (*Arrêts*, 620.) Les *Expéditions* (2828) des *Jugemens* (3864, 3868) des tribunaux civils, rendus en première instance ou sur appel, portant acquiescement, acte d'affirmation, d'appel, de conversion d'opposition en saisie, débouté d'opposition, décharge et renvoi de demande, déchéance d'appel, péremption d'instance, déclinatoire, entérinement de procès-verbaux et rapports, homologation d'actes d'union et attermoiement ; injonction de procéder à inventaire, licitation, partage ou vente ; mainlevée d'opposition ou de saisie, nullité de procédure, maintenue en possession, *Résolution de contrat* (5724) ou de clause de contrat pour cause de nullité radicale *(à l'égard des résolutions qui ne rentrent pas dans ce cas particulier, et qui sont assujetties au droit proportionnel, voir l'art. de la loi qui tarife la disposition ; comme : Bail, Donation, Vente, etc.),* reconnaissance d'écriture, nomination de commissaires, directeurs et séquestres ; publication judiciaire de donation, bénéfice d'inventaire ; rescision, soumission et exécution de jugement ; *V.* - 2354, 4290, 4342, 4347, 4348.

1817 (*Arrêts*, 620, 628, 632.) Et généralement tous *Jugemens* (3864, 3868, 3880, 3884) de ces tribunaux ; ceux de commerce et d'arbitrage, contenant des dispositions définitives qui ne peuvent donner lieu au droit proportionnel, ou dont le droit proportionnel ne s'élèverait pas à trois francs, et qui ne sont pas classés dans les autres paragraphes du présent article. *V.* - 4342, 4347, 4348, 4356, 4358, 4359.

§ 4. Actes sujets à un droit fixe de 5 francs.

1818. — 1° Les *Abandonnemens de biens* (4), soit volontaires, soit forcés, pour être vendus en direction.

1819. — 2° Les actes d'*Émancipation* (2644) : le droit est dû par chaque émancipé;

1820. — 3° Les *Déclarations et significations d'appel* (1876) des jugemens des juges-de-paix aux tribunaux civils. *V*. - 2355.

§ 5. *Actes sujets à un droit fixe de* 10 *francs.*

1821. Les *Déclarations et significations d'appel* (1880) des jugemens des tribunaux civils de commerce et d'arbitrage. *V*. - 2355

§ 6. *Actes sujets à un droit fixe de* 15 *francs.*

1822. — 1° (*Expédition*, 2832.) Les actes de *Divorce* (2208). *V*. - 4359.

1823. — 2° (*Arrêts*, 624.) Les *Jugemens* (3876) des tribunaux civils, portant interdiction, et ceux de séparation de biens entre mari et femme, lorsqu'ils ne portent point condamnation de sommes et valeurs, ou lorsque le droit proportionnel ne s'élèvera pas à quinze francs. *V*. - 4352.

1824. — 3° Le premier acte de *Recours* (5380) au tribunal de cassation, soit par requête, mémoire ou déclaration, en matière civile, de police ou correctionnelle. *V*. - 2605. 4351.

1825. — 4° Les *Prestations de serment* (5072) des notaires, des greffiers et huissiers des tribunaux civils, criminels, correctionnels et de commerce, et de tous employés salariés par la république, autres que ceux compris sous le § 3 ci-dessus, nombre 3, pour entrer en fonctions. *V*. 1810-2357, 3261, 4133, 4161.

§ 7. *Actes sujets au droit fixe de* 25 *francs.*

1826. (*Arrêts*, 640, 644) Chaque expédition de jugement du tribunal de cassation délivrée à partie. *V*. - 4290, 4349, 4353.

DROITS PROPORTIONNELS.

1827. 69. Les actes et mutations compris sous cet article seront enregistrés, et les *Droits* (2472) payés suivant les quotités ci-après; savoir : *V*. - 1581.

§ 1er. 25 *centimes par cent fr.*

1828. — 1° Les *Baux* (760) de pâturage et nourriture d'animaux. — Le droit sera perçu sur le prix cumulé des années du bail, savoir, à raison de vingt-cinq centimes par cent francs sur les deux premières années, et du demi-droit sur les années suivantes. *V*. - 4893.

1830. — 2° Les *Baux* (760) à cheptel et reconnaissance de bestiaux. — Le droit sera perçu sur le prix exprimé dans l'acte, ou, à défaut, d'après l'évaluation qui sera faite du bétail. *V*. - 4893.

1832. — 3° (*Succession*, 6212, 6220, 6224.) Les mutations qui s'effectueront par décès en propriété ou usufruit de biens meubles, en ligne directe. *V*.-4380.

§ 2. 50 *centimes par cent fr.*

1833. — 1° Les *Abandonnemens* (12, 16) pour fait d'assurance ou grosse aventure. — Le droit est perçu sur la valeur des objets abandonnés. *V*. - 4363.

1835. (*Abandonnement*, 16.) En temps de guerre, il n'est dû qu'un demi-droit. *V*. - 4365.

1836. — 2° (*Police d'assurance*, 4832, 4840) Les actes et contrats d'assurance. — Le droit est dû sur la valeur de la prime. *V*. - 4366, 4901.

1838. (*Police*, 4836, 4840) En temps de guerre, il n'y a lieu qu'au demi-droit. *V*.- 4368.

1839. — 3° Les *Adjudications au rabais et marchés* (396, 400) pour constructions, réparations, entretien, approvisionnemens et fournitures dont le prix doit être payé par le trésor national, ou par les administrations centrales et municipales, ou par des établissemens publics. — Le droit est dû sur la totalité du prix. — Et celles au rabais de la levée des contributions directes. — Le droit est assis sur la somme à laquelle s'élève la remise du percepteur, d'après le montant du rôle. *V*. 1601, 1857- 2749, 2773, 2774, 4369, 4646.

1840. — 4° Les *Atermoiemens* (656) entre débiteurs et créanciers. — Le droit est perçu sur les sommes que le débiteur s'oblige de payer. *V*. - 5416.

1841. — 5° Les *Baux* (760) ou conventions pour nourriture de personnes, lorsque les années sont limitées. — Le droit est dû sur le prix cumulé des années du bail ou de la convention; mais si la durée est illimitée, l'acte sera assujetti au droit réglé par le § 5, nombre 2 ci-après. *V*. - 1867, 4893.

1843. S'il s'agit de *Baux* (760) de nourriture de mineurs, il ne sera perçu qu'un demi-droit ou 25 centimes par cent fr. sur le montant des années réunies. *V*. - 4893.

1844. — 6º Les *Billets à ordre* (804), les *Cessions d'actions* (1112) et coupon d'actions mobilières des compagnies et sociétés d'actionnaires, et tous autres effets négociables de particuliers ou de compagnies, à l'exception des *Lettres de change* (3912) tirées de place en place. *V*. 1690 - 1911, 4360.

1845. (*Acte fait en conséquence*, 216) Les effets négociables de cette nature pourront n'être présentés à l'enregistrement qu'avec les protêts qui en auront été faits. *V*. 1643, 1692 - 4360.

1846. — 7º Les *Brevets d'apprentissage* (856), lorsqu'ils contiendront stipulation de sommes ou valeurs mobilières, payées ou non. *V*. 1753.

1847. — 8º Les *Cautionnemens* (1036, 1052) de sommes et objets mobiliers, les garanties mobilières et les indemnités de même nature. *V*. - 2351, 2749, 2957, 4647, 4894.

1848. Le droit sera perçu indépendamment de celui de la disposition que le *Cautionnement* (1038, 1040), la garantie ou l'indemnité aura pour objet, mais sans pouvoir l'excéder. *V*. - 2351, 4894.

1849. Il ne sera perçu qu'un demi-droit pour les *Cautionnemens* (1044) des comptables envers la République. *V*. - 1981.

1850. — 9º Les expéditions des jugemens contradictoires ou par défaut, des juges-de-paix, des tribunaux civils, de commerce et d'arbitrage, de la police ordinaire, de la police correctionnelle et des tribunaux criminels, portant *Condamnation* (1292), *Collocation* (1184) ou *Liquidation* (4072) de sommes et valeurs mobilières, intérêts et dépens entre particuliers, excepté les dommages-intérêts, dont le droit proportionnel est fixé à deux pour cent sous le paragraphe 5, nombre 8, ci-après. *V*. - 1874, 4290.

1851. (*Minimum*, 4348.) Dans aucun cas, et pour aucun de ces jugemens, le droit proportionnel ne pourra être au-dessous du droit fixe, tel qu'il est réglé dans l'article précédent pour les jugemens des divers tribunaux.

1852. Lorsque le droit proportionnel aura été acquitté sur un jugement rendu par défaut, la perception sur le jugement contradictoire qui pourra intervenir n'aura lieu que sur le supplément des *Condamnations* (1300) : il en sera de même des jugemens rendus sur appel et des exécutoires.

1853. S'il n'y a pas de supplément de *Condamnation* (1296), l'expédition sera enregistrée pour le droit fixe, qui sera toujours le moindre droit à percevoir.

1854. Lorsqu'une *Condamnation* (1304) sera rendue sur une demande non établie par un titre enregistré et susceptible de l'être, le droit auquel l'objet de la demande aurait donné lieu, s'il avait été convenu par acte public, sera perçu indépendamment du droit dû pour l'acte ou le jugement qui aura prononcé la condamnation. *V*. - 3634.

1855. — 10º Les *Obligations à la grosse aventure* (4536), ou pour retour de voyage.

1856. — 11º Les *Quittances* (5208), *Remboursemens* (5588) ou rachats de rentes et redevances de toute nature : les *Retraits* (5856) exercés en vertu de réméré, par actes publics, dans les délais stipulés, ou faits sous signature privée, et présentés à l'enregistrement avant l'expiration de ces délais, et tous autres actes et écrits portant libération de sommes et valeurs mobilières. *V*. 1594 - 1887, 1911, 3669, 5417.

§ 3. 1 fr. par cent fr.

1857. — 1º Les *Adjudications au rabais et marchés* (392), autres que ceux compris dans le § précédent, pour constructions, réparations et entretien, et tous autres objets mobiliers susceptibles d'estimation, faits entre particuliers, qui ne contiendront ni vente, ni promesse de livrer des marchandises, denrées ou autres objets mobiliers. *V*. 1839 -

1858. — 2º Les *Baux* (760) à ferme ou à loyer, d'une seule année. — Ceux faits pour deux années. — Le droit sera perçu sur le prix cumulé des deux années. — Ceux d'un plus long temps, pourvu que leur durée soit limitée. — Le droit sera également perçu sur le prix cumulé ; savoir, pour les deux premières années, à raison d'un franc par cent francs ; et pour les autres années, sur le pied de vingt-cinq centimes par cent francs. — Et les sous-baux, subrogations, cessions et rétrocessions de baux. — Le droit sera liquidé et perçu sur les années à courir, comme il est établi pour les baux ; savoir, à raison d'un pour cent sur les deux premières années restant à courir ; et de vingt-cinq centimes par cent francs pour les autres années. — Seront considérés, pour la liquidation et le paiement du droit, comme baux de neuf années, ceux faits pour trois, six ou neuf ans. — Les baux de biens nationaux sont assujettis aux mêmes droits. *V*. 1609 - 1882, 2349, 4382, 4893.

1859. — 3º Les contrats, transactions, promesses de payer, arrêtés de comptes, billets, mandats ; les transports, cessions et délégations de créances à terme ; les délégations de prix stipulées dans un contrat, pour acquitter des créances à terme envers un tiers, sans énonciation de titre enregistré, sauf, pour ce cas, la *Restitution* (5800) dans le délai prescrit, s'il est justifié d'un titre précédemment enregistré ; les reconnaissances, celles de dépôts de sommes chez des particuliers, et tous autres actes ou écrits qui contiendront *Obligation de sommes* (4528), sans libéralité et sans que l'obligation soit le prix d'une transmission de meubles ou immeubles non enregistrée. *V.* 1594, 1815 - 4053. 4113, 5177.

1860 — 4° (*Succession*, 6216. 6220, 6228.) Les mutations de biens immeubles, en propriété ou usufruit, qui auront lieu par décès en ligne directe. *V.* - 4380.

§ 4. 1 *fr.* 25 *cent. par cent fr.*

1861. — 1° Les *Donations* (2256, 2284, 2288, 2304) entre vifs, en propriété ou usufruit, de biens meubles, en ligne directe. *V.* - 1862, 2352, 4898.

1862. (*Donation*, 2256. 2284, 2296.) Il ne sera perçu que moitié droit, si elles sont faites par contrat de mariage aux futurs. *V.* 1861 -

1863. — 2° Les mutations en propriété ou usufruit de biens meubles, qui s'effectuent par décès, entre collatéraux et autres personnes non parentes, soit par *Succession* (6212, 6236, 6248, 6260. 6272. 6284), soit par testament ou autre acte de libéralité à cause de mort. *V.* - 1864, 4377, 4378, 4379, 5294, 5301, 5308, 5315.

1864. (*Succession*, 6212, 6236.) Il ne sera dû que moitié droit pour celles qui auront lieu entre époux. *V.* 1863 - 4377.

§ 5. 2 *fr. par cent fr.*

1865. — 1° Les adjudications, *Ventes* (6964), reventes, cessions, rétrocessions, marchés, traités, et tous autres actes, soit civils, soit judiciaires, translatifs de propriété, à titre onéreux, de meubles, récoltes de l'année sur pied, coupes de bois taillis et de hautes futaies, et autres objets mobiliers généralement quelconques, même les ventes de biens de cette nature faites par la nation. *V.* - 1866, 1870, 3006, 4638, 4639, 4648, 4761, 5249, 5414.

1866. Les *Adjudications à la folle enchère* (384) de biens meubles sont assujetties au même droit, mais seulement sur ce qui excède le prix de la précédente adjudication, si le droit en a été acquitté. *V.* 1747 -

1867. — 2° Les *Constitutions* (1404) de rentes, soit perpétuelles, soit viagères, et de pensions, à titre onéreux, les cessions, transports et délégations qui en sont faits au même titre, et les *Baux* (768) de biens meubles pour un temps illimité. *V.* 1841 - 3669, 4382.

1869. — 3° Les *Échanges* (2512, 2516, 2520) de biens immeubles. — Le droit sera perçu sur la valeur d'une des parts, lorsqu'il n'y aura aucun retour. S'il y a retour, le droit sera payé à raison de deux francs par cent francs, sur la moindre portion, et comme pour vente sur le *Retour* (5840) ou la plus-value. *V.* - 1886, 4370, 4895, 4896. 4897, 5418.

1870. — 4° Les élections ou *Déclarations de command* (1868) ou d'ami, sur adjudication ou contrat de vente de biens meubles, lorsque l'élection est faite après les vingt-quatre heures, ou sans que la faculté d'élire un command ait été réservée dans l'acte d'adjudication ou le contrat de vente. *V.* 1765 - 3108, 4327, 5036.

1871. — 5° Les *Engagemens* (2708) de biens immeubles.

1872. — 6° Les parts et portions acquises par *Licitation* (4064) de biens meubles indivis.

1873. — 7° Les *Retours* (5848) de partages de biens meubles. *V.* 1809 -

1874. — 8° Les *Dommages-intérêts* (2240) prononcés par les tribunaux criminels, correctionnels et de police. *V.* - 2353.

§ 6. 2 *fr.* 50 *cent. par cent fr.*

1875. — 1° Les *Donations* (2256, 2316, 2336, 2356, 2376, 2396) entre vifs, en propriété ou usufruit, de biens meubles, par des collatéraux et autres personnes non parentes. *V.* - 1876, 4377, 4378, 4379, 5294, 5301. 5308, 5315.

1876. (*Donation*, 2256, 2324, 2344, 2364, 2384, 2404.) Il ne sera perçu que moitié droit, si elles sont faites par contrat de mariage aux futurs. *V.* 1875 - 5291, 5298, 5305, 5312.

1877. — 2° Les *Donations* (2256, 2284, 2292, 2308) entre vifs, en propriété ou usufruit, de biens immeubles en ligne directe. *V.* - 1878, 2352, 4382, 4898.

1878. (*Donation*, 2256, 2284, 2300.) Il ne sera perçu que moitié droit, si elles sont faites par contrat de mariage aux futurs. *V.* 1877 - 4382.

1879. — 3° (*Succession*, 6216, 6240.) Les transmissions de propriété ou d'usufruit de biens immeubles, qui s'effectuent par décès, entre époux. *V.* - 4373, 4380.

§ 7. 4 fr. par cent fr.

1880. — 1° Les adjudications, *Ventes* (7004), reventes, cessions, rétrocessions, et tous autres actes civils et judiciaires translatifs de propriété ou d'usufruit de biens immeubles, à titre onéreux. *V.* - 1881, 1884, 2508, 2514, 4370, 4900.

1881. Les *Adjudications à la folle enchère* (388) de biens de même nature sont assujetties au même droit, mais seulement sur ce qui excède le prix de la précédente adjudication, si le droit en a été acquitté. *V.* 1717 - 4382.

1882. (*Vente*, 7016.) La quotité du droit d'enregistrement des adjudications de domaines nationaux sera réglée par des lois particulières. *V.* - 2200, 2508, 2514.

1883. — 2° Les *Baux* (764) à rentes perpétuelles de biens immeubles, ceux à vie, et ceux dont la durée est illimitée. *V.* - 4382, 4900.

1884. — 3° Les *Déclarations ou élections de command* (1872) ou d'ami, par suite d'adjudication ou contrats de vente de biens immeubles, autres que celles des domaines nationaux, si la déclaration est faite après les vingt-quatre heures de l'adjudication ou du contrat, ou lorsque la faculté d'élire un command n'y a pas été réservée. *V.* 1765 - 3108, 4327, 4382.

1885. — 4° Les parts et portions indivises de biens immeubles, acquises par *Licitation* (1068). *V.* - 4382.

1886. — 5° Les *Retours* (5840, 5852) d'échanges et de partages de biens immeubles. *V.* 1809, 1869 - 4370, 4382, 4897.

1887. — 6° Les *Retraits* (5860) exercés après l'expiration des délais convenus par les contrats de vente sous faculté de réméré. *V.* 1856 - 4382.

§ 8. 5 fr. par cent fr.

1888. — 1° Les *Donations* (2256, 2320, 2346, 2360, 2380, 2400) entre vifs de biens immeubles en propriété ou usufruit, par des collatéraux et autres personnes non parentes. *V.* - 1889, 4373, 4374, 4375, 4382, 5295, 5302, 5309, 5316.

1889. (*Donation*, 2256, 2328, 2348, 2368, 2388, 2408.) Il ne s'y a perçu que moitié droit, si elles sont faites par contrat de mariage aux futurs. *V.* 1888 - 4382, 5292, 5299, 5306, 5313.

1890. — 2° Les mutations de biens immeubles en propriété ou usufruit, qui s'effectuent par décès, entre collatéraux et personnes non parentes, soit par *Succession* (6216, 6252, 6264, 6276, 6288), soit par testament ou autre acte de libéralité à cause de mort. *V.* - 4374, 4375, 4380, 5295, 5302, 5309, 5316.

TITRE 11. *Des actes qui doivent être enregistrés en débet ou gratis, et de ceux qui sont exempts de cette formalité.*

1891. 70. Seront soumis à la formalité de l'enregistrement, et enregistrés en débet ou gratis, ou exempts de cette formalité, les actes ci-après :

§ 1er. A enregistrer en débet.

1892. — 1° (*Débet*, 1560, 1580.) Les actes et procès-verbaux des juges-de-paix pour faits de police. — 2° Ceux faits à la requête des commissaires du Directoire exécutif près les tribunaux. — 3° Ceux des commissaires de police. — 4° Ceux des gardes établis par l'autorité publique pour délits ruraux et forestiers. — 5° Les actes et jugemens qui interviennent sur ces actes et procès-verbaux. *V.* 1770, 1777, 1790, 1792 - 3081, 1317, 4189, 4193, 4777, 5046.

1893. (*Frais de justice*, 3212.) Il y aura lieu de suivre la rentrée des droits d'enregistrement de ces actes, procès-verbaux et jugemens, contre les parties condamnées, d'après les extraits des jugemens qui seront fournis aux préposés de la régie par les greffiers. *V.* - 4189, 4193, 1564, 4777.

§ 2. A enregistrer gratis.

1894. — 1° (*Rédaction*, 5446, 5452. *Salaire*, 6008. *Transcription*, 6896.) Les *Acquisitions* (72) et *Échanges* (2528) faits par la République ; les *Partages* (4676) des biens entre elle et des particuliers, et tous autres actes faits à ce sujet. *V.* 1581 - 4029, 4806, 5081, 5385.

1895. — 2° Les *Exploits* (3072), commandemens, significations, sommations, établissemens de garnisons, saisies, saisies-arrêts, et autres actes, tant en action qu'en défense, ayant pour objet le recouvrement des contributions directes et indirectes, de toutes autres sommes dues à la République, à quelque titre et pour quelque objet que ce soit, même des contributions locales, lorsqu'il s'agira de cotes de 25 francs et au-dessous, ou de droits et créances non excédant en total la somme de 25 francs. *V.* 1771 - 4314, 4821, 4902.

1896. — 3° (*Exploits*, 3104. *Débet*, 1580.) Les actes des huissiers et gendarmes dans les cas spécifiés par le paragraphe suivant, nombre 9. *V.* - 1905, 4485, 4489, 4490, 4561, 4777. *V.* Inst. gén. n° 1102.

§ 3. *Exempts de la formalité de l'enregistrement.*

1897. — 1° Les *Actes* (176) du Corps législatif et ceux du Directoire exécutif.

1898. — 2° Les *Actes* (88) d'administration publique non compris dans les articles précédens. *V.* - 4656, 4658.

1890. — 3° (*Succession*, 6292.) Les *Inscriptions* (3576) sur le grand livre de la dette publique, leurs transferts et mutations, les quittances des intérêts qui en sont payés, et tous les effets de la dette publique inscrits ou à inscrire définitivement. *V.* - 2189, 5497.

1900. — 4° Les rescriptions, mandats et ordonnances de paiement sur les *Caisses publiques* (948); leurs endossemens et acquits.

1901. — 5° Les *Quittances* (5216) de contributions, droits, créances et revenus payés à la nation; celles pour charges locales, et celles des fonctionnaires et employés salariés par la république, pour leurs traitemens et émolumens.

1902. — 6° Les ordonnances de décharge ou de réduction, remise ou modération d'*Impositions* (3484), les quittances y relatives, les rôles et extraits d'iceux.

1903. — 7° Les *Récépissés* (5300) délivrés aux collecteurs, aux receveurs de deniers publics et de contributions locales, et les *Comptes* (1256) de recettes ou gestions publiques.

1904. — 8° Les *Actes de naissance, sépultures et mariages* (148), reçus par les officiers de l'état-civil, et les *Extraits* (3124) qui en sont délivrés. *V.* - 4655.

1905. — 9° Tous les *Actes* (292) et *Procès-verbaux* (5164) (excepté ceux des huissiers et gendarmes, qui doivent être enregistrés, ainsi qu'il est dit au paragraphe précédent, nombre 3), et *Jugemens* (3848) concernant la police générale et de sûreté et la vindicte publique. *V.* 1790, 1896 - 4485.

1906. — 10° Les *Cédules* (1064) pour appeler au bureau de conciliation, sauf le droit de la signification. *V.* - 2149.

1907. — 11° Les *Légalisations* (3904) de signatures d'officiers publics.

1908. — 12° Les *Affirmations* (500) de procès-verbaux des employés, gardes et agens salariés par la république, faits dans l'exercice de leurs fonctions.

1909. — 13° Les engagemens, enrôlemens, congés, certificats, cartouches, passeports, quittances de prêt et fourniture, billets d'étape, de subsistance et de logement, tant pour le *Service* (6108) de terre que pour le service de mer, et tous autres actes de l'une et l'autre administration non compris dans les articles précédens. — Sont aussi exceptés de la formalité de l'enregistrement les rôles d'équipages et les engagemens de matelots et gens de mer de la marine marchande et des armemens en course.

1910. — 14° Les *Passeports* (4684) délivrés par l'administration publique.

1911. — 15° Les *Lettres de change* (3912) tirées de place en place; celles venant de l'étranger ou des colonies françaises; les *Endossemens* (2700) et *Acquits* (78) de ces effets, et les endossemens et acquits de billets à ordre et autres effets négociables. *V*. 1844 - 4360.

1912. — 16° Les *Actes* (128) passés en forme authentique avant l'établissement de l'enregistrement, dans l'ancien territoire de France, et ceux passés également en forme authentique, ou sous signature privée, dans les pays réunis, et qui y ont acquis une date certaine suivant les lois de ces pays, ainsi que les *Mutations* (4436) qui se sont opérées par décès avant la réunion desdits pays. *V.* 158 - 1916.

TITRE 12. *Des lois précédentes sur l'enregistrement, et de l'exécution de la présente.*

1915. **72.** La formalité de l'*Insinuation* (3584) des donations entre vifs continuera d'être donnée dans les bureaux de recette de l'enregistrement et sous les peines portées par les lois subsistantes, jusqu'à ce qu'il en ait été autrement ordonné.

(Nota.) *Le Code civil*, art. 895 à 1100, *a irrévocablement abrogé la formalité de l'insinuation à dater du 13 flor. 11. (I. g.* 196.)

1916. **73.** Toutes les *Lois* (4120, 4124) rendues sur les droits d'enregistrement, et toutes dispositions d'autres lois y relatives, sont et demeurent abrogées pour l'avenir. — Elles continueront d'être exécutées à l'égard des actes faits et des mutations par décès effectuées avant la publication de la présente. *V.* 157, 158, 372, 1274, 1275, 1912 - 2341, 4407.

1917. Les affaires actuellement en instance seront suivies d'après les *Lois* (4128) en vertu desquelles elles ont été intentées.

1918. La présente *Loi* (4132) sera exécutée à compter du jour de sa publication.

6

1924. **ARR**. 7 pluv. 7. *Alger*, 508. C. 1483.

1928. **LOI**. 16 pluv. 7. *Hypothèques*, 3376. C. 1501. B. 256-2422.

1932. **LOI**. 22 pluv. 7. VENTES DE MEUBLES. C. 1498. B. 258-2451.

1933. **1.** (*Vente*, 7128.) A compter de la publication de la présente, les meubles, effets, marchandises, bois, fruits, récoltes et tous autres objets mobiliers, ne pourront être vendus publiquement et par enchères, qu'en présence et par le ministère d'officiers publics ayant qualité pour y procéder. *V*. - 1949.

1934. **2.** Aucun officier public ne pourra procéder à une vente publique, et par enchères, d'objets mobiliers, qu'il n'en ait préalablement fait la *Déclaration* (1888, 1892) au bureau de l'enregistrement dans l'arrondissement duquel la vente aura lieu. — **3.** La déclaration sera inscrite sur un registre qui sera tenu à cet effet, et elle sera datée. Elle contiendra les noms, qualité et domicile de l'officier, ceux du requérant, ceux de la personne dont le mobilier sera mis en vente, et l'indication de l'endroit où se fera la vente, et du jour de son ouverture. Elle sera signée par l'officier public, et il lui en sera fourni une copie, sans autres frais que le prix du papier timbré sur lequel cette copie sera délivrée. — Elle ne pourra servir que pour le mobilier de celui qui y sera dénommé. *V*. - 1943, 4761.

1935. **4** (*Vente*, 7116.) Le *Registre* (5524) sera en papier non timbré. Il sera coté et paraphé, sans frais, par le juge-de-paix dans l'arrondissement duquel sera le bureau d'enregistrement.

1936. **5.** Les officiers publics transcriront en tête de leurs procès-verbaux de vente les copies de leurs *Déclarations* (1904). *V*. - 1944.

1937. (*Omission*, 4556.) Chaque objet adjugé sera porté de suite au procès-verbal ; le *Prix* (5128) y sera écrit en toutes lettres, et tiré hors ligne en chiffres. *V*. - 1945, 1947, 4473.

1938. (*Vente*, 7120.) Chaque séance sera close et signée par l'officier public et deux témoins domiciliés.

1939. Lorsqu'une *Vente* (7136) aura lieu par suite d'inventaire, il en sera fait mention au procès-verbal, avec indication de la date de l'inventaire, du nom du notaire qui y aura procédé, et de la quittance de l'enregistrement.

1940. **6.** Les procès-verbaux de vente ne pourront être enregistrés qu'aux *Bureaux* (920) où les déclarations auront été faites. *V*. 1653 à 1655.

1941. (*Vente*, 6964, 6992, 6996.) Le droit d'enregistrement sera perçu sur le montant des sommes que contiendra cumulativement le procès-verbal des séances à enregistrer dans le délai prescrit par la loi sur l'enregistrement.

1943. **7.** Les contraventions aux dispositions ci-dessus seront punies par les amendes ci-après, savoir : — De cent francs, contre tout officier public qui aurait procédé à une vente sans en avoir fait la *Déclaration* (1900) ; *V*. 1934 - 4909.

1944. De vingt-cinq francs, pour défaut de transcription, en tête du procès-verbal, de la *Déclaration* (1904) faite au bureau d'enregistrement ; *V*. 1936 - 4911.

1945. (*Omission*, 4556.) De cent francs, pour chaque article adjugé, et non porté au procès-verbal de vente, outre la restitution du droit ; *V*. 1937 - 4473, 4909.

1946. De cent francs aussi, pour chaque *Altération de prix* (516) des articles adjugés, faite dans le procès-verbal, indépendamment de la restitution du droit, et des peines de faux ; *V*. - 4909.

1947. Et de quinze francs pour chaque article dont le *Prix* (5128) ne serait pas écrit en toutes lettres au procès-verbal. *V*. 1937 - 4911.

1948. Les autres contraventions que pourraient commettre les officiers publics contre les dispositions de la *Loi* (4176) sur l'enregistrement, seront punies par les amendes et restitutions qu'elle prononce.

1949. L'amende qu'aura encourue tout citoyen, pour contravention à l'art. 1er de la présente, en vendant ou faisant vendre publiquement ou par enchères, sans le ministère d'un officier public, sera déterminée en raison de l'importance de la contravnetion : elle ne pourra cependant être au-dessous de cinquante francs, ni excéder mille francs pour chaque *Vente* (7140), outre la restitution des droits qui se trouveront dûs. *V*. 1933 -

1950. **8.** Les préposés de la régie de l'enregistrement sont autorisés à se transporter dans tous les lieux où se feront des *Ventes publiques* (7132) et par enchères, et à s'y faire représenter les procès-verbaux de vente et les copies des déclarations préalables.

1951. Ils dresseront des procès-verbaux des contraventions qu'ils auront reconnues et constatées ; ils pourront même requérir l'assistance d'un officier municipal, ou de l'agent, ou de l'adjoint de la commune, ou de la municipalité où se fera la vente. — Les *Poursuites* (4924) et *Instances* (3668) auront lieu ainsi et de la manière prescrite par la loi du 22 frimaire dernier sur l'enregistrement. *V*. 1727 -

1952. (*Instance*, 3672.) La preuve testimoniale pourra être admise sur les vente faites en contravention à la présente.

1953. 9. Sont dispensés de la *Déclaration* (1896) ordonnée par l'art. 2, les officiers publics qui auront à procéder aux ventes du mobilier national et à celles des effets des monts-de-piété.

1954. 10. Toutes dispositions de *Lois* (4180) contraires à la présente, sont abrogées.

1960. **LOI.** 9 vent. 7. *Hypothèques*, 3364. C. 1521. B. 261-2572.

1964. **LOI.** 14 vent. 7 *Domaines et bois engagés*, 2228. C. 1531. B. 263-2586.

1968. **LOI.** 14 vent. 7. *Instance judiciaire*, 1968. I. g. 1029. 1057.

1972. **LOI.** 17 vent. 7. *Domaines et bois engagés*, 2228. C. 1548. B. 264-2614.

1976. **LOI.** 21 vent. 7. HYPOTHÈQUES. C. 1539. B. 266-2627.

De la conservation des hypothèques.

1977. 1. La *Conservation des hypothèques* (1396) est confiée aux receveurs de l'enregistrement.

1978. 2. Etablissement des bureaux de la *Conservation des hypothèques* (1400).

1979. 3, 4. Fonctions des *Conservateurs* (1384).

1980. 5 à 11. *Cautionnement* (1016).

1981. 5 Le préposé fournira, en outre, un cautionnement en immeubles. Il sera payé pour l'enregistrement dudit *Cautionnement* (1048), un droit fixe d'un franc. *V.* 1849 -

1982. 12, 13 et 14. *Intérim* (3704).

1983. 15. (*Salaires*, 5972.) Le traitement des préposés à la conservation des hypothèques est réglé ainsi qu'il suit : — 1° Ils auront sur la recette des droits d'hypothèque, jointe aux autres recettes dont ils sont chargés, les remises accordées sur les droits d'enregistrement et autres. — 2' Il leur sera payé par les requérans, pour les actes qu'ils délivreront, outre le papier timbré, les sommes énoncées au tarif suivant, savoir :

1984. — 1° (*Salaire*, 6020.) Pour l'inscription de chaque droit d'hypothèque ou privilége, quel que soit le nombre des créanciers, si la formalité est requise par le même bordereau, cinquante centimes ; *V.* - 3827.

1985. — 2° (*Salaire*, 6040.) Pour la transcription de chaque acte de mutation, par rôle d'écriture contenant vingt-cinq lignes à la page et dix-huit syllabes à la ligne, vingt-cinq centimes ; *V.* - 3832.

1986. — 3° (*Salaire*, 5988.) Pour chaque déclaration de changement de domicile, vingt-cinq centimes ; *V.* - 3829.

1987 — 4° (*Salaire*, 6000.) Pour l'inscription de chaque notification de procès-verbaux d'affiches, un franc ; *V.* - 3838.

1988. — 5' (*Salaire*, 6032) Pour chaque radiation d'inscription, cinquante centimes ; *V.* - 3830.

1989. — 6' (*Salaire*, 6016.) Pour chaque extrait d'inscription, ou certificat qu'il n'en existe aucune, cinquante centimes ; *V.* - 3831.

1990. — 7° (*Salaire*, 5984.) Pour les copies collationnées des actes déposés ou transcrits dans les bureaux des hypothèques, par chaque rôle de feuille de papier de vingt-cinq lignes à la page et dix-huit syllabes à la ligne, vingt-cinq centimes. *V.* - 3834.

1991. 16. (*Paraphe*, 4664.) Les *Registres* (5472, 5516, 5520) servant à recevoir les actes du nouveau régime hypothécaire seront en papier timbré ; les préposés les feront coter et parapher à chaque feuillet par le président de l'administration municipale du lieu. — Cette formalité sera remplie dans les trois jours de la présentation des registres et sans frais. — 17. Les actes seront datés et consignés de suite, sans *Blanc* (812) et jour par jour ; ils seront numérotés suivant le rang qu'ils tiendront dans les registres, et signés du préposé. — 18. Outre les registres mentionnés en l'art. 16, les préposés tiendront un registre sur papier libre, dans lequel seront portés par extrait, au fur et à mesure des actes, sous le nom de chaque grevé et à la case qui lui sera destinée, les inscriptions à sa charge, les transcriptions, les radiations et les autres actes qui le concernent, ainsi que l'indication des registres où chacun de ces actes sera porté, et les numéros sous lesquels ils y seront consignés. *V.* 1504 - 2851, 2852.

1992. 19. Il sera perçu, au profit du trésor public, conformément à l'art. 62 du titre 4 de la loi du 9 vendémiaire an 6, un *Droit* (2488) sur l'inscription des créances hypothécaires et sur la transcription des actes emportant mutations des propriétés immobilières. *V.* 1283, 1284 -

1993. 20. Le droit d'*Inscription des créances hypothécaires* (3536) sera : 1° d'un

pour deux mille du capital de chaque créance hypothécaire antérieure à la promulga
tion de la loi du 11 brumaire dernier ; 2º d'un pour mille du capital des créances postérieures à ladite époque. — **21.** Il ne sera payé qu'un seul droit d'inscription pour
chaque créance, quel que soit d'ailleurs le nombre des créanciers requérans et celui des
débiteurs grevés. *V*. 1283 - 2121, 4408.

1994. **22.** S'il y a lieu à *Inscription* (3552) d'une même créance dans plusieurs bureaux, le droit sera acquitté en totalité dans le premier bureau ; il ne sera payé, pour
chacune des autres inscriptions, que le simple *Salaire* (6020, 6040) du préposé, sur la
représentation de la quittance constatant le paiement entier du droit lors de la première inscription. *V*. - 1999.

1995. (*Salaire*, 5992.) En conséquence, le préposé dans le premier bureau sera
tenu de délivrer à celui qui paiera le droit, indépendamment de la quittance au pied du
bordereau d'inscription, autant de *Duplicata* (2500) de ladite quittance qu'il lui en
sera demandé. — Il sera payé au préposé vingt centimes pour chaque duplicata, outre le papier timbré. *V*. - 3835.

1996. **25.** (*Débet*, 1604.) L'inscription des créances appartenant à l'état, aux hospices civils et aux autres établissemens publics, sera faite sans avance du droit d'hypothèque et des salaires des préposés. *V*. - 2000, 2850.

1997. **24.** (*Débet*, 1604.) Toutes les fois que l'inscription aura lieu sans avance du
droit et des salaires, le préposé sera tenu : — 1º D'énoncer, tant sur les registres que
sur les bordereaux à remettre au requérant, que les droits et salaires sont dûs ; — 2º
D'en poursuivre le recouvrement sur les débiteurs dans les deux décades après la date
de l'inscription. — Ces *Poursuites* (4916) s'exerceront suivant les formes établies pour
le recouvrement des droits d'enregistrement. *V*. 1727-3073.

1998. **25.** (*Fraction*, 3196.) Le droit sur la *Transcription* (6876) des actes emportant mutation de propriétés immobilières sera d'un et demi pour cent du prix intégral desdites mutations, suivant qu'il aura été réglé à l'enregistrement. *V*. 1284, 1609
et s. - 2342, 4410.

1999. **26.** Si le même acte donne lieu à la *Transcription* (6904) dans plusieurs bureaux, le droit sera acquitté ainsi qu'il est porté à l'art. 22 ci-dessus pour les inscriptions. *V*. 1994

2000. **27.** (*Paiement*, 4736.) Hors les cas d'exception prononcés par la présente loi
et par celle du 11 brumaire dernier, les droits et salaires dûs pour les formalités hypothécaires seront payés d'avance par les requérans. — Ces préposés en expédieront
Quittance (5234) au pied des actes et certificats par eux remis et délivrés ; chaque
somme y sera mentionnée séparément et en toutes lettres. *V*. 1996 - 2850.

2001. **28.** Les dispositions de la *Loi* (4144) du 9 messidor an 3, sur le régime hypothécaire, provisoirement maintenues par l'art. 55 de la loi du 11 brumaire dernier,
sont et demeurent rapportées.

2002. **29 à 58.** Suppressions des *Conservations* (1388) générales et particulières.

2003. **59.** *Tableau des communes* (6452).

2008. LOI. 21 vent. 7. GREFFES. C. 1537. B. 266-2628.

2009. **1.** Il est établi des *Droits de greffe* (2484) au profit de l'état, dans tous les tribunaux civils et de commerce. — Ils seront perçus, à compter du jour de la publication de la présente, pour le compte du trésor public, par les préposés de la régie de
l'enregistrement, de la manière ci-après déterminée.

2012. **2.** — Ces droits consistent : — 1º Dans celui qui sera perçu lors de la *Mise au
rôle* (4368) de chaque cause, ainsi qu'il est établi par l'art. 3 ci-après ; *V*. - 2015.

2013. — 2º Dans celui établi pour la *Rédaction et transcription* (5388) des actes
énoncés en l'art. 5 ; *V*. - 2025.

2014. — 3º Dans le droit d'*Expédition* (2884) des jugemens et actes énoncés dans
les art. 7, 8 et 9. *V*. - 2028 et s.

2015. **5.** Le droit perçu, lors de la *Mise au rôle* (4368), est la rétribution due pour
la formation et tenue des rôles, et l'inscription de chaque cause sur le rôle auquel elle
appartient.

2017. **7.** Ce droit de *Mise au rôle* (4376) sera : — Dans les tribunaux civils, de cinq
francs, sur appel des tribunaux civils et de commerce ;

2018. (*Mise au rôle*, 4380.) De trois francs pour les causes de première instance, ou
appel des juges-de-paix ;

2019. (*Mise au rôle*, 4388.) Et d'un franc cinquante centimes pour les causes som-
maires et provisoires ;

2020. (*Mise au rôle*, 4384.) Dans les tribunaux de commerce, il sera pareillement
une cinquante centimes.

2021. (*Mise au rôle*, 4400.) Le tout sans préjudice du droit de vingt-cinq centimes qui est accordé aux huissiers-audienciers pour chaque placement de cause.

2022. Le droit de *Mise au rôle* (4396) ne pourra être exigé qu'une seule fois ; en cas de radiation, elle sera replacée gratuitement à la fin du rôle, et il sera fait mention du premier placement.

2023. L'usage des *Placets* (4812) pour appeler les causes est interdit ; elles ne pourront l'être que sur les rôles et dans l'ordre du placement.

2024. 4. (*Perception*, 4784.) Le droit de mise au rôle sera perçu par le greffier en y inscrivant la cause, et le premier de chaque mois, il en versera le montant à la caisse du receveur de l'enregistrement, sur la présentation des rôles, cotés et paraphés par le président, sur lesquels les causes seront appelées, à compter du jour de la publication de la présente. *V.* - 2031, 3405, 4745, 4769.

2025. 5. Les actes assujettis, sur la *Minute* (4360), au droit de *Rédaction et transcription* (5408), sont 1 s actes — De voyage ; — D'exclusion ou option de tribunaux d'appel ; — De renonciation à une communauté de biens, ou à succession ; — D'acceptation de succession, sous bénéfice d'inventaire ; — De réception et soumission de caution ; — De reprise d'instance ; — De déclaration affirmative ; — De dépôt de bilan et pièces ; — D'enregistrement de société ; — Les interrogatoires sur faits et articles ; — Et les enquêtes. — Il sera payé, pour chacun de ces actes, un franc vingt-cinq centimes. *V.* - 2026, 3441.

2026. (*Rédaction et transcription*, 5412.) Les enquêtes seront, en outre, assujetties à un droit de cinquante centimes par chaque déposition de témoins. *V.* 2025 - 3443.

2027. 6. Les *Expéditions* (2888) contiendront vingt lignes à la page, et huit à dix syllabes à la ligne, compensation faite des unes avec les autres.

2028. 7. Les *Expéditions* (2896) des jugemens définitifs sur appel des tribunaux civils et de commerce, soit contradictoires, soit par défaut, seront payées deux francs le rôle.

2029. 8. Les *Expéditions* (2900) des jugemens définitifs rendus par les tribunaux civils, soit par défaut, soit contradictoires, en dernier ressort, ou sujets à l'appel, celles des décisions arbitrales, celles des jugemens rendus sur appel des juges-de-paix, celles des ventes et baux judiciaires, seront payées un franc vingt-cinq centimes le rôle.

2030. 9. Les *Expéditions* (2904) des jugemens interlocutoires, préparatoires et d'instruction, des enquêtes, interrogatoires, rapports d'experts, délibérations, avis de parens, dépôt de bilan, pièces et registres, des actes d'exclusion, ou option des tribunaux d'appel, déclaration affirmative, renonciation à communauté ou à succession, et généralement de tous actes faits ou déposés au greffe, non spécifiés aux art. 7 et 8, ensemble de tous les jugemens des tribunaux de commerce, seront payées un franc le rôle.

2031. 10. La *Perception* (4784) de ce droit sera faite par le receveur de l'enregistrement, sur les minutes des actes assujettis au droit de rédaction et transcription, sur les expéditions et sur les rôles de placement des causes, qui lui seront présentées par le greffier ; il y mettra son reçu, et il tiendra de cette recette un registre particulier. *V.* 2024 - 4745, 4769.

2032. 11. (*Délai*, 2052) Le greffier ne pourra délivrer aucune *Expédition* (2936), que les droits n'aient été acquittés, sous peine de restitution du droit et de cent francs d'amende, sauf, en cas de fraude et de malversation évidente, à être poursuivi devant les tribunaux, conformément aux lois.

2033. 12. Ne sont pas compris dans les droits ci-dessus fixés, le papier timbré et l'enregistrement, qui continueront d'être perçus conformément aux *Lois* (4120, 4152) existantes.

2034. 15. (*Communication*, 1220) Les greffiers des tribunaux civils et de commerce tiendront un registre coté et paraphé par le président, sur lequel ils inscriront, jour par jour, les actes sujets au droit de *Greffe* (3312), les expéditions qu'ils délivreront, la nature de chaque expédition, le nombre des rôles, le nom des parties, avec mention de celle à laquelle l'expédition sera délivrée. — Ils seront tenus de communiquer ce registre aux préposés de l'enregistrement, toutes les fois qu'ils en seront requis. *V.* 1710 - 2112.

2035. 14. Les greffiers ne pourront exiger aucun droit de recherche des actes et jugemens faits ou rendus dans l'année, ni de ceux dont ils feront les expéditions. Mais lorsqu'il n'y aura pas d'expédition, il leur est attribué un droit de recherche, qui demeure fixé à cinquante centimes pour l'année qui leur sera indiquée, et, dans le cas où il leur serait indiqué plusieurs années, et qu'ils seraient obligés d'en faire la recherche, ils ne percevront que cinquante centimes pour la première, et vingt-cinq centimes pour chacune des autres. — Il leur est, en outre, attribué vingt-cinq centimes, pour chaque légalisation d'actes des officiers publics. — 15. Les greffiers présenteront et feront recevoir, conformément aux lois existantes, un commis-greffier assermenté par chaque section. — **16.** Au moyen du traitement et de la remise ci-après accordés aux greffiers, ils demeureront chargés du traitement des commis assermentés, commis-expéditionnaires, et de tous employés du greffe, quelles que soient leurs fonctions, ainsi que des frais de bureau, papier libre, rôles, registres, encre, plumes, lumière, chauffage des commis, et généralement de toutes les dépenses du *Greffe* (3312).

2036. **19.** (*Débet*, 1600.) Il est accordé aux greffiers une *Remise* (5612) de trente centimes par chaque rôle d'*Expédition* (2896 à 2908), et d'un décime par franc sur le produit du droit de *Mise au rôle* (4376 à 4388) et de celui établi pour la *Rédaction et transcription* (5400 à 5448) des actes énoncés en l'art. 5. — **20.** La remise de trente centimes accordée par l'art. précédent, ne sera que de deux décimes sur toutes les expéditions que les agens de l'état demanderaient en son nom, et pour soutenir ses droits. Ils ne seront tenus, à cet égard, à aucune avance; en conséquence, ces expéditions seront portées pour mémoire sur le registre du receveur de l'enregistrement, et il en sera fait un compte particulier. *V.* - 2110, 4745, 4769.

2037. **21.** Le premier de chaque mois, le receveur de l'enregistrement comptera avec le greffier, du produit des *Remises* (5612) à lui accordées par l'art. 19, et il lui en paiera le montant sur le mandat qui sera délivré au bas du compte par le président du tribunal. *V.* - 2110, 4745, 4769.

2038. **23.** Il est défendu aux greffiers et à leurs commis d'exiger ni recevoir d'autres droits de *Greffe* (3316), ni aucun droit de prompte expédition, à peine de cent francs d'amende et de destitution. *V.* - 2112.

2039. **24.** Les droits établis par la présente seront alloués aux parties, dans la taxe des dépens, sur les *Quittances* (5220, 5252) des receveurs de l'enregistrement, mises au bas des expéditions, et sur celles données par les greffiers, de l'acquit du droit de mise au rôle et de rédaction, lesquelles ne seront assujetties à d'autres droits qu'à ceux du timbre.

2040. **26.** La présente résolution demeurera affichée dans tous les *Greffes* (3312) des tribunaux civils et de commerce.

2041. **27.** Il sera statué, par une résolution particulière, sur les *Greffes* (3324) des tribunaux criminels et correctionnels.

2042. **28.** Toutes dispositions de *Lois* (4140) contraires à la présente sont abrogées.

2048. ARR· 22 vent. 7. INVENTAIRE. C. 1554.

2049. Les *Actes* (204) sous seing-privé peuvent être inventoriés sans qu'on soit tenu de les soumettre préalablement à l'enregistrement. *V.* 1692 - 4918.

2056. **LOI.** 17 germ. 7. *Hypothèques*, 3376. C. 1545. B. 270-2799.

2060. **LOI.** 18 germ. 7. *Frais de justice à recouvrer*, 3212. C. 1556. B. 270-2800.

2064. **LOI** 9 flor. 7. DOUANES. B. 273-2838.

2068. **9.** (*Procès-verbaux*, 5152.) Les rapports (saisies) ne sont dispensés de l'enregistrement qu'autant qu'il ne se trouvera pas de bureau dans la commune du dépôt de la marchandise, ni dans celle où est placé le tribunal qui doit connaître de l'affaire; auquel cas le rapport sera visé le jour de sa clôture, ou le lendemain, avant midi, par le juge-de-paix du lieu, ou, à son défaut, par l'agent municipal.

2072. **LOI.** 17 flor. 7. *Système métrique*, 6372; *Monnaie*, 4420. C. 1654. B. 278-2878.

2076. **LOI.** 22 flor. 7. CERTIFICAT DE VIE. C. 1604. B. 278-2880.

2080. **10.** Les *Certificats de vie* (1084, 1096) ne seront assujettis à d'autres formalités ni à aucun autre droit que celui du papier timbré du timbre de vingt-cinq centimes. *V.* - 3185, 4418.

2084. **LOI.** 6 prair. 7. *DÉCIME*, 1842. C. 1574. B. 282-2956.

2085. **1.** A compter du jour de la publication de la présente loi, il sera perçu au profit de la république, à titre de subvention extraordinaire de guerre, pour l'an 7, un *Décime par franc* (1842) en sus des droits d'enregistrement, de timbre, hypothèque, droits de greffe, amendes et condamnations pécuniaires. — **2.** La subvention établie par la présente loi sera perçue en même temps que le principal, et par les mêmes préposés. *V.* - 3470, 4426, 5206, 5357, 5424.

(NOTA.) *Cette loi a été maintenue jusqu'à ce jour par les lois de finances.*

2092. **LOI.** 6 prair. 7. TIMBRE. C. 1580. B. 282-2960.

2093. **1.** Les *Avis imprimés* (700, 704), quel qu'en soit l'objet, qui se crient et distribuent dans les rues et lieux publics, ou que l'on fait circuler de toute autre manière, seront assujettis au droit de timbre, à l'exception des adresses contenant la simple indication de domicile ou le simple avis de changement. *V.* - 4423, 4427.

2094. **2.** Le droit établi par l'article précédent sera de cinq centimes pour la feuille d'impression ordinaire au-dessous de trente décimètres carrés. — De trois centimes pour la demi-feuille et au-dessous. — De huit centimes pour la feuille de trente décimètres carrés et au-dessus. — Et de quatre centimes pour la demi-feuille. — Sans qu'en aucun cas le droit puisse être moindre de trois centimes par chaque annonce ou *Avis* (708). *V*. - 4424, 4457, 4651.

2095. 3. Les feuilles de supplément jointes aux *Journaux* (3760) et papiers-nouvelles, paieront le droit de timbre comme les journaux mêmes et selon le tarif porté en la loi du 9 vendémiaire an 6. *V*. 1278, 1289 - 5204.

2096. 4. (*Imprimés*, 3492. *Emploi*, 2672.) Les contraventions aux dispositions de la présente, seront punies, indépendamment de la restitution des droits fraudés, d'une amende de 25 fr. pour la première fois, de 50 fr. pour la seconde, et de 100 fr. pour chacune des autres récidives. *V*. 1281, 1525 - 2994, 3533, 4129. Inst. gén. 419.

2097. 5. Les *Lettres de voiture* (3920), *Connaissemens* (1310), *Chartes-parties* (1128) et *Polices d'assurance* (4828), seront inscrits à l'avenir sur du papier du timbre d'un franc. *V*. 1471, 1525, 2096 - 2993, 2994, 3533, 3534.

2098. 6. A compter de la publication de la présente, les billets et *Obligations* (4524) non négociables, et les mandats à terme ou de place en place, ne pourront être faits que sur papier du timbre proportionnel, comme il en est usé pour les billets à ordre, lettres de change et autres effets négociables, et sous la même peine. *V*. 1485, 1486, 1528, 1529 - 3401, 4914, 4915, 4916, 5125.

2099. 7. La *Loi* (4152) du 9 vendémiaire an 6, continuera d'être exécutée, selon sa forme et teneur, dans toutes les dispositions auxquelles il n'est pas expressément dérogé par la présente.

2104. **ARR.** 15 prair. 7. *Vente de mob* Guerre, 7084. C. 1612.

2108. **LOI.** 22 prair. 7. GREFFES. C. 1611. B. 286-3014.

2109. 1. Sont assujettis, sur la *Minute* (4360), au droit de *Rédaction et transcription* (5400 à 5408, 5424 à 5432, 5444) établi par l'art. 2 de la loi du 21 ventôse dernier, et ainsi qu'il est ci-après déterminé. — 1° L'acte de dépôt de l'exemplaire d'affiches, en exécution de l'art. 5 de la loi du 11 brumaire. — 2° Les adjudications, soit volontaires, soit sur licitation, soit sur expropriation forcée. — 3° L'acte de dépôt de l'état, certifié par le conservateur des hypothèques, de toutes les inscriptions existantes, ledit acte contenant réquisition d'ouvrir le procès-verbal d'ordre, en exécution de l'art. 31 de la loi du 11 brumaire. — 4° Les actes de dépôts de titres de créances faits en exécution de l'art. 32. — 5° Les procès-verbaux d'ordre, lors de la délivrance de chaque bordereau de collocation, conformément à l'art. 35 de la même loi. — 2. Il sera payé trois francs pour le dépôt de l'exemplaire d'apposition d'affiches, et pour celui de l'état des inscriptions existantes ; — Un franc cinquante centimes, pour celui des titres de créance ; — Pour la rédaction des adjudications, un demi pour cent sur les cinq premiers mille, et vingt cinq centimes par cent francs sur ce qui excédera 5000 francs ; — Pour celle du procès-verbal d'ordre, sur chaque bordereau délivré, vingt-cinq centimes par cent francs du montant de la créance colloquée. *V*. - 3444.

2110. 3. La *Perception* (4784) de ces droits sera faite par le receveur de l'enregistrement, de la manière et dans la forme prescrites par la loi du 21 ventôse : la *Remise des greffiers* (5612) sur le produit de ces droits, sera d'un décime par franc, telle qu'elle est fixée par l'art. 19 de ladite loi ; et ils en seront payés de la manière prescrite par l'art. 21. *V*. 2036, 2037-

2111. 4. (*Greffe*, 3312.) Il est attribué aux greffiers pour la communication à chaque créancier du procès-verbal d'ouverture d'ordre, de l'extrait des inscriptions et des titres et pièces qui auront été produits, un droit fixe de soixante-quinze centimes.

2112. 5. (*Communication*, 1220. *Greffe*, 3316.) Il est défendu aux greffiers, sous les peines portées par la loi du 21 ventôse, d'exiger ni recevoir d'autres et plus forts droits que ceux établis par la présente, et ils se conformeront aux dispositions prescrites par l'article 13, pour assurer la perception des droits ci-dessus établis. *V*. 2034, 2037. 2038 -

2113. 6. Toutes dispositions de *Loi* (4140) contraires à la présente sont abrogées.

2120. **LOI.** 6 mess. 7. *HYPOTHÈQUES*, 3376. C. 1676. B. 290-3088.

2121. 1. L'*Inscription indéfinie* (3540) qui a pour objet la conservation d'un simple droit d'hypothèque éventuel sans créance existante, n'est point sujette au droit proportionnel établi par les lois des 9 vendémiaire an 6, et 21 ventôse an 7. — 2. Si le droit éventuel qui a donné lieu à l'inscription indéfinie, se convertit en créance réelle, le droit proportionnel est dû sur le capital de la créance. — 3. L'enregistrement d'aucune transaction ou quittance de paiement de ladite créance ne peut être requis, que le droit proportionnel d'inscription n'ait été préalablement acquitté. *V.* 1283, 1993-4408.

2122. **8.** Les dispositions ci-dessus, ainsi que celles de la *Loi* (4148) du 21 ventôse, sont applicables aux inscriptions faites en vertu de la loi du 11 brumaire dernier, et dont les droits et salaires n'auraient pas encore été acquittés, quelles que soient la nature et la date desdites inscriptions. *V.* 1983 et s. –

2128. **LOI.** 8 mess. 7. *Main-levée de sequestre*, 4188. C. 1621. B. 290-3091.

2132. **LOI.** 18 mess. 7. *Ventes de domaines*, 7048. B. 294-3128.

2136. **LOI.** 24 mess. 7. *Otages*, 4612. C. 1706.

2140. **ARR.** 7 therm. 7. *Déportés*, 2084; *Restitution*, 5768. C. 1650. B. 297-3166.

2144. **LOI.** 16 therm. 7. *Émigrés*, 2648. B. 299-3185.

2148. **LOI.** 18 therm. 7. CÉDULES. C. 1639. B. 299-3189.

2149. Les *Cédules* (1064) délivrées par les juges-de-paix, pour citer, soit devant la justice de paix, soit devant le bureau de conciliation, sont généralement exemptes de la formalité de l'enregistrement, sauf le droit sur la signification desdites cédules. *V.* 1770, 1906 –

2156. **ARR.** 5 fruct. 7. *Religieuses anglaises*, 5580. C. 1642.

2160. **ARR.** 8 fruct. 7. *Déportés*, 2084. C. 1650. B. 303-3228.

2164. **LOI.** 28 fruct· 7. GENS DE GUERRE. B. 310-3268.

2168. **64.** (*Service*, 6108.) Tous certificats, toutes pièces justificatives exigées pour en toucher le paiement (des traitemens de réforme), pourront être expédiées sur papier libre. *V.* 1497–

2172. **LOI.** 22 brum. 8. *Restitution aux ôtages*, 5788. C. 1706. B. 325-3419.

2176. **LOI.** 11 frim. 8. *Ventes de domaines*, 7048. C. 1710.

2180. **LOI.** 13 frim. 8. *Débet des comptables*, 1652. I. g. 356. B. 334-3449.

2184. **LOI.** 19 frim. 8. *Système métrique*, 6372. B. 334-3456.

2188. **LOI.** 26 frim. 8. DETTE PUBLIQUE. C. 1734. B. 338-3476.

2189. **1.** Les actes sous seing-privé tendant uniquement à la liquidation de la *Dette publique* (2144), et en tant qu'ils servent aux opérations de la liquidation, sont dispensés des formalités du timbre et de l'enregistrement. — **2.** Les actes des administrations et commissaires-liquidateurs relatifs auxdites liquidations, sont dispensés des mêmes formalités — **3.** Les lois contraires à la présente sont rapportées. *V.* 1899-1953.

2196. **LOI.** 3 niv. 8. VENTES DE DOMAINES A PARIS. B. 342-3511.

2200. **7.** (*Vente*, 7016.) Les droits d'enregistrement sont fixés à un pour cent du prix de l'estimation desdits biens. *V.* 1882 - 2508, 2514.

2204. **ARR.** 15 niv. 8. *Ventes de domaines*, 7048. C. 1746.

2208. **LOI.** 21 niv. 8. *Rentes*, 5628. C. 1790. B. 1-3.

2212. **LOI.** 26 niv. 8. *Ventes des domaines*, 7048. B. 2-11.

2216. **LOI.** 16 pluv. 8. *Domaines et bois engagés*, 2228. C. 1782. B. 6-40.

2220. **LOI.** 28 pluv. 8. *Domaines*, 2216; *Ventes de domaines*, 7048; *Baux*, 756; *Vente de mob. de l'état*, 7056; *Réparations*, 5640; *Coupes de bois*, 1512; *Instances administratives*, 3676. C. 1814. B. 17-115.

2224. **ARR.** 29 pluv. 8. *Timbre*, 6496. B. 6-50.

2228. **LOI.** 7 vent. 8. *Cautionnement des employés*, 1020; *Cautionnement des off. publics*, 1028. C. 1786. B. 10-66.

2232. **ARR.** 12 vent. 8. *Pensions*, 4760. C. 1785.

2236. **LOI.** 18 vent. 8. *Cautionnement des employés*, 1020. C. 1786. B. 10-73.

2240. **ARR.** 18 vent. 8. *Rentes*, 5628. C. 1790. B. 14-94.

2244. **ARR.** 22 vent. 8. *Ventes de domaines*, 7048. C. 1808. B. 11-79.

2248. **LOI.** 27 vent. 8. *Cautionnement des off. publics*, 1028. C. 1839.

2252. **LOI.** 27 vent. 8. *INSTANCES JUDICIAIRES*, 3680, 3684. C. 1820. B. 15-103.

2256. **89.** (*Instances*, 3640.) Le commissaire du gouvernement sera entendu dans toutes les affaires; il est chargé de défendre celles qui intéressent la République, d'après les mémoires qui lui seront fournis par les agens d'administration, régisseurs, préposés, etc. *V.* 1733 - 2362.

2260. **ARR.** 4. germ. 8. *Fermiers généraux*, 3144. C. 1813. B. 14-100.

2264. **LOI.** 7 germ. 8. BAUX DE PASSAGES. C. 30 therm. 10. I. g. 405. B. 18-120.

2268. **5.** (*Adjudication au rabais et marchés*, 396.) Les *Baux* (772) à ferme de barrières et les marchés des entrepreneurs des travaux des ponts et chaussées continueront à être soumis à l'enregistrement ; mais ils ne seront, à l'avenir, assujettis qu'au droit fixe de 1 franc. *V.* - 4646.

2272. **ARR.** 24 germ. 8. *Cautionnement des employés*, 1020. C. 1831. B. 21-143.

2276. **ARR.** 3 flor. 8. *Eaux minérales*, 2504. I. g. 140. B. 22-149.

2280. **LOI.** 29 mess. 8. *Restitution aux émigrés*, 5772. C. 1851. B. 34-218.

2284. **AVIS.** 4 therm. 8. *Bail à complant*, 752. I. g. 118. B. 43-278.

2288. **ARR.** 16 therm. 8. CONTRIBUTIONS DIRECTES. B. 38-244.

2292. **29.** (*Exploits*, 3072, 3076.) Les procès-verbaux et actes des *Porteurs de contraintes* (4860, 4864), relatifs à leur séjour chez les percepteurs et chez les redevables, ne seront soumis ni au timbre, ni à l'enreg.; mais le commandement qui précédera les saisies et ventes, sera assujetti à ces droits. — **41.** Ils feront sur le rôle le relevé des contribuables en retard, les porteront sur un bulletin, et distribueront à chacun des redevables un avertissement sur papier non timbré. *V.* 1771- 4902.

2296. **ARR.** 13 brum. 9. *Système métrique*, 6372. B. 52-383.

2300. **LOI.** 15 brum. 9. *Hospices*, 3336. C. 1968. B. 52-384.

2304. **ARR.** 25 brum. 9. *Restitution à divers*, 5752. C. 1958. B. 55-400.

2308. **ARR.** 13 frim. 9. CHAMBRE DES AVOUÉS. B. 56-408.

2312. **15.** (*Avoués*, 748.) Ces délibérations n'étant que de simples actes d'administration, d'ordre et de discipline intérieure, ou de simples avis, ne sont, dans aucun cas, sujettes au droit d'enregistrement, non plus que les pièces y relatives. *V.* - 2373.

2316. **ARR.** 6 niv. 9. *Eaux minérales*, 2504. I. g. 140.

2320. **LOI.** 7 pluv. 9. *Frais de justice à payer*, 3208. I. g. 531. B. 66-505.

2324. **LOI.** 4 vent. 9. *Hospices*, 3336. C. 2031. B. 73-550.

2328. **LOI.** 16 vent. 9. *Hypothèques*, 3376. B. 74-568.

2332. **LOI.** 19 vent. 9. *Contributions de domaines*, 1460. I. g. 36, 82. B. 74-570.

2336. **LOI.** 21 vent. 9. *Saisie-arrêt ou opposition*, 5928. I. g. 478. B. 74-572.

2340. **LOI.** 27 vent. 9. ENREGISTREMENT. C. 1992. B. 76-589.

2341. **1.** A compter du jour de la publication de la présente, les droits d'enregistrement seront liquidés et perçus suivant les fixations établies par la *Loi* (4128) du 22 frimaire an 7, et celles postérieures, quelle que soit la date ou l'époque des actes et mutations à enregistrer, sauf les modifications et changemens ci-après. *V.* 1916 - 4407 et Code civil art. 2.

(NOTA.) *5 arrêts de la Cour de cassation, du 4 fév. 1834, ont statué que le droit de mutation doit être perçu d'après la loi existante à l'époque où le droit s'est ouvert et a été acquis au trésor. (I. g. 1454.)*

2342. **2.** La perception du droit proportionnel suivra les sommes et valeurs, de vingt en vingt francs, inclusivement et sans *Fractions* (3196). *V.* 1582, 1583 -

2343. **3.** (*Minimum*, 4344.) Il ne pourra être perçu moins de 25 cent. pour l'enregistrement des actes et mutations dont les sommes et valeurs ne produiraient pas 25 cent. de droit proportionnel. *V.* 1583 -

2344. **4.** (*Délai*, 2004.) Sont soumises aux dispositions des art. 22 et 38 de la loi du 22 frimaire, les *Mutations* (4152) entre-vifs de propriété ou d'usufruit de biens immeubles, lors même que les nouveaux possesseurs prétendraient qu'il n'existe pas de conventions écrites entre eux et les précédens propriétaires ou usufruitiers. — A défaut d'actes, il y sera suppléé par des déclarations détaillées et estimatives, dans les trois mois de l'entrée en possession, à peine d'un droit en sus. *V.* 157, 1275, 1595, 1641, 1682 -

2345. **5.** Dans tous les cas où les frais de l'expertise autorisée par les art. 17 et 19 de la loi du 22 frimaire tomberont à la charge du redevable, il y aura lieu au double droit d'enregistrement sur le *Supplément de l'estimation* (6348). *V.* 1625, 1632, 1633 -

2346. **6.** Les dispositions de la loi du 22 frimaire, relatives aux administrations civiles et aux tribunaux alors existans, sont applicables aux fonctionnaires civils et aux tribunaux qui les remplacent. *V.* 1639, 1655, 1667, 1679, 1689, 1698, 1700, 1706, 1710 -

2347. **7.** (*Débiteur*, 1696. *Délai*, 1968.) Les *Actes* (109) et procès-verbaux de vente de prises et de navires ou bris de navires, faits par les officiers d'administration de la marine, seront soumis à l'enregistrement dans les vingt jours de leur date, sous la peine portée aux art. 35 et 36 de ladite loi du 22 frimaire. *V.* 1678, 1679-

2348. (*Actes*, 104. *Débiteur*, 1700.) L'art. 37 leur est applicable pour le cas qui y est prévu. *V*. 1680, 1681-

2349. 8. Le droit d'enregistrement des *Baux* (760) à ferme ou à loyer, et des sous-baux, subrogations, cessions et rétrocessions de baux, réglé par l'art. 69 de la loi du 22 frimaire, § 3, n° 2, à 1 fr. par 100 fr. sur le montant des deux premières années, et à 25 cent. par 100 fr. sur celui des autres années, est réduit à 75 cent. par 100 fr. sur les deux premières années, et à 20 cent. par 100 fr. sur le montant des années suivantes. — S'il est stipulé, pour une ou plusieurs années, un prix différent de celui des autres années du bail ou de la location, il sera formé un total du prix de toutes les années, et il sera divisé également, suivant leur nombre, pour la liquidation du droit. *V*. 1858 - 4382, 4893.

2351. 9. Le droit d'enregistrement des *Cautionnemens de baux* (1010) à ferme ou à loyer, sera de moitié de celui fixé par l'article précédent. *V*. 1848 - 4891.

2352. 10. (*Donation*, 2256, 2304, 2308.) L'art. 69 de la loi du 22 frimaire, § 4, n° 1, et § 6, n° 2, est applicable aux démissions de biens en ligne directe. *V*. 1861 1877-4382, 4898, 4899.

2353. 11. Le droit proportionnel est porté à 2 pour 100 sur le montant des *Dommages-intérêts* (2240) en matière civile, ainsi qu'il est réglé par l'art. 69 de ladite loi, § 5, n° 8, pour les dommages-intérêts en matière criminelle, correctionnelle et de police. *V*. 1874 -

2354. 12. Les *Jugemens* (3864) portant résolution de contrats de vente pour défaut de paiement quelconque sur le prix de l'acquisition, lorsque l'acquéreur ne sera point entré en jouissance, ne seront assujettis qu'au droit fixe d'enregistrement, tel qu'il est réglé par l'art. 68 de la loi du 22 frimaire, § 3, n° 7, pour les jugemens portant résolution de contrats pour cause de nullité radicale. *V*. 1816 - 4342.

2355. 13. (*Exploits*, 3100.) La dernière disposition du n° 30 du § 1er de l'art. 68 de la loi du 22 frimaire est applicable aux actes d'appel compris sous les § 4 et 5 du même article. *V*. 1772, 1820, 1821-

2356. 14. (*Actes jud.*, 260. *Délai*, 2008.) Les actes de prestations de serment sont soumis à l'enregistrement sur les minutes, dans les vingt jours de leur date, sous les obligations et peines portées aux art. 35 et 37 de ladite loi du 22 frimaire. *V*. 1678, 1680 -

2357. (*Prestation de serment*, 5076, 5080.) Ceux des avoués sont classés parmi les actes de cette nature compris sous le n° 4 du § 6 de l'art. 68. Ceux des gardes des barrières le sont sous le n° 3 du § 3 du même article. *V*. 1810, 1825 - 3261.

2358. 15. (*Exploits*, 3044, 3056, 3084. *Délai*, 2020. *Débiteur*, 1756.) Le droit d'enregistrement des significations d'avoué à avoué, dans le cours des instructions des procédures devant les tribunaux, est fixé à 25 cent. Ces actes seront enregistrés dans les quatre jours de leur date, à peine de 5 fr. d'amende pour chaque contravention, outre le paiement du droit. *V*. 1635, 1676, 1770 - 4297, 4299.

2359. 16. Les *Présentations, défauts et congés* (5060) faute de comparoir, défendre ou conclure, qui doivent se prendre au greffe, sont soumis à un droit fixe de 1 fr. *V*. - 2865.

2360. (*Actes*, 260.) Ils s'enregistrent sur les minutes ou originaux.

2361. Le *Délai* (2008) pour l'enregistrement est le même que celui fixé par l'art. 20 de la loi du 22 frimaire pour les actes judiciaires; et les art. 35 et 37 de ladite loi leur sont applicables. *V*. 1638, 1678, 1680 -

2362. 17. L'instruction des *Instances* (3616, 3656, 3660) que la régie aura à suivre pour toutes les perceptions qui lui sont confiées, se fera par simples mémoires respectivement signifiés, sans plaidoiries. Les parties ne seront point obligées d'employer le ministère des avoués. *V*. 1730, 2256 - 3253, 4415.

2363. 18. Toutes dispositions contraires à la présente *Loi* (4124) sont abrogées.

2368. ARR. 3 germ. 9. *Frais de justice à recouvrer*, 3212. C. 2002.

2372. ARR. 20 germ. 9. COMMISSAIRES-PRISEURS. B. 80-645.

2373. 1. Les dispositions contenues au règlement du 13 frimaire an 9, relatif aux avoués, sont déclarées communes aux *Commissaires-priseurs* (1196) vendeurs de meubles créés par la loi du 27 ventôse dernier. *V*. 2312 -

2380. ARR. 29 germ. 9. *Vente de mob. Guerre*, 7084. C. 2007. B. 80-644.
2384. ARR. 9 flor. 9. *Vente de mob. Guerre*, 7084. C. 2009. B. 81-660.
2388. ARR. 9 flor. 9. *Vente de domaines*, 7048. B. 81-658.
2392. ARR. 9 prair. 9. *Timbre*, 6748. C. 19 fruct. 10.
2396. ARR. 7 mess. 9. *Hospices*, 3336. C. 2031. B. 86-712.
2400. ARR. 7 mess. 9. *Instance judiciaire*, 3680. I. g. 1029. B. 87-721.
2401. ARR. 29 mess. 9. *Main-levée de sequestre*, 4188. C. 2028.

2408. AVIS. 12 therm. 9. BILLETS AU PORTEUR. C. 2042.

2409. (*Effet*, 2560.) Cette proposition (de modifier le droit de timbre des billets au porteur de 25 fr. et au-dessous) doit être écartée, comme formellement contraire aux dispositions de la loi du 13 brumaire an 7, à laquelle il ne peut être dérogé que par une loi. *V.* 1485 -

2416. ARR. 29 fruct. 9. *Timbre*, 6496, 6748. B. 136-1023.

2420. ARR. 3 compl. 9. *Conseil d'administration*, 1360 ; *Directeur général*, 2164. C. 2052. B. 104-866.

2424. ARR. 4 compl. 9. *Uniforme*, 6936. C. 2048.

2428. ARR. 12 vend. 10. *Théophilanthropes*, 6472. C. 2056.

2432. ARR. 27 vend. 10. *Instances judiciaires*, 3680. I. g. 2.

2436. ARR. 27 vend. 10. *Dette publique*, 2140. I. g. 5. B. 112-916.

2440. ARR. 13 brum. 10. *Conflit*, 1320. I. g. 606. B. 121-950.

2444. ARR. 23 brum. 10. *Timbre*, 6748. C. 19 fruct. 10.

2448. ARR. 26 brum. 10. PATENTES. I. g. 23. B. 130-988.

2449. 1. Les rôles des *Patentes* (4716) seront remis aux percepteurs des contribu tions foncière et personnelle pour en suivre le recouvrement. *V.* 1521-

2452. ARR. 26 brum. 10. *Amendes attribuées*, 536. I. g. 48. B. 130-989.

2456. ARR. 13 frim. 10. *Émigrés*, 2648. I. g. 28.

2460. ARR. 17 niv. 10. *Responsabilité*, 5728. C. 17 pluv. 10.

2464. ARR. 27 niv. 10. *Amendes de consignation*, 564. *Restitution*, 5736. I. g. 136. B. 159-1215.

2468. ARR. 9 pluv. 10. *Prévarication*, 5100. I. g. 42. B. 159-1225.

2472. ARR. 17 vent. 10. *Amendes forestières*, 572.

2476. AVIS. 5 germ. 10. *Restitution aux émigrés*, 5772. I. g. 71. B. 121-1339.

2480. LOI. 18 germ. 10. JOURS FÉRIÉS. I. g. 362 B. 172-1344.

2484. 57. (*Délai*, 1936, 2056.) Le jour de repos des fonctionnaires sera au dimanche. *V.* 1652 -

2488. LOI. 18 germ. 10. *Restitution aux communes*, 5760.

2492. SÉNATUS-C. 6 flor. 10. *Restitution aux émigrés*, 5772. C. 14 fruct. 10. B. 178-1401.

2496. ARR. 8 flor. 10. *Responsabilité*, 5728. I. g. 56.

2500. LOI. 14 flor. 10. *Pêche*, 4744 ; *Amendes forestières*, 572. I. g. 63.

2504. LOI. 15 flor. 10. *VENTES DE DOMAINES*, 7048. I. g. 61. B. 187-1491.

2508. 6. (*Vente*, 7016.) Les adjudicataires seront tenus de payer le droit d'enregis-trement dans les vingt jours de l'adjudication, à raison de 2 pour 100. *V.* 1880, 1882 - 2514, 4370, 5083.

2512. LOI. 16 flor. 10. *VENTES DE DOMAINES*, 7048. I. g. 61. B. 187-1492.

2514. 2. Les maisons, bâtimens et usines nationaux ne pourront à l'avenir être ven - dus qu'en numéraire. Les *Ventes* (7016) seront faites, au surplus, suivant les formes et aux mêmes conditions que les ventes des biens ruraux. *V.* 1880, 1882, 2200, 2508 - 4370, 5083.

2520. LOI. 29 flor. 10. *Amendes de grande voirie*, 544 ; *Hypothèques*, 3376. I. g. 415. B. 192-1606.

2524. AVIS. 5 prair. 10. *Compensation*, 1224. C. 12 therm. 10. Sirey, 2-277.

2528. ARR. 13 prair. 10. *Vente de mob. Marine*, 7088. I. g. 66. B. 194-1649.

2532. ARR. 20 prair. 10. *Restitution aux émigrés*, 5772. C. 12 mess. 10.

2536. ARR. 22 prair. 10. *Ventes de domaines*, 7048. I. g. 64. B. 196-1731.

2540. ARR. 27 prair. 10. *Restitution aux hospices*, 5784 I. g. 21.

2544. ARR. 6 mess. 10. *Baux de domaines*, 756. I. g. 65. B. 199-1788.

2548. ARR. 13 mess. 10. *Domaines*, 2216. C. 3 therm. 10. B. 200-1806.

2552. ARR. 7 fruct. 10. TIMBRE, 6496 à 6508, 6748 ; *Garde-magasin*, 3280. C. 19 fruct. 10. B. 210-1924.

2553. 1. (*Emploi*, 2680.) Les ateliers du timbre existant près des directions de l'en-registrement dans les départemens, sont et demeureront supprimés à compter du 1er vendémiaire prochain. — 2. Il y aura en chaque direction un entrepôt de papier tim-bré destiné à l'approvisionnement des bureaux de distribution ; ces entrepôts seront en-tretenus par l'atelier général établi à Paris. *V.* 1555-

2554. 8. Il sera dressé, sans frais, procès - verbal de chaque *Dépôt* (2104).

2560. **DECR**. 28 vend. 11. *Poursuites*, 4932. C. 2 pluv. 11.

2564. **ARR**. 3 brum. 11. *Vente de mob. Guerre*, 7084. I. g. 105.

2568. **LOI**. 28 brum. 11. *Vente de domaines*, 7048. C 17 frim. 11.

2572. **ARR**. 27 frim. 11. *Hospices*, 3336. I. g. 113. B. 238-2217.

2576. **ARR**. 27 frim. 11 *Coupes de bois*, 1512. I. g. 159.

2580. **ARR**. 6 niv. 11. *Eaux minérales*, 2504. I. g. 140. B. 239-2227.

2584. **ARR**. 6 niv. 11. *Domaines*, 2216. C. 28 pluv. 11. Moniteur, 120.

2588. **ARR**. 14 niv. 11. *Restitution aux hospices*, 5784. I. g. 126. B. 259-2230.

2592. **ARR**. 1er pluv. 11. *Saisie-arrêt ou opposition*, 5928. I. g. 1548. B. 286-2794.

2596. **AVIS**. 4 pluv. 11. *Amnistie*, 584. I. g. 116.

2600. **ARR**. 13 pluv. 11. *Vente de mob. Guerre*, 7084. C. 6 vent. 11. B. 246-2299.

2604. **ARR**. 21 pluv. 11. RECOURS EN CASSATION. I. g. 124. B. 248-2316.

2605. Tout premier acte de *Recours* (5380) au tribunal de cassation, quel qu'en soit l'objet, excepté en matière criminelle, doit être enregistré moyennant le droit de 15 fr. *V*. 1824 - 4351.

2612. **AVIS**. 30 pluv. 11. *Rentes*, 5628. C. 21 vent. 11. B. 251-2340.

2616. **CODE CIVIL**. 20 30 vent. 11. INHUMATIONS. B. 257-2437.

2617. **77**. Aucune inhumation ne sera faite sans une *Autorisation* (672) sur papier libre et sans frais, de l'officier de l'état-civil.

2620. **LOI**. 25 vent. 11. *NOTARIAT*, 4502 ; *Cautionnement des officiers publics*, 1028. I. g. 263. B. 258-2506.

2624. **12**. Tous les actes doivent énoncer les *Noms* (4476) et lieu de résidence du notaire qui les reçoit, à peine de 100 francs d'amende contre le notaire contrevenant. — Ils doivent également énoncer les noms des témoins instrumentaires, leur demeure, le lieu, l'année et le jour où les actes sont passés, sous les peines prononcées par l'art. 68 ci-après, et même de faux, si le cas y échoit. *V*. -4909.

2625. **13**. Les *Actes* (232, 324) des notaires seront écrits en un seul et même contexte, lisiblement, sans *Abréviation* (24), *Blanc* (816), lacune ni intervalle ; ils contiendront les *Noms* (4480), prénoms, qualités et demeures des parties, ainsi que des témoins qui seraient appelés dans le cas de l'art. 11 ; ils énonceront en toutes lettres les *Sommes et les dates* (6136) ; les *Procurations* (5180) des contractans seront annexées à la minute, qui fera mention que *Lecture* (3900) de l'acte a été faite aux parties : le tout à peine de 100 francs d'amende contre le notaire contrevenant. *V*. -4909.

2626. **16**. Il n'y aura ni *Surcharge* (6352), ni *Interligne* (3708), ni *Addition* (372) dans le corps de l'acte ; et les mots surchargés, interlignés ou ajoutés, seront nuls ; les *Mots* (4428) qui devront être rayés, le seront de manière que le nombre puisse en être constaté à la marge de leur page correspondante, ou à la fin de l'acte, et approuvé de la même manière que les renvois écrits en marge ; le tout, à peine d'une amende de 50 francs contre le notaire, ainsi que de tous dommages-intérêts, même de destitution en cas de fraude. *V*. -4910.

2627. **17**. (*Calendrier*, 956. *Système métrique*, 6384.) Le notaire qui contreviendra aux lois et arrêtés du gouvernement, concernant les *Noms et qualifications supprimés* (4472), les *Clauses et expressions féodales* (1176), les mesures et l'annuaire de la République, ainsi que la numération décimale, sera condamné à une amende de 100 francs, qui sera double en cas de récidive. *V*. 988 - 3017, 4909, 5521.

2628. **23**. (*Communication*, 1212.) Les notaires ne pourront également, sans l'ordonnance du président du tribunal de première instance, délivrer *Expédition* (2940), ni donner connaissance des actes à d'autres qu'aux personnes intéressées en nom direct, héritiers ou ayant droit, à peine des dommages-intérêts, d'une amende de 100 francs, et d'être, en cas de récidive, suspendus de leurs fonctions pendant trois mois, sauf néanmoins l'exécution des lois et réglemens sur le droit d'enregistrement, et de celles relatives aux actes qui doivent être publiés dans les tribunaux. *V*. - 4909.

2629. **29**. Les notaires tiendront *Répertoire* (5668, 5672, 5676) de tous les actes qu'ils recevront. — **30**. Les répertoires seront visés, cotés et paraphés par le président, ou, à son défaut, par un autre juge du tribunal civil de la résidence ; ils contiendront la date, la nature et l'espèce de l'acte, les noms des parties et la relation de l'enregistrement. *V*. 1705, 1709 -

2630. **54**. Les minutes et répertoires d'un notaire remplacé ou dont la place aura été supprimée, pourront être remis par lui ou par ses héritiers à l'un des notaires résidant dans la même commune, ou dans le même canton, si le remplacé était le seul notaire établi dans la commune. — **55**. Si la *Remise des minutes et répertoires* (5596) du notaire remplacé n'a pas été effectuée, conformément à l'article précédent, dans le mois, à compter du jour de la prestation de serment du successeur, la remise en sera faite à celui-ci. — 56. Lorsque la place de notaire sera supprimée, le titulaire ou ses héritiers seront tenus de remettre les minutes et répertoires dans le délai de deux mois, du jour de la suppression, à l'un des notaires de la commune, ou à l'un des notaires du canton, conformément à l'art. 54. — 57. Le commissaire du gouvernement près le tribunal de première instance, est chargé de veiller à ce que les remises ordonnées par les articles précédens, soient effectuées; et dans le cas de suppression de la place, si le titulaire ou ses héritiers n'ont pas fait choix, dans les délais prescrits, du notaire à qui les minutes et répertoires devront être remis, le commissaire indiquera celui qui en demeurera dépositaire. — Le titulaire ou ses héritiers, en retard de satisfaire aux dispositions des art. 55 et 56, seront condamnés à 100 fr. d'amende par chaque mois de retard, à compter du jour de la sommation qui leur aura été faite d'effectuer la remise. *V.* - 4909.

2636. **LOI.** 28 vent. 11. *Instances judiciaires,* 3680.

2640. **CODE CIVIL.** 5-15 germ. 11. TUTELLE. B. 266-2579.

2641. **470.** Tout tuteur, autre que le père et la mère, peut être tenu, durant la tutelle, de remettre au subrogé-tuteur des *États de situation* (2776) de sa gestion. — Ces états de situation seront rédigés et remis sans frais, sur papier non timbré.

2648. **LOI.** 21 germ. 11. *Noms et prénoms,* 4468.

2652. **LOI.** 24 germ. 11. BANQUE. B. 271-2698.

2656. **55.** Il pourra être fait un abonnement annuel avec les banques privilégiées pour le timbre de leurs *Billets* (808).

2660. **LOI.** 25 germ. 11. TIMBRE. I. g. 326. B. 271-2701.

2661. **1.** (*Poursuites,* 4900.) L'art. 32 de la loi du 13 brumaire an 7, sur le timbre, qui fixe à trois jours le délai pour signifier les procès-verbaux de contravention à cette loi, ne sera applicable qu'à ceux des contrevenans domiciliés dans l'arrondissement du bureau où les procès-verbaux auront été rapportés. — **2.** Lorsque les contrevenans auront leur domicile hors de cet arrondissement, le délai sera de huit jours jusqu'à cinq myriamètres (10 lieues) de distance, et d'un jour de plus par chaque cinq myriamètres au-delà de cette distance. *V.* 1547-

2668. **CODE CIVIL.** 29 germ.-9 flor. 11, art. 767 à 772. *Deshérence,* 2128; art. 811 à 814. *Successions vacantes,* 6176. I. g. 219. B. 274-2742.

2672. **AVIS.** 1 flor. 11. *Émigrés,* 2648. C. 28 prair. 11.

2676. **LOI.** 3 flor. 11. *Vente de domaines,* 7048. I. g. 146.

2680. **ARR.** 10 flor. 11. *Amendes de consignation,* 564. I. g. 136. B. 275-2750.

2684. **CODE CIVIL.** 13-23 flor. 11. LEGS. B. 279-2767.

2685. **1000.** Les *Testamens* (6464) faits en pays étranger ne pourront être exécutés sur les biens situés en France, qu'après avoir été enregistrés au *Bureau* (890) du domicile du testateur, s'il en a conservé un, sinon au bureau de son dernier domicile connu en France; et dans le cas où le testament contiendrait des dispositions d'immeubles qui y seront situés, il devra être, en outre, enregistré au bureau de la situation de ces immeubles, sans qu'il puisse être exigé un double droit. *V.* 1656-4341.

2686. **1016.** (*Débiteur,* 1768.) Les droits d'enregistrement seront dûs par le légataire. — Le tout s'il n'en a été ordonné autrement par le testament. — Chaque legs (particulier) pourra être enregistré séparément, sans que cet enregistrement puisse profiter à aucun autre qu'au légataire ou à ses ayans-cause. *V.* 1672, 1673 - 3461.

2692. **ARR.** 15 flor. 11. *Prescription,* 5052. I. g. 1312. B. 275-2751.

2696. **ARR.** 23 flor. 11. VENTE DE DOMAINES. I. g. 143. B. 282-2778.

2697. (*Débiteur,* 1712, 1838.) Les droits de timbre, tant des minutes que des expéditions délivrées aux citoyens, des procès-verbaux des ventes de biens nationaux, ne font point partie des frais qui, suivant l'art. 6 de la loi du 15 floréal an 10, sont à la charge de l'état; ces droits doivent, ainsi que celui d'enregistrement, être payés par les adjudicataires.

2700. **ARR.** 25 flor. 11. *Amendes attribuées aux communes et hospices,* 536. I. g. 116.

2704. **ARR.** 8 prair. 11. NAVIGATION INTÉRIEURE. B. 285-2791.

2705. **11.** L'acte de *Cautionnement* (1060) (des receveurs) sera soumis à l'enregistrement, mais il ne sera assujetti qu'au droit fixe d'un franc, conformément à la loi du 7 germ. an 8.

2712. **ARR.** 24 prair. 11. LANGUE ÉTRANGÈRE. I. g. 1425-1. B. 292-2881.

2713. **1.** Dans un an, à compter de la publication du présent arrêté, les *Actes* (180) publics dans les départemens de la ci-devant Belgique, dans ceux de la rive gauche du Rhin et dans ceux du Tanaro, du Pô, de Marengo, de la Stura, de la Sesia et de la Doire, ET DANS LES AUTRES où l'usage de dresser lesdits actes dans la langue de ces pays se serait maintenue, devront tous être écrits en langue française. — **2.** Pourront néanmoins, les officiers publics dans les pays énoncés au précédent article, écrire à mi-marge de la minute française la traduction en idiome du pays lorsqu'ils en seront requis par les parties. — **3.** Les actes sous seing-privé pourront, dans ces départemens, être écrits dans l'idiome du pays, à la charge, par les parties qui présenteront des actes de cette espèce à la formalité de l'enregistrement, d'y joindre, à leurs frais, une traduction française desdits actes certifiée par un traducteur juré. *V.* 780, 820 - 4055.

2720. **ARR**. 3 mess. 11. *Restitution aux colléges anglais, irlandais et écossais*, 5756. I. g. 144. Moniteur, 308.

2724. **ARR**. 16 mess. 11. *TIMBRE*, 6496, 6500, 6501, 6748. I. g. 143. B. 296-2933.

2725. **C.** Il sera dressé, sans frais, procès-verbal de chaque *Dépôt* (2101) (d'empreintes de timbres).

2732. **ARR**. 19 mess. 11. *Rentes*, 5628. C. 22 fruct. 11.

2736. **ARR**. 4 therm. 11. *Ventes de domaines* (décompte), 7048. I. g. 183.

2740. **ARR**. 6 therm. 11. *Frais de justice militaire*, 3232. C. 2 fruct. 11.

2744. **ARR**. 7 therm. 11. *Restitution aux fabriques*, 5776. I. g. 155.

2748. **ARR**. 6 fruct. 11. MARCHÉS. I. g. 160. Journal mil. an 12, page 300.

2749. Tous les marchés et *Adjudications* (396) pour les différens services du département de la guerre, qui ont eu lieu jusqu'à ce jour, ou qui auront lieu par la suite, ne seront sujets qu'au droit fixe d'enregistrement d'un franc, lorsqu'aucune clause expresse ne les aura soumis au droit proportionnel d'enregistrement de 50 centimes par 100 francs, déterminé par l'art. 69 de la loi du 22 frimaire an 7. — Les actes de *Cautionnement* (1052) relatifs auxdits marchés et adjudications seront soumis au droit proportionnel d'enregistrement de 50 centimes par 100 francs. *V.* 1839, 1847 - 2773, 2774, 3049, 4646, 4647.

2752. **AVIS**. 9 fruct. 11. *Émigrés*, 2648. C. 22 frim. 12.

2756. **ARR**. 18 fruct. 11. *Sénat*, 6088. I. g. 177. B. 311 3144.

2760. **ARR**. 5 vend. 12. *Sénat*, 6088. I. g. 177. B. 318-3220.

2764. **ARR**. 8 vend. 12. *Congé*, 1328; *Pensions*, 4760. I. g. 170.

2768. **ARR**. 20 vend. 12. *Restitutions aux fabriques*, 5776.

2772. **ARR**. 15 brum. 12. MARCHÉS. I. g. 186.

2773. L'arrêté du 6 fructidor dernier sera appliqué dans toutes ses dispositions aux *Adjudications et marchés* (396) pour le service du département de la marine, et aux autres de même nature pour le département de l'intérieur, à raison des ponts et chaussées, écluses, desséchemens, travaux dans les ports, et pavage des villes, lorsque le prix de ces travaux sera à la charge du trésor public. *V.* 1839, 2749 - 4369, 4646.

2774. (*Cautionnement*, 1052.) Cet arrêté sera également applicable aux *Adjudications et marchés* (400) qui ont été ou seront faits au nom des départemens et communes, pour l'exécution de leurs offres de constructions de vaisseaux et autres bâtimens et des fournitures quelconques, relativement à l'armement contre l'Angleterre. *V.* 1839, 2749 - 4369.

2780. **ARR**. 15 brum. 12. DONATIONS ET LEGS AUX HOSPICES. I. g. 185. B. 327-3339.

2781. **1.** (*Succession*, 6296.) Les *Donations* (2432) entre-vifs et testamentaires en faveur des hospices, ne sont assujetties au droit d'enregistrement qu'à raison d'un franc fixe. — **2.** Ces donations n'auront leur pleine et entière exécution qu'après que leur acceptation aura été autorisée par le gouvernement. *V.* - 5237.

2788. **AVIS**. 28 frim. 12. *Compensation*, 1224. I. g. 279.

2792. **ARR**. 28 frim. 12. *Restitutions aux fabriques*, 5776. I. g. 200.

2796. **ARR**. 30 frim. 12. DOUANES. I. g. 193. B. 332-3465.

2797. Les passavans délivrés dans les bureaux des douanes pour le transport et la circulation des denrées et marchandises dans les deux myriamètres des frontières, les acquits à caution délivrés pour la *Circulation des grains* (1172), et les certificats des maires et adjoints, relatifs aux transports desdits grains, sont dispensés de la formalité du timbre. *V.* - 2841.

2800. **ARR**. 2 niv. 12. CHAMBRE DES NOTAIRES. B. 332-3471.

2801. **15.** Ces délibérations (de la Chambre des *Notaires* (4500) n'étant que de simples actes d'administration, d'ordre ou de discipline intérieure, ou de simples avis, ne sont, dans aucun cas, sujets au droit d'enregistrement, non plus que les pièces y relatives.

2804. **ARR.** 7 niv. 12. *Hospices*, 3336. I. g. 195.

2808. **CODE CIV.** art. 560 — 6 - 16 pluv. 12. *Alluvions*, 512. C. 14 août 1806. B. 337-3537.

2812. **LOI.** 7 pluv. 12. DONATIONS AUX HOSPICES. I. g. 209. B. 338-3547.

2813. Les droits à percevoir au profit du trésor public pour la *Transcription* (6876) ordonnée par l'art. 939 du Code civil, des actes de *Donations* (2432) et d'acceptations d'immeubles susceptibles d'hypothèques, ainsi que la notification de l'acceptation faite par acte séparé aux bureaux des hypothèques, dans l'arrondissement desquels les biens donnés sont situés, et le droit d'enregistrement desdites donations, sont modérés en ce qui concerne les pauvres et les hôpitaux, au droit fixe d'un franc pour la transcription, sans préjudice des droits dévolus au conservateur. *V.* - 5237.

2816. **LOI.** 11 pluv. 12. *Domaines et bois engagés*, 2228. I. g. 221. B. 340-3562.

2820. **CODE CIV.** 20 - 30 pluv. 12. CONTRAT DE MARIAGE. B. 344-3608.

2821. **1597.** (*Acte à la suite*, 124.) Tous changemens (aux contrats de mariage) et contre-lettres seront sans effet à l'égard des tiers, s'ils n'ont été rédigés à la suite de la minute du contrat de mariage. *V.* 1514 -

2828. **LOI.** 2 vent. 12. *Amendes forestières*, 572. I. g. 473. B. 347-3627.

2832. **LOI.** 5 vent. 12. *Ventes de domaines*, 7048. I. g. 215.

2836. **LOI.** 14 vent. 12. *Instances judiciaires*, 3680. B. 351-3661.

2840. **LOI.** 22 vent. 12. DOUANES. B. 353-3669.

2841. **24.** Les passavans délivrés dans les bureaux des douanes pour le transport et la circulation des denrées dans les deux myriamètres des frontières, les acquits à caution délivrés pour la *Circulation des grains* (1172) et les certificats des maires et adjoints relatifs au transport desdits grains, seront exempts de la formalité du timbre. *V.* 2797-

2848. **CODE CIV.** 28 vent. - 8 germ. 12. PRIVILÉGES ET HYPOTHÈQUES. B. 354-3674.

2849. **2148.** (*Acte à la suite*, 124.) Pour opérer l'inscription, le créancier représente, soit par lui-même, soit par un tiers, au conservateur des hypothèques, l'original en brevet ou une expédition authentique du jugement ou de l'acte qui donne naissance au privilége ou à l'hypothèque. — Il y joint deux *Bordereaux* (836) écrits sur papier timbré, dont l'un peut être porté sur l'expédition du titre; ils contiennent : *V.* 1514 -

2850. **2155.** Les frais des inscriptions sont à la charge du *Débiteur* (1784), s'il n'y a stipulation contraire; l'avance en est faite par l'inscrivant, si ce n'est quant aux hypothèques légales, pour l'inscription desquelles le conservateur a son recours contre le débiteur. Les frais de la transcription, qui peut être requise par le vendeur, sont à la charge de l'acquéreur. *V.* 1996, 2000 -

2851. **2196.** Les conservateurs des hypothèques sont tenus de délivrer à tous ceux qui le requièrent, copie des actes transcrits sur leurs registres et celle des inscriptions subsistantes, ou certificat qu'il n'en existe aucune. — **2197.** Ils sont responsables du préjudice résultant : — 1º De l'omission sur leurs registres, des transcriptions d'actes de mutations, et des inscriptions requises en leurs bureaux; — 2º Du défaut de mention dans leurs certificats, d'une ou de plusieurs des inscriptions existantes, à moins, dans ce dernier cas, que l'erreur ne provînt de désignations insuffisantes qui ne pourraient leur être imputées. — **2198.** L'immeuble à l'égard duquel le conservateur aurait omis dans ses certificats une ou plusieurs des charges inscrites, en demeure, sauf la responsabilité du conservateur, affranchi dans les mains du nouveau possesseur, pourvu qu'il ait requis le certificat depuis la transcription de son titre, sans préjudice néanmoins du droit des créanciers de se faire colloquer suivant l'ordre qui leur appartient, tant que le prix n'a pas été payé par l'acquéreur, ou tant que l'ordre fait entre les créanciers n'a pas été homologué. — **2189.** Dans aucun cas, les conservateurs ne peuvent refuser ni retarder la transcription des actes de mutation, l'inscription des droits hypothécaires, ni la délivrance des certificats requis, sous peine des dommages et intérêts des parties; à l'effet de quoi procès-verbaux des refus ou retardemens seront, à la diligence des requérans, dressés sur-le-champ, soit par un juge-de-paix, soit par un huissier-audiencier du tribunal, soit par un autre huissier ou un notaire assisté de deux témoins. — **2200**. Néanmoins les conservateurs seront tenus d'avoir un registre sur lequel ils inscriront, jour par jour, et par ordre numérique, les remises qui leur seront faites d'actes de mutation pour être transcrits, ou de bordereaux pour être inscrits ; ils donneront au requérant une *Reconnaissance* (5376) sur papier timbré, qui rappellera le numéro du registre sur lequel la remise aura été inscrite, et ils ne pourront transcrire les actes de mutation, ni inscrire les bordereaux sur les registres à ce destinés, qu'à la date et dans l'ordre des remises qui leur en auront été faites. — **2201**. Tous les *Registres* (5516) des conservateurs sont en papier timbré, cotés et paraphés à chaque page par première et dernière, par l'un des juges du tribunal dans le ressort duquel le bureau est établi. Les registres seront arrêtés chaque jour comme ceux d'enregistrement des actes. — **2202**. Les conservateurs sont tenus de se conformer, dans l'exercice de leurs fonctions, à toutes les dispositions du présent chapitre, à peine d'une amende de deux cents à mille francs pour la première *Contravention* (1446), et de destitution pour la seconde, sans préjudice des dommages et intérêts des parties, lesquels seront payés avant l'amende. *V*. 1504, 1991.

2852. **2205**. Les mentions de dépôts, les inscriptions et transcriptions, sont faites sur les registres, de suite, sans aucun *Blanc* (812) ni *Interligne* (3712), à peine, contre le conservateur, de mille à deux mille francs d'amende, et des dommages et intérêts des parties, payables aussi par préférence à l'amende. *V*. 1991.

2856. **DÉCR**. 3 mess. 12. GRAND-LIVRE. B. 6-57.

2857. **2**. Cette *Déclaration* (1852) (de perte d'extrait d'inscription sur le grand-livre) sera assujettie au droit fixe d'enregistrement d'un franc. *V*. - 4309.

2864. **AVIS**. 18-24 mess. 12. PRÉSENTATION, DÉFAUT ET CONGÉ. C. 11 therm. 12.

2865. Il y a lieu d'ordonner la suspension de la perception de tout droit de *Présentation*, *défaut et congé* (5060) dans les tribunaux de commerce, et d'ajourner à l'époque où on s'occupera du Code de commerce, la discussion sur la question de savoir s'il est convenable de percevoir un droit de cette nature. *V*. 2359 -

2868. **DÉCR**. 24 mess. 12. *Cérémonies publiques*, 1068. B. 10-110.
2872. **DÉCR**. 11 therm. 12. *Coupes de bois*, 1512. I. g. 252.
2876. **DÉCR**. 11 therm. 12. *Hypothèques*, 3476. I. g. 255. B. 11-117.
2880. **AVIS**. 16-25 therm. 12. *Hypothèques*, 3476. I. g. 576. B. 429-7899.

2884. **DÉCR**. 30 therm. 12. MUSIQUE ; *Restitutions*, 5732. C. 1 brum. 13. B. 13-194.

2885. **1**. (*Papier-musique*, 4648.) Les droits sur les cartes à jouer et sur la musique gravée, seront remboursés sur les quantités qui seront exportées à l'étranger. *V*. 1276 -

2892. **AVIS**. 24 fruct. 12. *Rentes*, 5628. C. 19 brum. 13. Sirey, 6-634.
2896. **DÉCR**. 3 niv. 13 *Ventes de domaines*, 7048. I. g. 270.

2900. **LOI**. 28 niv. 13. CONSIGNATIONS. I. g. 272. B. 27-474.

2901. **5**. Le droit d'enregistrement sur ces *Reconnaissances* (5360) (de consignation de sommes à la caisse d'amortissement) est fixé à un franc.

2908. **AVIS**. 2-6 pluv. 13. *Restitution aux communes*, 5760. C. 15 vent. 13. Sirey, 5-330.
2912. **LOI**. 5 pluv. 13. *Frais de justice à payer*, 3208. I. g. 283. B. 29-482.
2916. **LOI**. 8 pluv. 13. *Vente de domaines*, 7048. C. 23 germ. 13. B. 30-503.
2920. **DECR**. 13 pluv. 13. *Saisie-arrêt ou opposition*, 5928. I. g. 282. B. 30-509.
2924. **AVIS**. 23-25 pluv. 13. *Vignes canonicales*, 7160. C. 17 vent. 13.
2926. **LOI**. 2 vent. 13. *Cautionnement des officiers publics*, 1028. C. 7 germ. 13. B. 34 570.
2928. **LOI**. 6 vent. 13. *Cautionnement des officiers publics*, 1028. I. g. 277. B. 35-580.
2932. **DÉCR**. 11 vent. 13. *Vente de domaines*, 7048. C. 23 germ. 13.
2936. **DECR**. 15 vent. 13. *Restitution aux fabriques*, 5776. I. g. 278.
2940. **AVIS**. 23 vent. 13. *Rentes*, 5628. C. 19 germ. 13. B. 37-624.
2944. **ARR**. 29 vent. 13. *Congé*, 1328. I. g. 963.
2948. **DECR**. 30 vent. 13. *Hospices*, 3336. I. g. 280.
2952. **DECR**. 30 vent. 13. *Inspecteurs généraux*, 3592. C. 16 germ. 13. Moniteur, 186.

2956. **DÉCR**. 25 germ. 13. CAUTIONNEMENT. I. g. 286.

2957. **1.** Les actes de *Cautionnement* (1052) relatifs aux adjudications et marchés pour le service des ponts et chaussées, de la navigation, et des ports maritimes et de commerce, ne seront assujettis, pour leur enregistrement, qu'au droit fixe d'un franc. *V.* 1847 - 4647.

2964. **AVIS.** 3-12 flor. 13. *Domaines et bois engagés*, 2964. C. 19 mess. 13.

2968. **AVIS.** 3-12 flor. 13. *Hypothèques*, 3476. I. g. 316, § 2, n° 8. B. 43-702.

2972. **AVIS.** 10-20 flor. 13. *Saisie réelle*, 5956. C. 14 mess. 13.

2976 **DÉCR.** 12 flor. 13. *Pensions*, 4760. I. g. 287.

2980. **AVIS.** 12-25 prair. 13. *Lois*, 4112. C. 10 vend. 14. B. 48-812.

2984. **DÉCR.** 4 mess. 13. COMMUNICATIONS. I. g. 293. B. 49-826.

2985. **1.** (*Communication*, 1208.) Les receveurs des droits et revenus des communes, et de tous autres établissemens publics, les dépositaires des registres et minutes d'actes concernant l'administration des biens des hospices, fabriques des églises, chapitres et de tous autres établissemens publics, sont tenus de communiquer, sans déplacer, à toute réquisition, aux préposés de l'enregistrement, leurs registres et minutes d'actes, à l'effet, par lesdits préposés, de s'assurer de l'exécution des lois sur le timbre et l'enregistrement. *V.* 1710 - 4661.

2986. **2.** (*Amnistie*, 576, 580.) Il est accordé aux communes et établissemens publics, un délai de six mois, à compter du jour de la publication du présent décret, pour acquitter, sans être tenus d'aucune peine, les droits de timbre et d'enregistrement auxquels leurs registres et actes étaient assujettis ; passé lequel délai, les amendes et autres peines encourues seront exigées pour tous les articles dont les droits n'auront pas été payés. *V.* - 4660.

2987. **3.** A l'avenir, les établissemens publics pourront tenir, pour les actes relatifs à leur administration, deux *Registres* (5488, 5492) : l'un pour les actes de police intérieure, et sans aucun rapport avec des personnes étrangères à l'établissement ; et l'autre pour les actes d'administration temporelle et extérieure. Le premier registre sera exempt de timbre ; aucun acte sujet à l'enregistrement ne pourra être inscrit sur ce registre. *V.* 1474, 1502 -

2988. **4.** (*Délai*, 1968, 1980.) Si sur le registre destiné aux *Actes* (84) d'administration temporelle et extérieure, il était porté des actes reçus par un secrétaire ou autres officiers de l'établissement, et qui constateraient qu'on s'est présenté devant lui pour rédiger les conventions y portées, lesdits actes seraient alors sujets à l'enregistrement dans les vingt jours, comme ceux des secrétaires des administrations centrales ou municipales. — **5.** Tous les autres actes qui seraient consignés sur le registre en papier timbré, en forme de délibération des membres de l'établissement, même avec le concours des particuliers, ne seront considérés que comme actes sous seing-privé, qu'il suffira de faire enregistrer lorsqu'on voudra en faire un usage public, excepté ceux qui renfermeraient des dispositions translatives de propriété, d'usufruit ou de jouissance de biens-immeubles, lesquels doivent être enregistrés dans les trois mois de leur date. *V.* - 4656, 4658.

2992. **DÉCR.** 16 mess. 13. TIMBRE. B. 51-854.

2993. **1.** (*Poursuites*, 4908.) Les préposés des douanes et les préposés à la perception des droits d'octroi, sont tenus de se faire représenter les *Lettres de voiture* (3940), *Connaissemens* (1356), *Chartes-parties* (1144) et *Polices d'assurance* (4856) des marchandises et autres objets dont le transport se fait par terre ou par eau, et de vérifier si ces actes sont écrits sur papier d'un franc, ainsi qu'il est prescrit par l'art. 5 de la loi du 6 prairial an 7. *V.* 2097- 3533, 3534.

2994. **2.** (*Débiteur*, 1824. *Poursuites*, 4896. *Lettres de voiture*, 3936. *Connaissemens*, 1352. *Chartes-parties*, 1140. *Police d'assurance*, 4852.) En cas de contravention, ils en rédigeront des procès-verbaux, pour faire condamner les souscripteurs et porteurs, solidairement à l'amende fixée par l'art. 4 de la même loi. *V.* 1525, 1546, 1547, 2096-4445, 4911. Inst. gén. 419.

2995. **3.** (*Lettres de voiture*, 3932. *Connaissemens*, 1348. *Chartes-parties*, 1136. *Police d'assurance*, 4848.) Pour indemniser les préposés des soins de cette vérification, il leur sera accordé la moitié des amendes qui auront été payées par les contrevenans. — **4.** Les préposés de l'administration de l'enregistrement et des domaines, qui auront constaté des contraventions de la même nature, profiteront également de la moitié desdites amendes.

3000. **DÉCR.** 28 mess. 13. *Restitutions aux fabriques*, 5776. C. 5 vend. 14.

3004. **DÉCR.** 8 therm. 13. MONT-DE-PIÉTÉ DE PARIS. B. 50-851.

(NOTA.) *La présente loi a été étendue à tous les monts-de-piété.*

3005. **43.** Tous les registres et papiers destinés à constater les opérations et les différens actes de régie du *Mont-de-piété* (4424), tant au chef-lieu que dans les divisions supplémentaires et dans les succursales, seront exempts du droit de timbre. Lesdits registres seront cotés et paraphés par un membre de l'administration. — 59. La somme réglée sera comptée à l'emprunteur, et il lui sera délivré en même temps, sur papier non timbré, une reconnaissance du dépôt de l'effet engagé.

3006. 89. Les procès-verbaux de *Ventes* (6988), et tous les actes qui y sont relatifs, seront dressés, comme tous autres actes de régie du *Mont-de-piété* (4424), sur des registres non timbrés, et exempts du droit d'enregistrement. *V*. 1865-

3012. **AVIS**. 22 fruct. 13. *Domaines et bois engagés*, 2228. C. 7 brum. 14. B. 57-1040.

3016. **SÉNATUS-C** 22 fruct. 13. *CALENDRIER*, 952. I. g. 294. B. 56-940.

3017. A compter du 11 nivôse prochain (1er janvier 1806), le *Calendrier* (956) grégorien sera mis en usage dans tout l'empire français. *V*. 2627-

3020. **DÉCR**. 1 compl. 13. *Hospices*, 3336. I. g. 298.

3024. **AVIS**. 6 vend.-10 brum- 14. BIENS SITUÉS EN PAYS ÉTRANGER. C. 4 niv. 4. Moniteur, 62.

3025. Question de savoir si les *Actes* (360) qui transfèrent la propriété ou l'usufruit d'immeubles situés en pays étranger ou dans les colonies françaises où l'enregistrement n'est pas établi, passés en pays étrangers ou dans les colonies, doivent, lorsqu'ils sont produits en France, être traités comme les actes sous seing-privé passés en France, c'est-à-dire, assujettis au droit proportionnel ; — Est d'avis que, dans les cas présentés par le ministre des finances, il n'y a pas lieu de percevoir un droit proportionnel d'enregistrement. *V*. - 3217, 4406, 4673, 4900.

3032. **DÉCR**. 10 brum. 14. SCELLÉS, INVENTAIRES, etc. I. g. 296. B. 63-1100.

3033. 1. Tous officiers ayant droit d'apposer des *Scellés* (6068), de les reconnaître et de les lever, de rédiger des *Inventaires* (3720), de faire des ventes ou autres actes dont la confection peut exiger plusieurs séances, sont tenus d'indiquer, à chaque séance, l'heure du commencement et celle de la fin. — 2. Toutes les fois qu'il y a interruption dans l'opération, avec renvoi à un autre jour ou à une autre heure de la même journée, il en sera fait mention dans l'acte, que les parties et les officiers signeront sur-le-champ, pour constater cette interruption.

3034. 3. Le procès-verbal est sujet à l'enregistrement dans le *Délai* (1944, 1948, 2008, 2020) fixé par la loi. *V*. 1635 à 1638-

3035. 4. (*Scellés*, 6068. *Inventaire*, 3720.) Le droit d'enregistrement fixé à deux francs par vacation est exigible par vacation dont aucune ne peut excéder quatre heures. *V*. 1794, 1797, 1865-

3040. **DÉCR**. 10 brum. 14. *Restitution de droits*, 5732. C. 1 brum. 13. B. 63-1099.

3044. **DÉCR**. 22 brum. 14. *Timbre*, 6496, 6500, 6748. C. 16 janv. 1806. B. 64-1137.

3048. **AVIS**. 28 brum.-21 frim. 14. MARCHÉS. I. g. 386-9.

3049. L'arrêté du 6 fructidor an 11, qui avait maintenu sur les actes de *Cautionnement* (1052) relatifs aux marchés passés pour les différens services du département de la guerre, la perception du droit proportionnel de 50 centimes, est rapporté, et les cautionnemens de cette nature né sont assujettis qu'au droit fixe d'un franc. *V*. 2749 - 4646, 4647.

3056. **DÉCR**. 23 janvier 1806. *Domaines et bois engagés*, 2228. I. g. 304. B. 90-1517.

3060. **DÉCR**. 23 janv. 1806 *Révélation*, 5892. C. 19 fév. 1806.

3064. **DÉCR**. 24 fév. 1806. *Frais de justice à payer*, 3208. I. g. 358. B. 76-1350.

3068. **DÉCR**. 23 mars 1806. *Vente de mob. Guerre*, 7084. C. 30 avril 1806.

3072. **LOI**. 24 mars 1806. HYPOTHÈQUES. I. g. 316. B. 85-1439.

3073. (*Prescription*, 5036. *Restitution*, 5820.) Les dispositions de l'art. 61 de la loi du 22 frimaire an 7, concernant la perception des droits d'enregistrement, seront, à compter de la publication de la présente *Loi* (4150), applicables aux perceptions des droits d'inscriptions et transcriptions hypothécaires établis par les chapitres 2 et 3 de la loi du 21 ventôse an 7. *V*. 1718 à 1724 -

3076. **DÉCR**. 26 mars 1806. *Ventes de domaines*, 7048. I. g. 308.

3080. **LOI**. 29 mars 1806. DOMAINE MILITAIRE. B. 86-1465.

3081. 1. Les lois qui ont pour but la conservation des domaines nationaux, des eaux et forêts, édifices et établissemens publics, seront applicables à la conservation de tou^t ce qui constitue le domaine militaire de l'état, dans les places de guerre et les garnisons de l'intérieur. — 3. Tous les procès-verbaux que les gardes du génie dresseront dans les cas prévus par l'article 1er, seront visés pour timbre et enregistrés en *Débet* (1568, 1584, 1612, 1640), ainsi que les actes et jugemens qui interviendront sur lesdits procès-verbaux, conformément à la loi du 13 brumaire an 7, et à l'art. 70 § 1er, numéros 4 et 5 du titre 2 de celle du 22 frimaire suivant. *V.* 1892 - 4803, 4807.

3084. DÉCR 30 mars 1806 *Majorats*, 4196. I. g. 413. B. 84-1432.

3088. **CODE DE PROC. CIV.** 14-24 avril 1806. COUT D'EXPLOIT. EXPERTISE. I. g. 408-3. B. 96-1647.

3089. **67.** Les huissiers seront tenus de mettre à la fin de l'original et de la copie de l'exploit, le *Coût* (1534) d'icelui, à peine de 5 fr. d'amende, payables à l'instant de l'enregistrement.

3090. **319.** (*Acte à la suite*, 124.) La minute du rapport sera déposée au greffe du tribunal qui aura ordonné l'expertise sans nouveau serment de la part des experts; leurs vacations seront taxées par le président au bas de la minute. *V.* 1514 -

3096. **CODE DE PROC. CIV.** 17 avril 1806, art. 471, 494. *Amendes de consignation*, 564. I. g. 408, § 10 et 12.

3100. **DECR.** 17 avril 1806. *Timbre*, 6496, 6500, 6504, 6748. C. 30 mai 1806. B. 87-1503.

3104. **CODE DE PROC. CIV.** 21 avril-1er mai 1806. COMPTES. SAISIES-ARRETS OU OPPOSITIONS. SAISIES IMMOBILIERES. I. g. 346, 357. B. 97-1649.

3105. **557.** (*Acte fait en conséquence*, 204.) Les quittances de fournisseurs, ouvriers, maîtres de pension et autres de même nature, produites comme pièces justificatives du compte, sont dispensées de l'enregistrement. *V.* 1692 -

3106. **657.** (*Acte à la suite*, 124.) Faute par le saisi et les créanciers de s'accorder dans ledit délai, l'officier qui aura fait la vente sera tenu de consigner dans la huitaine suivante, et à la charge de toutes les oppositions, le montant de la vente, déduction faite de ses frais d'après la taxe qui aura été faite par le juge sur la minute du procès-verbal. *V.* 1514 -

3107. **699.** (*Acte à la suite*, 124.) Les dires, publications et adjudications, seront mis sur le cahier des charges, à la suite de la mise à prix. *V.* 1514 -

3108. **709.** L'avoué, dernier enchérisseur, sera tenu, dans les trois jours de l'adjudication, de déclarer l'adjudicataire, et de fournir son acceptation; sinon de représenter son pouvoir, lequel demeurera annexé à la minute de la *Déclaration* (1860); faute de ce faire, il sera réputé adjudicataire en son nom. *V.* 1765 -

3112. **CODE DE PROC. CIV.** 22 avril-2 mai 1806. SÉPARATION DE BIENS.

3113. **865.** (*Acte à la suite*, 124.) Aucune demande en séparation de biens ne pourra être formée sans une autorisation préalable, que le président du tribunal devra donner sur la requête qui lui sera présentée à cet effet. *V.* 1514 -

3116. **LOI.** 24 avril 1806. *Ventes de domaines*, 7048; *Cautionnement des employés*, 1020. C. 10 mai 1806, 13 fév. 1807. B. 88-1513.

3120. **CODE DE PROC. CIV.** 28 avril-8 mai 1806. OPPOSITIONS AUX SCELLÉS.

3121. **926.** (*Acte à la suite*, 124.) Les oppositions aux scellés pourront être faites, soit par une déclaration sur le procès-verbal de scellés, soit par exploit. *V.* 1514 -

3128. **DÉCR.** 30 mai 1806. *Restitutions aux fabriques*, 5776. I. g. 334. Moniteur, 155.

3132. **AVIS.** 31 mai-4 juin 1806. *Amendes de condamnation*, 532. C. 24 sept. 1806. B. 101-1660.

3136. **AVIS.** 7-11 juin 1806. *Révélation*, 5892. C. 19 sept. 1806.

3140. **AVIS.** 7-11 juin 1806. *Ventes de domaines*, 7048. I. g. 331. B. 104-1737.

3144. **DÉCR.** 23 juin 1806. *AMENDES DE ROULAGE*, 552. I. g. 345. B. 102-1674.

3145. **58.** (*Police de roulage*, 4816.) Les contestations qui pourraient s'élever sur l'exécution du présent réglement, et notamment sur le poids des voitures, sur l'amende et sur sa quotité, seront portées devant le maire de la commune, et par lui jugées sommairement, sans frais et sans formalités.

3148. **DÉCR.** 23 juin 1806. *Domaines et bois engagés*, 2228. C. 11 juill. 1806.

3152. DÉCR. 30 juin 1806. BUREAU DES NOURRICES. B. 103-1734.

3153. 4. (*Exploits*, 3072.) Le directeur arrêtera chaque mois le rôle des recouvremens à faire. Il sera rendu exécutoire par une ordonnance du préfet, laquelle sera exécutée sans frais. *V.* - 4902.

3154. **6.** Tous les *Registres* (5508) de l'établissement et de ses préposés ne seront point assujettis au timbre.

3160. DÉCR. 18 juil. 1806. *Ventes de domaines*, 7048. C. 14 août 1806.

3164. DÉCR. 22 juil. 1806. *INSTANCES ADMINISTRATIVES*, 3676. I. g. 542, 366 3. B. 107-1793.

3165. **48.** Les *Écritures* (2554) des parties, signées par les avocats au Conseil, seront sur papier timbré.

3166. (*Acte fait en conséquence*, 228.) Les pièces par elles produites ne seront point sujettes au droit d'enregistrement, à l'exception des *Exploits d'huissiers* (3060), pour chacun desquels il sera perçu un droit fixe d'un franc. — N'entendons néanmoins dispenser les pièces produites devant notre Conseil-d'état, des droits d'enregistrement auxquels l'usage qui en serait fait ailleurs pourrait donner ouverture, ou qui, par leur nature, sont soumises à l'enregistrement dans un délai fixe. *V.* 1698 - 4338, 4406.

3172. DÉCR. 31 juil. 1806. *Restitutions aux fabriques*, 5776. I. g. 334, § 4. B. 111-1819.

3176. DÉCR. 12 août 1806. *Ventes de domaines*, 7048. C. 6 déc. 1806. B. 179-3030.

3180. **SÉNATUS-CONS.** 14 août 1806. *Majorats*, 4196. I. g. 413. B. 112-1823.

3184. DÉCR. 21 août 1806. CERTIFICAT DE VIE. I. g. 604. B. 113-1849.

3185. **10.** Les *Certificats de vie* (1084, 1096) délivrés aux rentiers et pensionnaires ne seront point sujets à l'enregistrement, et seront expédiés sur papier du timbre de vingt-cinq centimes. *V.* 2080 - 4411, 4418.

3192. DÉCR. 31 août 1806. *Émigrés*, 2648. C. 22 oct. 1806.

3196. DÉCR. 5 sept. 1806. *Réparations*, 5640. I. g. 320.

3200. DÉCR. 12 sept. 1806. *Hospices*, 3336. I. g. 319.

3204. DÉCR. 18 sept. 1806. *CAUTIONNEMENT DES EMPLOYÉS*, 1020. C. 11 déc. 1806. I. g. 1094. B. 122-1990.

3205. **1.** La caisse d'amortissement est autorisée à rembourser les cautionnemens sur simples rapports : — 1° Du certificat d'inscription ; 2° des certificats de quitus, d'affiche et de non-opposition prescrits par les lois des 25 nivôse et 6 ventôse an 13 ; 3° et d'un certificat ou d'un acte de notoriété, contenant les noms, prénoms et domiciles des héritiers et ayans-droit ; — **2.** Ces *Certificats* (1080) seront assujettis au droit simple d'enregistrement d'un franc. *V.* 1756 -

3212. DÉCR. 23 sept. 1806. *Effets de militaires*, 2556. C. 30 avril 1807.

3216. AVIS. 15 nov.-12 déc. 1806. BIENS SITUÉS EN PAYS ÉTRANGER. C. 28 janv. 1807.

3217. Si les *Actes* (360) passés en France pour des immeubles situés en pays étranger ou dans les colonies, doivent profiter des dispositions de l'avis du Conseil-d'état, du 10 brumaire an 14 ; si cet avis est applicable aux actes passés en France ou dans les pays étrangers et les colonies, pour des propriétés mobilières existant en pays étranger ou dans les colonies. — Est d'avis que la disposition de l'avis du Conseil-d'état, du 10 brumaire an 14, doit s'appliquer conformément aux propositions présentées par le ministre. *V.* 3025 - 4406, 4673, 4900.

3220. LOI. 21 nov. 1806. *Anglais*, 588. C. 16 août 1810. B. 123-1998.

3224. AVIS. 23 déc. 1806-25 janv. 1807. *Fabriques*, 3132. I. g. 334.

3228. DÉCR. 24 janv. 1807. *Monnaie*, 4420. C. 11 juin 1807. B. 132-2165.

3232. DÉCR. 28 mars 1807. *Révélation*, 5892. C. 22 avril 1807.

3236. AVIS. 30 avril-31 mai 1807. *Hospices*, 3336. I. g. 355.

3240. AVIS. 9 mai-1er juin 1807. *Hypothèques*, 3476. I. g. 585. B. 147-2451.

3244. DÉCR. 11-17 mai 1807. VENTE DE GAGE DE PRÊT. C. 6 juin 1807. B. 147-2435.

3245. **5.** Les *Ventes* (6972, 7028) ci-dessus indiquées seront faites par le ministère de courtiers ; elles seront exemptes de tout droit de timbre et d'enregistrement.

3248. DÉCR. 11 mai 1807. *Monnaie*, 4420. C. 11 juin 1807.

3252. AVIS. 12 mai-1er juin 1807. *INSTANCES JUDICIAIRES*, 3680. C. 4 juil. 1807. B. 147-2452.

3253. (*Instances*, 3616.) L'abrogation prononcée par cet article (1041 du Code de proc. civ.) ne s'applique point aux lois et réglemens concernant la forme de procéder, relativement à la régie des domaines et de l'enregistrement. *V.* 1547, 1728 à 1734, 2362 - 4445.

3260. **DÉCR.** 31 mai 1807. PRESTATION DE SERMENT. I. g. 330. B. 147-2448.

3261. Les droits d'enregistrement des actes de *Prestation de serment* (5076) des avocats, avoués et défenseurs officieux, seront, conformément à l'art. 68 de la loi du 22 frimaire an 7, de quinze francs ; la formalité aura lieu sur la minute. *V.* 1825, 2357

3264. **AVIS.** 31 mai 1807. *Rentes*, 5628.

3268. **DÉCR.** 20 juil. 1807. TABLES DE L'ÉTAT-CIVIL. C. 2051. B. 154-2613.

3269. 4. Les *Tables annuelles et décennales* (6448) seront faites sur papier timbré, et certifiées par les dépositaires respectifs.

3270. 10. (*Acte à la suite*, 124.) Il sera fait des tables distinctives, mais à la suite les unes des autres, des actes de naissance, de mariage, de divorce et de décès, soit annuelles, soit décennales. *V.* 1514 -

3276. **DÉCR.** 12 août 1807. BAUX. DÉLAI. I. g. 386-6. B. 155-2655.

3277. 1. Les baux à ferme des hospices et autres établissemens publics de bienfaisance ou d'instruction publique, seront faits aux enchères, par-devant notaire. — 5. L'adjudication ne sera définitive qu'après l'approbation du préfet du département ; et le *Délai* (1956) pour l'enregistrement sera de quinze jours après celui ou elle aura été donnée. *V.* 1675 -

3284. **DÉCR.** 18 août 1807. *Saisie-arrêt ou opposition*, 5921. I. g. 339, 1548. B. 155-2663.

3288. **LOI.** 3 sept. 1807. *Hypothèques*, 3476. I. g. 344. B. 158-2741.

3292. **LOI** 3 sept. 1807. *Intérêt légal*, 3700. I. g. 353. B. 158-2740.

3296. **LOI.** 4 sept. 1807. *Hypothèques.* 3476. I. g. 344. B. 158-2742.

3300. **LOI.** 5 sept. 1807. *Comptables*, 1236 ; *Hypothèques*, 3476. I. g 350. B. 159-2775.

3304. **LOI.** 5 sept. 1807. *Frais de justice a recouvrer*, 3212 ; *Hypothèques*, 3476. I. g. 352. B. 158-2743.

3308. **LOI.** 7 sept. 1807. *Hospices*, 3336. B. 173-2923.

3312 **CODE DE COMMERCE.** 10-20 sept 1807. CONTRATS DE MARIAGE DES COMMERÇANTS. B. 164-2804.

3313. 67. Tout *Contrat de mariage* (1136) entre époux dont un est commerçant, sera transmis par extrait, dans le mois de sa date, aux greffes et chambres désignés par l'art. 872 du Code de procédure civile, pour être exposé au tableau. Etc. — 68. Le notaire qui aura reçu le contrat de mariage sera tenu de faire la remise ordonnée par l'art. précédent, sous peine de 100 fr. d'amende. *V.* - 4909.

3316. **CODE DE COMMERCE.** 11-21 sept. 1807. PAIEMENS PAR INTERVENTION B. 164-2805.

3317. 158. Une lettre de change protestée peut être payée par tout intervenant pour le tireur ou pour l'un des endosseurs, l'intervention et le paiement seront constatés dans l'acte de protêt ou à la suite de l'*Acte* (124). *V.* 1514 -

3324. **LOI.** 16 sept. 1807. *Débet des comptables*, 1652. I. g. 356. B. 161-2792.

3328. **LOI.** 16-29 sept. 1807. TRAVAUX PUBLICS. *Cessions de terrains de la voie publique*, 1116 ; *Hypothèques*, 3476. I. g. 456, 464, 386-23, 1497. B. 162-2797.

3329. 21. (*Travaux publics*, 6908.) Les propriétaires auront la faculté de se libérer de l'indemnité par eux due, en délaissant une portion relative de fonds ; dans ce cas, il n'y aura lieu qu'au droit fixe d'un franc pour l'enregistrement de l'acte de mutation de propriété. — 22. Si les propriétaires ne veulent pas délaisser des fonds en nature, ils constitueront une rente. — *Des travaux de navigation, des routes, des ponts, des rues, places et quais dans les villes ; des digues, des travaux de salubrité dans les communes.* — 31. Les indemnités pour le paiement de la plus-value seront acquittées, au choix des débiteurs, en argent ou en rentes, ou en délaissement d'une partie de la propriété : ils pourront aussi délaisser en entier les fonds, terrains ou bâtimens dont la plus-value donne lieu à l'indemnité. — Les articles 21 et 23, relatifs aux droits d'enregistrement et aux hypothèques, sont applicables aux cas spécifiés dans le présent article. — *Des travaux de route relatifs à l'exploitation des forêts et rivières.* — **59.** Les propriétaires se libéreront dans les formes énoncées aux art. 21, 22 et 23 de la présente loi.

3336. DÉCR. 28 sept. 1807. GREFFE. B. 163-2801.

3337. 51. Les premières expéditions des actes et des arrêts de la *Cour des comptes* (1524) seront délivrées gratuitement aux parties. — Les autres seront soumises à un droit d'expédition de soixante-quinze centimes par rôle.

3344. DÉCR. 21 oct. 1807. *Vente de mob.* Marine, 7088. C. 10 nov. 1807.

3348. AVIS. 15 déc. 1807-22 janv. 1808. *Hypothèques,* 3476. 1. g. 374. B. 177-2959.

3352. DÉCR. 16 janv. 1808. TIMBRE. B. 176 2953.

3353. 11. La banque, soit à Paris, soit dans les comptoirs ou succursales, n'admet à l'escompte que les *Effets* (2560) de commerce à ordre, timbrés.

3360. AVIS. 9-22 fév. 1808. *Expropriation pour utilité publique,* 3116. I. g. 379.

3364. AVIS. 13-25 fév. 1808. *Comptables,* 1236; *Hypothèques,* 3476. 1. g. 370. B. 183-3141.

3368. DÉCR. 17 fév. 1808. *Alger,* 508. C. 3 juil. 1809.

3372. DÉCR. 21 février 1808. *Monnaie,* 4420. C. 11 mars 1808. B. 181-3066.

3376. DÉCR. 1 mars 1808. *MAJORATS,* 4196; *Hypothèques,* 3476. I. g. 413. B. 186-3206.

3377. 41. (*Enregistrement défendu,* 2740.) Tout acte de vente, donation ou autre aliénation de ces biens par le titulaire, tout acte qui les frapperait de privilège ou d'hypothèque, tout jugement qui validerait ces actes, hors les cas ci-après exprimés, sont nuls de plein droit. — **43.** Défendons aux notaires de recevoir les actes énoncés en l'art. 41, aux préposés de l'enregistrement de les enregistrer, aux juges d'en prononcer la validité. — **44.** Nous nous réservons d'autoriser et même d'ordonner, quand les circonstances nous paraîtront l'exiger, l'aliénation, etc. *V.* 1712 -

3380. DÉCR. 4 mars 1808. *Frais de poursuites,* 3248. C. 30 avril 1808. B. 184-3176.

3384. DÉCR. 4 mars 1808. *Ventes de domaines,* 7048. C. 15 avril 1808.

3388. AVIS. 8-14 mars 1808. *Instance judiciaire,* 3680 1. g. 380. B. 188-3250.

3392. DÉCR. 17 mars 1808. *Hypothèques,* 3476. B. 186-3210.

3396. AVIS. 26 mars-1 avril 1808. ACTES SOUS SEING-PRIVÉ. I. g. 386-4.

3397. Il n'y a pas lieu de remettre en vigueur les dispositions des anciens réglemens (qui défendaient à tous notaires, greffiers, procureurs, huissiers et autres gens de pratique et de loi, d'écrire pour autrui, ou de signer, comme témoins, des *Actes sous seing-privé* (344).

3400. AVIS. 29 mars-1 avril 1808· RECONNAISSANCES DE DÉPOT. I. g. 377. B. 189-3262.

3401. Toute *Obligation* (4524) déguisée sous le nom de reconnaissance de dépôt, entre toutes sortes de personnes, est assujettie au droit de timbre proportionnel comme les autres obligations désignées en l'art. 6 de la loi du 6 prairial an 7. *V.* 2098 -

3404. DÉCR. 30 mars 1808. GREFFES. B. 188 3245.

3405. 53. Il est tenu au greffe des cours royales un registre ou *Rôle général* (5908). — **54.** Il est tenu au greffe des tribunaux de première instance un registre ou rôle général sur lequel sont inscrites, dans l'ordre de leur présentation, toutes les causes, en exceptant seulement celles dont est mention aux articles suivans.

3406. 57. (*Mise au rôle,* 4392.) Les causes introduites par assignation à bref délai (dans les tribunaux de première instance), celles pour déclinatoires, exceptions, et réglemens de procédure qui ne tiennent pas au fond, celles renvoyées à l'audience en état de référé, celles à fin de mise en liberté, de provision alimentaire, ou toutes autres de pareille urgence, seront appelées sur simples mémoires, pour être plaidées et jugées sans remise et sans tour de rôle. *V.* 3452 -

3412. DÉCR. 26 avril 1808. MERCURIALES. I. g. 386-20. B. 190-3296.

3413. Les décisions de notre ministre des finances, des 10 messidor an 10 et 3 vendémiaire an 13, portant que pour les rentes perpétuelles ou viagères, et pour les baux à loyer ou à ferme, lorsque ces rentes ou baux sont stipulés payables en nature, ainsi que pour les transmissions, par décès, des biens dont les baux sont également stipulés payables en nature, l'évaluation, soit du montant des rentes, soit du prix des baux, sera faite d'après le taux commun résultant des *Mercuriales* (4336) des trois dernières années, sont approuvées et maintenues. *V.* 1606, 1610, 1613, 1615 - 4649.

3416. **DÉCR**. 24 juin 1808. *Majorat,* 4196. 1. g. 413. B. 196-3489.

3420. **DÉCR**. 24 juin 1808. *MAJORAT,* 4196; GREFFE; HYPOTHÈQUES.
1. g. 413. B. 196-3488.

3421. **1.** (*Majorat,* 4200, 4220.) L'acte indicatif des biens, déterminé par l'art. 13 de notre décret du 1er mars 1808, sera fait sur papier timbré, et enregistré. — Il ne sera payé pour l'enregistrement que le droit fixe d'un franc, et pour la *Transcription* (6892) aux hypothèques que le *Salaire* (6040) du conservateur. *V.* - 3832, 4681.

3422. **2.** Nos lettres-patentes portant institution de *Majorats* (4212, 4224) devant être enregistrées dans nos cours et tribunaux, les ampliations qui en seront délivrées à cet effet ne seront pas soumises au timbre et au droit d'enregistrement.

3423. Il sera perçu : 1° lors de l'enregistrement dans les cours et tribunaux ; savoir : pour les *Majorats* (4240) duchés, 72 fr.; pour les majorats comtés, 48 f.; pour les majorats baronies, 24 f. — Les deux tiers du droit seront pour l'enregistrement. — L'autre tiers pour le greffier. — Il ne sera payé pour l'enregistrement, dans les tribunaux de première instance, que moitié du droit ci-dessus. *V.* - 3469, 3545, 4681.

3424. — 2° (*Salaire,* 6036.) Lors de leur *Transcription* (6892) aux registres des hypothèques, un droit égal à celui attribué aux greffes des tribunaux de première instance pour l'enregistrement. *V.* - 3471, 4681.

3425 **3.** L'acte de constitution ou le procès-verbal de désignation des biens composant les *Majorats* (4208, 4228) de propre mouvement, tant ceux dont la totalité de la dotation aura été accordée par nous que ceux dont la dotation n'aura été faite par nous qu'en partie, sera sur papier timbré, et ne paiera aucun droit d'enregistrement. *V.* - 4681.

3426. (*Majorat,* 4256.) La *Transcription* (6892) aux registres des hypothèques ne sera assujettie qu'aux *Salaires* (6040) du conservateur, et l'enregistrement dans les cours et tribunaux qu'au paiement des droits ordinaires de greffe. *V.* - 3545, 3832, 4681.

3427. **4.** Dans le cas où il serait tenu un procès-verbal d'acceptation des conditions qu'il nous plaira d'imposer, lors de l'érection d'un *Majorat* (4204, 4232) sur demande, il sera sur papier timbré, et soumis à l'enregistrement fixe d'un franc. *V.* - 4681.

3428. **5.** (*Vente,* 7020.) Les actes portant acquisition d'immeubles passés en conformité de nos ordres ou de notre autorisation, pour effectuer le remplacement en France de propriétés situées hors de l'empire, et les *Echanges* (2532) des biens situés en France, seront assujettis aux mêmes droits d'enregistrement et d'hypothèque que les transactions de pareille nature entre les particuliers. *V.* - 4370, 4681, 4897, 5418.

3429. **6.** (*Débiteur,* 1772.) Les mutations, par décès, des biens composant un majorat, ne donneront ouverture qu'à un droit égal à celui qui est perçu pour les transmissions de simple usufruit en ligne directe ; il sera à la charge du majorat, et payé par l'appelé et la veuve, par proportion, sans qu'il puisse être réclamé contre la *Succession* (6300, 6340) du titulaire décédé. *V.* 1622, 1860 - 4681.

3436. **AVIS**. 9-20 juill. 1808. *Débet des comptables,* 1652 ; *Instances administratives,* 3436. 1. g. 407. B. 201-5677.

3440. **DÉCR**. 12 juil. 1808. GREFFE. 1. g. 398. B. 197-3523.

3441. **1.** Les actes qui seront assujettis sur la *Minute* (4360) aux droits de greffe, de *Rédaction et de transcription* (5408, 5416), sont ceux ci-après désignés : — 1° Acceptation de succession, sous bénéfice d'inventaire; — Acte de voyage ; — Consignation de sommes au greffe, dans les cas prévus par l'art. 301 du Code de procédure civile et autres déterminés par les lois ; — Déclarations affirmatives et autres faites au greffe à l'exception de celles à la requête du ministère public ; — Dépôts de registres, répertoires, et autres titres ou pièces, faits au greffe, de quelque nature et pour quelque cause que ce soit ; dépôt de signature et paraphe des notaires, conformément à l'art. 49 de la loi du 25 ventôse an 11 ; — Enquêtes ; — Interrogatoires sur faits et articles ; — Procès-verbaux, actes et rapports faits ou rédigés par le greffier ; — Publications de contrats de mariage, divorces, jugemens de séparation, actes et dissolutions de société, et de tous autres actes, prescrits par les codes : il ne sera perçu aucun droit de dépôt pour la remise au greffe desdits actes ; — Récusations de juges ; — Renonciation à une communauté de biens ou à une succession ; — Soumission de caution ; — Transcription et enregistrement sur les registres du greffe, d'oppositions et autres actes désignés par les codes (à l'exception de la transcription de saisie immobilière, dont il sera parlé ci-après) : le droit ne sera dû qu'autant qu'il sera délivré expédition de la transcription. — Il sera payé pour chacun des actes ci-dessus un franc vingt-cinq centimes. *V.* 2025 - 3443, 3444, 3446.

3443. (*Rédaction et transcription*, 5412) Les enquêtes seront en outre assujetties à un droit de 50 centimes pour chaque déposition de témoins, ainsi qu'il est réglé par l'art. 5 de la loi du 21 ventôse an 7. *V*. 2026, 3441-

3444. — 2° (*Rédaction et transcription*, 5400, 5404, 5424, 5428, 5432, 5444.) Adjudications faites en justice ; — Dépôt de l'état certifié par le conservateur des hypothèques, de toutes les inscriptions existantes, et qui, aux termes de l'art. 752 du Code de procédure civile, doit être annexé au procès-verbal ; — Dépôt de titres de créance pour la distribution de deniers par contribution ou par ordre ; — Mandemens sur contributions, ou bordereaux de collocation ; — Radiation de saisie immobilière ; surenchère faite au greffe ; transcription au greffe de la saisie immobilière ; — Il sera payé pour chacun de ces actes ; savoir : — Trois francs pour la transcription de la saisie ; — Même droit pour le dépôt de l'état des inscriptions existantes ; — Un franc cinquante centimes pour dépôt de titres de créance, et ce pour chaque production ; — Même droit pour chaque acte de surenchère et de radiation de saisie. — Pour la rédaction des adjudications, un demi pour cent sur les cinq premiers mille, et vingt-cinq centimes par cent francs sur ce qui excédera 5,000 francs ; — Sur chaque mandement ou bordereau de collocation délivré, vingt-cinq centimes par cent francs du montant de la créance colloquée. *V*. 1618, 1619, 1680, 1681, 1894, 2109 - 3446.

3445. 2. Les actes de dépôt seront transcrits à la suite les uns des autres sur un *Registre* (5484) en papier timbré, coté et paraphé par le président du tribunal.

3446. Les actes de décharge de ces mêmes dépôts seront portés sur le registre, en marge de l'acte de dépôt, et soumis au même droit de *Rédaction et transcription* (5400, 5404, 5408). *V*. 3441, 3444-

3447. 3. Le droit de *Rédaction* (5440), en cas de revente à la folle enchère, n'est dû que sur ce qui excède la première adjudication. *V*. 3444-

3448. (*Rédaction*, 5436.) Il n'est exigible, pour les licitations, que sur la valeur de la part acquise par le co-licitant s'il reste adjudicataire.

3449. (*Rédaction*, 5448.) Dans aucun cas, la perception ne pourra être au-dessous du droit fixe de un franc vingt-cinq centimes, déterminé pour les moindres actes par l'art. 5 de la loi du 21 ventôse an 7.

3450. 4. (*Restitution*, 5816) Lorsque par suite d'appel une adjudication sera annulée, il y aura lieu de restituer le droit proportionnel de rédaction. — Le droit fixe de rédaction et de transcription, et celui d'expédition étant le salaire de la formalité, ne seront, dans aucun cas, restituables.

3451. 5. Le droit de mise au rôle et celui d'expédition continueront d'être perçus comme le prescrit la *Loi* (4136) du 21 ventôse an 7.

3452. Les référés qui sont l'objet du titre 16 du livre 5 du Code de procédure civile, ne sont pas assujettis au droit de *Mise au rôle* (4392). *V*. 3406 -

3453. 6. Les *Prescriptions* (5032) établies par l'art. 61 de la loi du 22 frimaire an 7, sont applicables aux droits de greffe comme à ceux d'enreg. *V*. 1720, 1721, 1724-

3460. **AVIS**. 2-10 sept. 1808. LEGS DE SOMMES D'ARGENT. I. g 401. B. 206-3772.

3461. Lorsque des héritiers ou légataires universels sont grevés de legs particuliers de sommes d'argent non existantes dans la *Succession* (6336), et qu'ils ont acquitté le droit proportionnel sur l'intégralité des biens de cette même succession, le même droit n'est pas dû pour ces legs, conséquemment, les droits déjà payés par les légataires particuliers doivent s'imputer sur ceux dus par les héritiers ou légataires universels. *V*. 1672, 2686 -

3468. **AVIS**. 13 - 16 sept. 1808. *MAJORATS*, 4196; GREFFE. HYPOTHÈQUES. I. g. 413.

3469. Est d'avis, sur la 1re question, que la perception ordonnée par le § 1er de l'art. 2 du décret du 24 juin dernier, concernant la transcription des actes relatifs à l'institution des *Majorats* (4240) doit être faite, les deux tiers pour le domaine et l'autre tiers pour le greffier, et que ce droit doit être perçu sur la minute seulement ; *V*. 3423 -

3470. Sur la deuxième question, que ce droit est passible du *Décime* (1842) pour franc, conformément aux règles établies par l'art. 1er de la loi du 6 prairial an 7 ; *V*. 2085 -

3471. Sur la troisième question, que le droit fixé par le deuxième § de l'art. 2 du décret précité, est pour tenir lieu de *Salaire* (6036) au conservateur des hypothèques. *V*. 3124 -

3472. (*Majorat*, 4216, 4236.) Sur la quatrième question, que les requêtes des avocats doivent être sur papier timbré, et que les pièces produites à l'appui ne sont pas susceptibles de l'enregistrement, quand, par leur nature, elles n'y sont point soumises dans un délai fixé.

3476. DECR. 24 sept. 1808. *Espagnols*, 2764. C. 27 sept. 1808.

3480. AVIS. 22-22 oct. 1808. ADJUDICATION D'IMMEUBLES. I. g. 429. B. 211-3831.

3481. — 1° (*Actes judiciaires*, 260. *Délai*, 2012.) Les adjudications d'immeubles faites en justice doivent être enregistrées dans les vingt jours de leur date, et sur la minute, soit qu'on en ait, ou non, interjeté appel; *V*. 1586, 1638 -

3482. — 2° (*Restitution*, 5804.) Le droit perçu est restituable, lorsque l'adjudication est annulée par les voies légales. *V*. 1718 -

3488. DECR. 28 oct. 1808. *Majorat*, 4196. I. g. 413. B. 211-3832.

3492. DECR. 12 nov. 1808. *Espagnols*, 2764. C. 28 sept. 1809.

3496. LOI. 12 nov. 1808. *Hypothèques*, 3476. B. 213-3886.

3500. LOI. 14 nov. 1808. *Instance judiciaire*, 3680. I. g. 411. B. 213-3887.

3504. LOI. 15 nov. 1808. EXPERTISE. I. g. 411. B. 214-3935.

3505. 1. Lorsque, dans les cas prévus par les art. 17, 18 et 19 de la loi du 22 frimaire an 7, il y aura lieu à *Expertise* (2976) de biens-immeubles situés dans le ressort de plusieurs tribunaux, la demande en sera portée au tribunal de première instance dans le ressort duquel se trouve le chef-lieu de l'exploitation, ou, à défaut de chef-lieu, la partie des biens qui présente le plus grand revenu d'après la matrice du rôle. *V*. 1625, 1626, 1633 -

3506. Ce même tribunal ordonnera l'*Expertise* (2980, 3000) partout où elle sera jugée nécessaire, à la charge néanmoins de nommer pour experts des individus domiciliés dans le ressort des tribunaux de la situation des biens : et il prononcera sur leur rapport. *V*. 1627 -

3507. (*Expertise*, 2996.) Les experts seront renvoyés, pour la prestation du serment, devant le juge-de-paix du canton où les biens sont situés.

3508. 2. Il n'est rien innové en ce qui concerne les *Expertises* (2968) d'immeubles dont la mutation s'opère par décès, et dont la déclaration se fait au bureau dans l'arrondissement duquel ils sont situés. *V*. 1633 -

3512. DECR. 11 déc. 1808. *Restitutions aux universités*, 5792. C. 11 janv. 1809. B. 216-4024.

3516. DECR. 21 déc. 1808. PROCURATION. I. g. 419. B. 220-4028.

3517. 1. La *Procuration* (5176) que les sous-officiers et soldats en retraite ou en réforme, donneront, à l'effet de toucher pour eux, à la caisse du payeur, les arrérages qui leur sont dûs, pourra être sur papier libre et exempte de toute espèce de droit. *V*. 1778 - 4318.

3520. DECR. 21 déc. 1808. *Majorats*, 4196; *Hypothèques*, 3476. I. g. 423. B. 220-4029.

3524. AVIS. 24 déc. 1808-30 janv. 1809. DÉCLARATION DE COMMAND. I. g. 422. B. 229-4188.

3525. (*Déclaration de command*, 1864.) Dans les ventes de biens nationaux, la faculté d'élire des commands ou amis, ne peut être exercée par l'acquéreur, qu'au profit d'un seul individu. *V*. 1416 -

3528. AVIS. 24 déc. 1808 - 24 mars 1809. *Cautionnement des employés*, 1020; *Prescription*, 5056. I. g. 430. B. 230-4208.

3532. DECR. 3 janv. 1809. TIMBRE. I. g. 419-2. B. 222-4066.

3533. 1. Les *Lettres de voiture* (3920), *Connaissemens* (1340), *Chartes-parties* (1128) et *Polices d'assurance* (4828), continueront d'être assujettis au timbre de dimension. — Les parties, pour rédiger ces actes, pourront se servir de telle dimension de papier timbré qu'elles jugeront convenable, sans être tenues d'employer exclusivement à cet usage du papier frappé du timbre d'un franc. *V*. 2097, 2993 -

3534. 2. Ne sont point assujettis à se pourvoir de *Lettres de voiture* (3924) timbrées, les propriétaires qui font conduire, par leurs voituriers et leurs propres domestiques ou fermiers, les produits de leurs récoltes. *V*. 2097 -

3540. AVIS. 21 janv.-2 fév. 1809. *Emphytéose*, 2652. I. g. 421. B. 225-4121.

3544. DECR. 2 fév. 1809. GREFFE. I. g. 427. B. 224-4099.

3545. 1. Les droits fixés par l'art. 2 de notre décret du 24 juin dernier, continueront à être perçus pour l'enregistrement dans les cours et tribunaux, de nos lettres-patentes portant institution de *Majorats* (4240, 4256). — Ces droits seront perçus sur la minute de l'arrêt ou du jugement qui ordonnera l'enregistrement. — Les actes de constitution des biens qui forment les majorats de notre propre mouvement, ne paieront que les droits attribués au greffier par ledit article. *V*. 3423, 3426 - 4681.

3552. **DECR.** 18 fév. 1809. ACTES EN FAVEUR DES CONGRÉGATIONS. I. g. 432. B. 225-4127.

3553. **11.** (*Succession*, 6296. *Vente*, 7008.) Il ne sera perçu pour l'enregistrement des actes de *Donations* (2432), legs ou acquisitions, légalement faits en faveur des congrégations hospitalières, qu'un droit fixe d'un franc. *V.* - 5237.

3556. **DECR.** 28 fév. 1809. *Ventes de domaines*, 7048. C. 15 mars 1809.

3560. **AVIS.** 28 fév. - 10 mars 1809. *Débet des comptables*, 1652. C. 17 avril 1809.

3564. **DECR.** 6 avril 1809. *Français à l'ennemi*, 3276. I. g. 490. B. 232-4296.

3568. **AVIS.** 18 avril - 4 juin 1809. *Hypothèques*, 3476. I. g. 445.

3572. **DECR.** 4 mai 1809. *Majorats*, 4196. I. g. 448. B. 270 5251.

3576. **DECR.** 17 mai 1809. *Ventes de domaines*, 7048; *Instances administratives*, 3676. I. g. 439.

3580. **DECR.** 17 mai 1809. *Amendes attribuées*, 536. I. g. 444.

3584. **DECR.** 17 mai 1809. *Hypothèques*, 3476. B. 236-4393.

3588. **REGL.** 17 mai 1809. PRESTATION DE SERMENT.

3589. **158.** (*Prestation de serment*, 5084) Les préposés de l'octroi seront tenus de prêter serment. — Il sera payé seulement un droit d'enregistrement de 3 fr. *V.* - 4193.

3596. **AVIS.** 30 mai - 18 juin 1809. *Hypothèques*, 3476. I. g. 443-23. B. 238-4440.

3600. **DECR.** 4 juin 1809. DIPLOMES. I. g. 1256-10. B. 240-4448.

3601. **26.** Les *Diplômes* (2156) donnés par le grand maître aux gradués ne sont point assujettis au timbre.

3604. **DECR.** 4 juin 1809. *Hypothèques*, 3476. B. 240-4449.

3608. **DECR.** 7 juin 1809. *Princes autrichiens*, 5108. C. 16 juin 1809.

3612. **DECR.** 11 juin 1809. *V.* Avis du 20 fév. 1810. B. 240-4450.

3616. **DECISION DU MINISTRE DES FINANCES.** 20 juin 1809. CONSEILS DES PRUD'HOMMES. I. g. 437.

3617. — 4° (*Bureau de paix*, 928.) Les procès-verbaux, *Jugemens* (3820, 3832) et *Actes* (280) seront enregistrés gratis toutes les fois qu'ils constateront que l'objet de la contestation n'excède pas en total la somme de 25 fr.

3618. — 5° (*Bureau de paix*, 924.) Les *Actes* (276) et *Jugemens* (3816, 3828) concernant des contestations ayant pour objet une somme au-dessus de 25 fr., seront passibles des droits réglés pour les actes de la justice de paix. *V.* 1800 -

3619. — 6° A défaut de désignation de la somme faisant la matière du différend, les citations, significations ou *Actes* (284), ainsi que les procès-verbaux du *Bureau de paix* (932) ou les *Jugemens* (3824, 3836) du conseil, seront soumis au droit fixe d'un franc. *V.* 1788, 1789, 1800 -

3620. — 7° Le secrétaire du conseil doit remplir les obligations imposées aux greffiers des justices de paix. Conséquemment il est tenu de rédiger sur une feuille ou sur un registre d'audience, en papier timbré, tous les jugemens rendus, et de porter, jour par jour, sur un *Répertoire* (5668, 5700), les actes qui, d'après l'art. 49 de la loi de frimaire, doivent y être inscrits. *V.* 1700, 1703 -

3621. — 8° Les *Procès-verbaux* (5140) de contravention dressés par les prud'hommes, en exécution des art. 10 et 12 de la loi du 18 mars 1806, seront enregistrés gratis dans les vingt jours de leur date.

3622. — 9° Les *Certificats de dépôt* (1078), délivrés conformément à l'art. 16, recevront gratis la formalité.

3628. **DECR.** 1 juill. 1809. *Passe de sac*, 4680. I. g. 446. B. 241-4475.

3632. **AVIS.** 8 juil. - 5 août 1809 ACTES JUDICIAIRES. I. g. 452. B 242-4488.

3633. — 1° (*Actes judiciaires*, 268.) Lorsqu'un jugement contient plusieurs dispositions, dont les unes le rendent sujet à l'enregistrement sur la minute, et les autres seulement sur l'expédition, le droit ne peut être exigé que pour les dispositions sujettes à l'enregistrement sur la minute, sauf à percevoir le droit pour les autres dispositions sujettes à l'enregistrement sur l'expédition, lorsque cette expédition est requise ; *V.* 1586, 1587- 4290.

3634. — 2° Lorsqu'un jugement par lequel il est prononcé des *Condamnations sur des conventions verbales* (1304), est présenté à la formalité après le délai fixé par l'art. 20 de la loi du 22 frimaire an 7, il y a lieu de percevoir le double droit sur le montant de la condamnation prononcée, et seulement le droit simple sur la convention qui fait la matière de la demande, à moins que cette convention n'ait pour objet une transmission de propriété, d'usufruit ou de jouissance d'immeubles, susceptible par elle-même de la peine du double droit à défaut d'enregistrement dans les délais fixés par la loi ; auquel cas seulement le double droit est aussi perçu sur la convention. *V*. 1678, 1854-

3640. **AVIS**. 19 août - 20 sept. 1809. *Contumax*, 1468. I. g. 462. B. 245-4742.

3644. **DECR**. 20 sept. 1809. *Ventes de domaines*, 7048. C. 29 nov. 1809.

3648. **DECR**. 20 sept. 1809. *Poursuites*, 4932. I. g. 466. B. 245-4743.

3652. **AVIS**. 7-21 oct. 1809. DÉCHARGE. I. g. 460. B. 248-4775·

3653. — 1º (*Acte à la suite*, 124.) Les quittances et décharges de prix de ventes mobilières, faites par les notaires, greffiers, commissaires-priseurs et huissiers, peuvent être mises à la suite ou en marge des procès-verbaux de ventes ; *V*. 1514 -

3654. — 2º Dans ce cas, les quittances et décharges doivent être rédigées en forme authentique ; — 3º Les quittances et décharges ainsi rédigées doivent être enregistrées dans les *Délais* (1944, 1948, 2008, 2020) fixés par l'art. 20 de la loi du 22 frimaire an 7 ; savoir : pour les notaires, dans les dix ou quinze jours de leur date ; pour les greffiers, dans les vingt jours, et pour les commissaires-priseurs, dans les quatre jours ; *V*. 1635 à 1638 -

3655. (*Décharge*, 1840.) Il n'est dû que le droit fixe d'un franc, conformément aux nᵒˢ 22 et 27 de l'art. 68 de la même loi ; *V*. 1763, 1767-4308.

3656. — 4º (*Amnistie*, 576.) Il ne doit être fait aucune recherche pour les quittances et décharges sous seing-privé données antérieurement à la publication du présent avis.

3660. **AVIS**. 13 oct. 1809. *Succession vacante*, 6176. I. g. 467. B. 246-4759.

3664. **AVIS**. 3 nov. 1809. *Déshérence*, 2128. B. 248-4778.

3668. **DECR**. 9 déc. 1809. *RENTES*, 5628. C. 11 janv. 1810. B. 253-4841.

3669. 8. Les adjudicataires des rentes et les débiteurs qui en auront opéré le rachat, ne seront tenus d'aucuns autres frais, que du paiement du timbre et du droit fixe d'un franc pour l'enregistrement de chaque procès-verbal d'adjudication ou de rachat : ces frais seront payés comptant. L'*Adjudication* (404) de plusieurs rentes, faite le même jour à un seul adjudicataire, pourra être portée dans un seul procès-verbal. *V*. 1856, 1867-

3670. Le directeur des domaines donnera à l'acquéreur, sans autres frais que le timbre, un *Certificat* (1088) portant les pouvoirs nécessaires pour assurer et exiger le service des rentes adjugées : ce certificat sera enregistré gratis.

3672. **DECR**. 10 déc. 1809. *Restitution aux communes*, 5760.

3676. **DECR**. 13 déc. 1809. *Dette publique*, 2140. C. 7 déc. 1810. Desenne, 12 345.

3680. **AVIS**. 19-22 déc. 1809. DONATIONS DE BIENS PRÉSENS ET A VENIR. I. g. 463. B. 256-4938.

3681. Pour les *Donations de biens présens et à venir* (2436), faites par contrat de mariage, soit qu'elles soient faites cumulativement ou par des dispositions séparées, le droit proportionnel est dû pour les biens présens, toutes les fois qu'il est stipulé que le donataire entrera de suite en jouissance. *V*. 1581-

3688. **DECR**. 30 déc. 1809. FABRIQUES. I. g. 504. B. 303 5777.

3689. 81. (*Donation*, 2432. *Succession*, 6296.) Les *Registres* (5532) des fabriques seront sur papier non timbré. Les dons et legs qui leur seraient faits ne supporteront que le droit fixe d'un franc *V*. -5237.

3696. **SÉN. CONS**. 30 janv. 1810. *Domaine extraord.*, 2232, B. 263-5141.

3700. **AVIS**. 3 - 9 fév. 1810. DÉBITEURS DES DROITS. I. g. 470. B. 267-5185.

3701. (*Débiteur*, 1704.) Le double droit dû, en exécution de l'art. 38 de la loi du 22 frimaire an 7, peut être exigé à l'enregistrement des actes qui n'ont pas été soumis à cette formalité dans les délais prescrits, lorsque ces actes sont présentés par les héritiers ou représentans de celui qui a contracté, ou par tout autre. *V*. 1682 -

3704. **DÉCR**. 3 fév. 1810. *Ventes de domaines*, 7048. C. 12 juin 1810.

3708. **DECR**. 7 fév. 1810. *Ventes de domaines*, 7048. C. 28 fév. 1810.

3712. **CODE PENAL**, art. 52. 12-22 fév. 1810. *Poursuites*, 4932. B. 277 bis.

3716. **CODE PÉNAL**. 16-26 fév. 1810. FAUX. B. 277 bis.

3717. 140. (*Contrefaçon*, 1452.) Ceux qui auront contrefait ou falsifié, soit un ou plusieurs timbres nationaux, ou qui auront fait usage des papiers, effets, timbres falsifiés ou contrefaits, seront punis des travaux forcés à temps, dont le maximum sera toujours appliqué dans ce cas.

3718. **141.** (*Abus*, 40.) Sera puni de la réclusion, quiconque s'étant indûment procuré les vrais timbres ayant l'une des destinations exprimées en l'art. 140, en aura fait une application ou usage préjudiciable aux droits ou intérêts de l'état. *V*. 1543.

3724. **CODE PÉNAL.** 20 fév. - 2 mars 1810. IMPRIMÉS. B. 277 bis.

3725. **474.** (*Imprimé*, 3496.) La peine d'emprisonnement contre toutes les personnes mentionnées en l'art. 471 aura toujours lieu, en cas de récidive, pendant trois jours au plus. *V*. - 4430.

3728. **AVIS.** 20 fév. 1810. DÉPOT DE MARQUE. B. 272-5254.

3729. Le décret du 11 juin 1809, portant réglement sur les conseils de prud'hommes, sera réimprimé avec ces changemens, et la rédaction jointe au présent avis sera insérée au bulletin des lois. — 8. Il sera dressé procès-verbal de ce dépôt sur un *Registre* (5528) en papier timbré. *V*. - 3813.

3736. **DÉCR.** 3 mars 1810. *Hypothèques*, 3476. B. 274 5256.

3740. **AVIS.** 13-20 mars 1810. JOUR FÉRIÉ. I. g. 499. B. 278-5314.

3741. Les bureaux des receveurs de l'enregistrement et des conservateurs des hypothèques doivent être fermés le 1er janvier de chaque année, et si le dernier jour du *Délai* (1936, 2056) pour l'enregistrement des actes et des déclarations se trouve être le 1er janvier, ce jour-là ne doit pas être compté. *V*. 1652 -

3748. **AVIS.** 20 mars 1810. *Amendes de consignation*, 564. I. g. 472. B. 276-5287.

3752 **DÉCR.** 25 mars 1810. *Amnistie*, 584. I. g. 471. B. 277-5311.

3756. **DÉCR.** 11 avril 1810. *Vente de mob. Guerre*, 7084. I. g. 474. B. 280-5343.

3760. **DÉCR.** 24 avril 1810. *Français à l'ennemi*, 3276. I. g. 490. B. 280-5342.

3764. **DÉCR.** 23 mai 1810. *Remises*, 5616. I. g. 479. 9e série, B. 142-4062.

3768. **DÉCR.** 20 juin 1810. DOTS DE CIRCONSTANCE. I. g. 480. B. 296-5603.

3769 (*Donation*, 2440.) Les dots qui ont été ou seront accordées à l'occasion de l'anniversaire de notre couronnement, de la célébration de notre mariage, ou de toute autre circonstance, ne seront sujettes, pour l'enregistrement et la *Transcription* (6884), qu'au droit fixe d'un franc; les droits perçus seront restitués à ceux qui les ont acquittés.

3776. **AVIS.** 3-6 juil. 1810. RÉPERTOIRE. I. g. 486. B. 301-5726.

3777. L'art. 53 de la loi du 22 frimaire an 7 concerne les huissiers établis près les cours et tribunaux; — En conséquence, les *Répertoires* (5672) que doivent, aux termes des lois et réglemens, et sous les peines y portées, tenir les uns et les autres, doivent être cotés et paraphés par les présidens des cours ou tribunaux, ou par les juges par eux commis. *V*. 1709-4077.

3784. **DÉCR.** 11 juil. 1810. *PASSEPORTS ET PERMIS DE PORT D'ARMES*, 4700. I. g. 496. B. 301-5729.

3786. **9.** Le prix des *Passeports* (4688) est fixé, savoir : — Pour les passeports à l'intérieur de l'empire, à 2 fr.

3787. Pour les *Passeports* (4692) à l'étranger, à 10 fr.

3788. **15.** Le prix des *Permis de port d'armes* (4792) de chasse est fixé à 30 francs. *V*. - 4448.

3792. **DÉCR.** 13 août 1810. *Epaves*, 2756. I. g. 493. B. 310 5878.

3796. **DÉCR.** 18 août 1810. RESPONSABILITÉ DES GREFFIERS. B. 309-5876.

3797. **27.** (*Actes judiciaires*, 312.) Le greffier est solidairement responsable des amendes, restitutions, dépens et dommages-intérêts, résultant des contraventions, délits ou crimes dont ses commis se seraient rendus coupables dans l'exercice de leurs fonctions, sauf son recours contre eux, ainsi que de droit.

3800. **AVIS.** 18-22 août 1810. PRESCRIPTIONS. I. g. 491. B. 310-5883.

3801. Toutes les fois que les receveurs de l'enregistrement sont à portée de découvrir, par des actes présentés à la formalité, des contraventions aux lois des 22 frimaire et 22 pluviôse an 7, sujettes à l'amende, ils doivent, dans les deux ans de la formalité donnée à l'acte, exercer des poursuites pour le recouvrement de l'amende, à peine de *Prescription* (4972, 5048). *V*. 1720- 4918, 4919.

3808. **AVIS.** 4-21 sept. 1810. SUCCESSIONS. I. g. 495. B. 317-5982.

3809. Ni pour le droit principal dû à cause de mutation par décès, ni conséquem ment pour le droit et le demi-droit en sus, dont la peine est prononcée par l'art. 39 de la loi du 22 frimaire an 7, l'*Action* (368) accordée par l'art. 32 de cette loi ne peut être exercée au préjudice des tiers-acquéreurs. *V*. 1674 -

3812. **DECR**. 5 sept. 1810. DÉPOT DE MARQUE. B. 312-5940.

3813. **5**. Il sera dressé procès-verbal des dépôts sur un *Registre* (5528) en papier timbré, ouvert à cet effet, et qui sera coté et paraphé. *V*. 3729 -

3820. **DECR**. 14 sept. 1810. *Etablissemens religieux*, 2768. I. g. 492.

3824. **DECR**. 21 sept. 1810. HYPOTHÈQUES. I. g. 494. B. 317-5983.

3825. **1**. Les *Salaires des conservateurs* (5972) des hypothèques, pour les fonctions dont ils sont chargés, seront payés, à compter de la publication du présent décret, conformément au tableau ci-annexé.

3826. — 1° (*Salaire*, 6004.) Pour l'enregistrement et la reconnaissance des dépôts d'actes de mutations pour être transcrits, ou de bordereaux pour être inscrits. 25 c.

3827. — 2° (*Salaire*, 6020.) Pour l'inscription de chaque droit d'hypothèque ou privilége, quelque soit le nombre des créanciers, si la formalité est requise par le même bordereau. 1 f. *V*. 1984 -

3828. — 3° (*Salaire*, 6024.) Pour chaque inscription faite d'office par le conservateur, en vertu d'un acte translatif de propriété soumis à la transcription. 1 fr.

3829. — 4° (*Salaire*, 5988.) Pour chaque déclaration soit de changement de domicile, soit de subrogation, soit de tous les deux, par le même acte. 50 c. *V*. 1986 -

3830. — 5° (*Salaire*, 6032.) Pour chaque radiation d'inscription. 1 fr. *V*. 1988 -

3831. — 6° (*Salaire*, 6016.) Pour chaque extrait d'inscription, ou certificat qu'il n'en existe aucune. 1 f. *V*. 1989 - 4941.

3832. — 7° (*Salaire*, 6040.) Pour la transcription de chaque acte de mutation par rôle d'écriture du conservateur, contenant vingt-cinq lignes à la page et dix-huit syllabes à la ligne. 1 f. *V*. 1985 - 4410.

3833. — 8° (*Salaire*, 5980.) Pour chaque certificat de non transcription d'actes de mutation. 1 f.

3834. — 9° (*Salaire*, 5984.) Pour les copies collationnées des actes déposés ou transcrits dans les bureaux des hypothèques, par rôle d'écriture du conservateur, contenant vingt-cinq lignes à la page et dix-huit syllabes à la ligne. 1 f. *V*. 1990 -

3835. — 10° (*Salaire*, 5992.) Pour chaque duplicata de quittance. 25 c. *V*. 1995 -

3836. — 11° (*Salaire*, 6048.) Pour la transcription de chaque procès-verbal de saisie immobilière (art. 677 du Code de procédure civile), par rôle d'écriture du conservateur, contenant vingt-cinq lignes à la page et dix huit syllabes à la ligne. 1 fr.

3837. — 12° (*Salaire*, 5996.) Pour l'enregistrement de la dénonciation de la saisie immobilière au saisi, et la mention qui en est faite en marge du registre (art. 681 du Code de procédure). 1 f.

3838. — 13° (*Salaire*, 6000.) Pour l'enregistrement de chaque exploit de notification de placards aux créanciers inscrits (art. 696 du Code), tenant lieu de l'inscription des exploits de notification des procès-verbaux d'affiches. 1 f. *V*. 1987-

3839. — 14° (*Salaire*, 5976.) Pour l'acte du conservateur, constatant son refus de transcription en cas de précédente saisie (art. 679 du Code de procédure). 1 f.

3840. — 15° (*Salaire*, 6028.) Pour la radiation de la saisie immobilière (art. 696 du Code de procédure). 1 f.

3841. **2**. (*Lois*, 4144.) Toutes dispositions antérieures sont rapportées.

3848. **DECR**. 9 déc. 1810. CERTIFICAT DE MARIAGE. I. g. 501. B. 330-6147.

3849. (*Actes*, 184.) Les certificats que les officiers de l'état-civil délivrent aux parties, pour justifier aux ministres des cultes de l'accomplissement préalable des formalités civiles avant d'être admises à la célébration religieuse de leur mariage, seront assujettis au timbre de vingt-cinq centimes. *V*. 1472 - 4412.

3852. **AVIS**. 11-26 déc. 1810. *Hypothèques*, 3476. I. g. 505. B. 338-6306.

3856. **DECR**. 29 déc. 1810. *Emigrés*, 2648. I. g. 507. B. 339-6334.

3860. **DECR**. 11 janv. 1811. *Saisie réelle*, 5956. I. g. 508. B. 345-6462.

3864. **DECR**. 2 fév. 1811. *Amendes forestières*, 572. I. g. 510. B. 351-6516.

3868. **AVIS**. 12-27 fév. 1811. VENTES AUX DÉPARTEMENS, ARRONDISSEMENS ET COMMUNES. I. g. 512. B. 354-6560.

3869. — 1° Le droit d'enregistrement, tel qu'il est fixé par la loi du 22 frimaire an 7 pour les contrats de *Ventes* (7008) entre particuliers, est dû pour toutes les acquisitions faites pour le compte des départemens, arrond. et communes; *V*. - 5237.

3870. — 2° (*Vente*, 7000, 7004.) Dans l'espèce, le droit est dû sur les trente-quatre mille francs portés au contrat, sans aucune déduction (des 6000 f. pour réparations, mises à la charge du vendeur). *V.* 1618-

3876. **DÉCR.** 23 fév. 1811. *Instances administratives*, 3676. I. g. 542. B. 376-6972.

3880. **DÉCR.** 27 fév. 1811. *Inscription*, 3544. B. 354-6555.

3884. **DECR.** 22 mars 1811. *Permis de port d'armes*, 4700. I. g. 511.

3888. **DECR.** 25 mars 1811. *Fortifications*, 3192. I. g. 514. B. 358-6581.

3892. **DECR.** 9 avril 1811. *Domaines*, 2216. I. g. 519. B. 363-6657.

3896. **DECR.** 18 avril 1811. *Ventes de domaines*, 7048. C. 29 avril 1811.

3900. **DECR.** 8 mai 1811. *Gratifications aux gendarmes*, 3308. I. g. 523.

3904. **AVIS.** 26 mai 1811. *Hypothèques*, 3476.

3908. **AVIS.** 11-15 juin 1811. ST.-DOMINGUE. C. 7 août 1811.

3909. L'administration des domaines est autorisée à faire enregistrer en *Débet* (1552) les divers titres de créances à exercer contre les colons de Saint-Domingue, avec la soumission par les créanciers de payer les droits dans les trois ans qui suivent la paix maritime.

3916. **DÉCR.** 18 juin 1811. *VENTE DE MOBILIER DE L'ÉTAT*, 7056 ; *Frais de justice à payer*, 3208. I. g. 531. B. 377-7035.

3917. **118.** Les actes auxquels cette procédure (d'interdiction d'office) donnera lieu, seront visés pour timbre et enregistrés, en *Débet* (1572, 1596, 1628), conformément aux lois des 13 brumaire et 22 frimaire an 7.

3918. **151.** Le mode et les frais de transport (des greffes) seront réglés par le préfet ou le sous-préfet. Les *Marchés* (4280) ne seront soumis à l'enregistrement que pour le droit fixe d'un franc. *V.* 4646-

3919. **145.** Il sera fait de chaque état ou mémoire (de *Frais de justice* (3216 à 3224) criminelle), trois expéditions, dont une sur papier timbré et deux sur papier libre. — **146.** Les états ou mémoires qui ne s'élèveront pas à plus de 10 fr., ne seront point sujets à la formalité du timbre.

3924. **DÉCR.** 15 juil. 1811. *Français à l'ennemi*, 3276. C. 19 août 1811. B. 379-7096.

3928. **DÉCR.** 16 août 1811. *Français à l'ennemi*, 3276. C. 28 sept. 1811. B. 387-7175.

3932. **DÉCR.** 26 août 1811. *Français à l'ennemi*, 3276. I. g. 544. B. 387-7186.

3936. **DECR.** 28 août 1811. *Belges à l'ennemi*, 780. I. g. 545. B. 387-7187.

3940. **AVIS.** 10-16 sept. 1811. HYPOTHÈQUES. I. g. 547. B. 391-7224.

3941. Conformément au n° 6 du tarif annexé au décret du 21 septembre 1810, il n'est dû aux conservateurs des hypothèques que le *Salaire* (6016) d'un franc par chaque extrait d'inscription hypothécaire, compris au cahier des charges, qu'ils sont tenus de délivrer aux parties requérantes, sans qu'il puisse rien être exigé pour tout certificat de clôture attestant que les inscriptions délivrées sont les seules subsistantes sur les individus grevés ; et que le salaire d'un franc pour le certificat négatif ne leur est dû que dans le seul cas où il n'existerait aucune inscription hypothécaire sur l'individu qui en est l'objet. *V.* 3831-

3948. **AVIS.** 29 oct.-12 nov. 1811. *Hypothèques*, 3476. I. g. 573, 576. B. 429-7899.

3952. **AVIS.** 12 nov. 1811-24 mars 1812. *Hypothèques*, 3476. I. g. 576. B. 429-7899.

3956. **DECR.** 15 nov. 1811. *AMENDES ATTRIBUÉES. Université*, 556. I. g. 906. B. 402-7452.

3957. **138.** Les jugemens et les ordonnances seront expédiés sur papier ordinaire frappé seulement du cachet de l'*Université* (6944).

3958. **175.** (*Succession*, 6296.) Sont applicables aux *Donations* (2432) et legs faits à l'Université, les dispositions relatives à ceux faits en faveur des hospices. *V.* -5237.

3964. **DECR.** 23 nov. 1811. *Domaine extraordinaire*, 3964. C. 21 janv. 1812.

3968. **LOI.** 16 déc. 1811. *Amendes de grande voirie*, 544 ; *Arbres*, 604. I. g. 652. B. 418-7644.

3972. **AVIS**. 22 déc. 1811. *PASSEPORTS*, 4700. I. g. 570.

3973. Les *Passeports* (4696) à délivrer aux personnes véritablement indigentes et reconnues par les maires hors d'état d'en acquitter le montant, doivent être accordés gratuitement.

3980. **AVIS**. 14-21 janv. 1812. *Français à l'ennemi*, 3276. I. g. 563. B. 415-7602.

3984. **DECR**. 12 fév. 1812. *Saisie réelle*, 5956. I. g. 568. B. 422-7709.

3988. **DECR**. 12 fév. 1812. *Système métrique*, 6372. I. g. 1415. B. 421-7691.

3992. **DECR**. 28 mars 1812. DOMAINE EXTRAORDINAIRE. I. g. 580.

3993. **1.** Les *Acquisitions* (76) que notre domaine extraordinaire a faites et fera de biens situés dans l'intérieur de notre empire, ne sont et ne seront assujetties qu'au droit fixe de trois francs pour l'enregistrement, et à pareil droit pour la *Transcription* (6888).

4000. **DÉCR**. 17 avril 1812. VENTES PAR LES COURTIERS DE COMMERCE. I. g. 602. B. 430-7910.

4001. **5.** Les courtiers déposeront au greffe du tribunal de commerce, une *Déclaration* (1848), sur papier timbré, du négociant, fabricant ou commissionnaire qui aura demandé la faculté de vendre aux enchères, portant que les marchandises à vendre sont sa propriété; ou bien qu'elles lui ont été adressées du dehors par des marchands.

4008. **AVIS**. 5-8 mai 1812. *Hypothèques*, 3476. I. g. 585. B. 436-7993.

4012. **DECR**. 8 mai 1812. *Domaines engagés*, 2228. I. g. 583. B. 435-7986.

4016. **DECR**. 28 mai 1812. *Ventes de domaines*, 7048. I. g. 593.

4020. **DÉCR**. 15 juin 1812. RÉVOCATIONS. I. g. 591. B. 438-8023.

4021. A dater de la publication du présent décret, les révocations, soit des procurations, soit des testamens, jouiront de l'exception accordée par les premier et deuxième alinéa de l'art. 23 de la loi du 13 brumaire an 7, sur le timbre; — En conséquence, elles pourront être faites et expédiées sur la même feuille que ces *Actes* (124). *V*. 1514-

4028. **DÉCR**. 11 juil. 1812. ÉCHANGE AVEC LE DOMAINE DE LA COURONNE. I. g. 598. B. 441-8125.

4029. **7.** Le contrat d'*Echange* (2524) sera enregistré et transcrit; l'enregistrement sera fait gratis, conformément à l'art. 70 de la loi du 22 frimaire an 7 : il ne sera payé pour la *Transcription* (6900) que le *Salaire* (6040) du conservateur. *V*. 1894, 3832-5081.

4036. **DÉCR**. 31 juil. 1812. *Français à l'ennemi*, 3276. C. 7 sept. 1813. B. 444-8180.

4040. **AVIS**. 11-22 déc. 1812. *Français à l'ennemi*, 3276. C. 9 avril 1813.

4044. **DECR**. 22 déc. 1812. *Fortifications*, 3192. I. g. 617. B. 455-8387.

4048. **DÉCR**. 22 déc. 1812. *MAJORATS*, 4196; *Hypothèques*, 3476; I. g. 625. B. 456-8402.

4049. **6.** Il ne sera payé pour les *Transcriptions* (6892) (des lettres d'investiture de donations) que le *Salaire* (6012, 6040) du conservateur, et un franc pour chaque extrait qui sera délivré. *V*. 3832-

4050. **11.** Il ne sera payé pour les *Inscriptions* (3548) et renouvellement mentionnés aux articles ci-dessus, que le *Salaire* (6016, 6020) du conservateur et un franc pour chaque extrait qu'il en délivrera. *V*. 3827-

4052. **DÉCR**. 22 déc. 1812. DÉCLARATIONS DE BAILLEURS DE FONDS. I. g. 657. B. 454-8373.

4053. **5.** Le droit d'enregistrement de ces *Déclarations* (1856) est fixé à un franc. *V*. 1859-4309.

4054. **DÉCR**. 22 déc. 1812. LANGUE ÉTRANGÈRE. I. g. 1425-1. B. 459-8440.

4055. **1.** Dans les départemens réunis à l'empire, où, d'après nos décrets, la langue du pays est employée concurremment devant les tribunaux et dans les actes publics, les actes judiciaires ainsi que tous autres *Actes* (180) publics ou privés rédigés dans la langue du pays pourront être présentés à l'enregistrement, sans qu'il soit besoin d'y joindre une traduction française. — Sont exceptés, toutefois, les actes qui par leur nature, pourraient donner lieu au droit proportionnel d'enregistrement, à l'égard desquels actes les receveurs de l'enregistrement sont autorisés à exiger qu'une traduction française y soit jointe. — **2.** Lorsqu'un acte rédigé dans la langue du pays sera présenté à l'enregistrement dans un département où la langue française est seule reçue, ou dans

un département qui a conservé l'usage des deux langues, mais dont l'ancienne langue
est différente de celle qui a servi à la rédaction de cet acte, une traduction française y
sera nécessairement jointe. — 5. Les traductions ci-dessus mentionnées seront faites
par un traducteur assermenté. *V.* 780, 820, 2713.

4060. **DÉCR.** 12 mars 1813. *Permis de port d'armes*, 4700. I. g. 631.

4064. **LOI.** 20 mars 1813. *Vente des biens des communes*, 7076. I. g. 630. B.
489-9058.

4068. **DÉCR.** 7 avril 1813. *Frais de poursuites et d'instance. Enregistre-*
ment, 3252; *Frais de justice à payer*, 3208. I. g. 639. B. 497-9106.

4072. **AVIS.** 11-26 mai 1813. *Poursuites*, 4932. I. g. 642. B. 504-9256.

4076. **DÉCR.** 14 juin 1813. *AMENDES ATTRIBUÉES*, 548; *Huissiers*,
3340. I. g. 659, 1506. B. 508-9346.

4077. **46.** Les *Répertoires* (5672) que les huissiers sont obligés de tenir conformément à la loi du 22 frimaire an 7, relative à l'enregistrement, seront cotés et paraphés,
savoir : — Ceux des huissiers-audienciers, par le président de la cour ou du tribunal, ou par le juge qu'il aura commis à cet effet; — Ceux des huissiers ordinaires, résidant dans les villes où siégent les tribunaux de première instance, par le président du
tribunal, ou par le juge qu'il aura commis à cet effet; — Ceux des autres huissiers,
par le juge-de-paix du canton de leur résidence. *V.* 1709, 3777-

4078. **47.** Outre les mentions qui, aux termes de l'art. 50 de la même loi, doivent
être faites dans lesdits *Répertoires* (5676), les huissiers y marqueront dans une colonne particulière le coût de chaque acte ou exploit, déduction faite de leurs débour-
sés. *V.* 1705-

4079. **89.** (*Huissiers*, 3344.) Tous les actes de la Chambre, soit en minute, soit
en expédition, à l'exception des certificats et autres pièces à délivrer aux candidats ou
à des individus quelconques dans leur intérêt personnel, seront exempts du timbre et
de l'enregistrement. *V.* -4080.

4080. **101.** (*Jugement*, 3864.) La communauté fixera la somme à prélever sur la
bourse commune..... — L'arrêté portant cette fixation sera homologué par le tribunal de première instance..... — **102** L'assemblée générale pourra aussi autoriser la
chambre de discipline à disposer, sur ladite bourse, d'une somme déterminée, ou de
subvenir aux besoins des huissiers retirés pour cause d'infirmités ou de vieillesse, et des
veuves et orphelins d'huissiers. — L'arrêté qui sera pris à ce sujet sera homologué,
ainsi qu'il est dit au précédent article : dans l'un et l'autre cas, il ne sera dû que le
droit simple d'enregistrement. *V.* 4079-4342.

4084. **AVIS.** 27 juil.-13 août 1813. *Domaines*, 2216. I. g. 647.

4088. **DÉCR.** 13 août 1813. *Français à l'ennemi*, 3276. C. 7 sept. 1813. B. 517-
9523.

4092. **DÉCR.** 29 août 1813. *HUISSIERS*, 3340. I. g. 659. B. 520-9570.

4093. **1.** Les *Copies* (1490) d'actes, de jugemens, d'arrêts et de toutes autres pièces,
qui seront faites par les huissiers, doivent être correctes et lisibles.

4094. Les papiers employés à ces *Copies* (1476) ne pourront contenir plus de trente-
cinq lignes par page de petit papier; — Plus de quarante lignes par page de moyen
papier; — Et plus de cinquante lignes par page de grand papier, à peine de l'a-
mende de 25 fr. prononcée pour les expéditions, par l'article 26 de la loi du 13 brumaire an 7. *V.* 1511, 1524 - 4911.

4065. **2.** (*Poursuites*, 4914.) L'huissier qui aura signifié une *Copie* (1490) de citation ou d'exploit de jugement ou d'arrêt qui serait illisible, sera condamné à l'amende
de 25 fr. sur la seule provocation du ministère public, et par la cour ou le tribunal devant lequel cette copie aura été produite. Si la copie a été faite et signée par un avoué,
l'huissier qui l'aura signifiée sera également condamné à l'amende, sauf son recours
contre l'avoué ainsi qu'il avisera.

4100. **LOI.** 29 août 1813. *Amendes de grande voirie*, 544. I. g. 652. B. 520-
9567.

4104. **DÉCR.** 6 nov. 1813. DONS ET LEGS AUX SEMINAIRES. B. 536-9860.

4105. (*Donation*, 2432. *Succession.*, 6296.) Ces dons et legs (faits aux séminaires
ou écoles secondaires ecclésiastiques) ne seront assujettis qu'au droit fixe d'un franc.
V. -5237.

4112. **DÉCR.** 15 janv. 1814. PRÊT SUR DÉPOT DE MARCHANDISES. C. 21
janv. 1814. B. 553-10048.

4113. **2.** Les actes publics ou sous seing-privé de *Prêts sur dépôt* (5096) de marchandises, qui auront lieu en exécution de l'art. 1ʳ, ne seront, jusqu'à la même époque

du 1er janvier 1815, assujettis qu'à un droit fixe de trois francs pour enregistrement. *V*. 1859 - 5177.

4120. **ORD**. 23 avril 1814. *Amnistie*, 584. 1. g. 705 B. 6-53.

4124. **ORD**. 17 mai 1814. *Timbre*, 6496, 6748. C. 28 nov. 1814.

4128. **ORD**. 6 juin 1814. *Vente des biens des communes*, 7076. C. 20 juin 1814. B. 18-148.

4132. **ORD**. 29 juil. 1814. PRESTATIONS DE SERMENT DES COMPTABLES DIRECTEMENT JUSTICIABLES DE LA COUR DES COMPTES. 1. g. 922 B. 30-224.

4133. **3**. L'acte de cette *Prestation de serment* (5088) sera assujetti au droit d'enregistrement de quinze francs. *V*. 1825 - 4161.

4140. **ORD**. 4 sept. 1814. *Pensions*, 4760. I. g. 665.

4144. **ORD**. 9 sept. 1814. *Permis de port d'armes*, 4700. I. g. 701.

4148. **LOI**. 23 sept. 1814. *Comptabilité générale*, 1232 ; *Vente de domaines*, 7040 ; *Vente des bois de l'état*, 7072. I. g. 663, 670, 690. B 39-300.

4152. **ORD**. 30 sept. 1814. VENTES DE COTONS. B. 42-337.

4153. A dater du 1er octobre prochain, et jusqu'au 1er février 1815, l'administration de l'enregistrement et des domaines ne percevra sur les *Ventes* (6968) publiques de tissus de cotons et de cotons filés, faites à Paris, qu'un droit d'un pour cent, tous frais compris, excepté le papier timbré, qui dev,a être payé en sus.

4160. **ORD**. 7 oct. 1814. PRESTATION DE SERMENT DES COMPTABLES DIRECTEMENT JUSTICIABLES DE LA COUR DES COMPTES. I. g. 922. B. 46-371.

4161. **2**. Le procès-verbal qui sera dressé de cette *Prestation de serment* (5088) sera assujetti au droit d'enregistrement de 15 francs. *V*. 1825, 4133 -

4164. **ORD**. 7 oct. 1814. *Vente des bois de l'état*, 7072. I. g. 663. B. 46-372.

4168. **ORD**. 4 nov. 1814. *Pensions*, 4760 I. g. 665.

4172. **LOI**. 8 nov. 1814. *Domaines*, 2216. B. 50-114.

4176. **ORD**. 11 nov. 1814. *Timbre*, 6496 à 6508, 6748. C. 28 nov. 1814. B. 52-428.

4180. **ORD**. 18 nov. 1814. AMNISTIE. I. g. 664 B. 55-461.

4181. **1**. (*Amnistie*, 576, 580.) Il est fait remise des amendes pour timbre, des demi-droits en sus et des doubles droits d'enregistrement, encourues pour retard, défaut ou insuffisance de déclarations en cas de successions, partages, ventes, achats, donations, locations et engagemens à titre gratuit ou à titre onéreux, à la charge de compléter la déclaration, de remplir les formalités, et de payer les droits ordinaires, avant le 1er avril 1815 : passé cette époque, les demi-droits, les doubles droits et les amendes seront exigés suivant les règles ordinaires. — **2**. Les actes sous signature privée qui portent transmission de propriété ou d'usufruit de biens immeubles, les baux à ferme ou à loyer, sous-baux, cessions et subrogations de baux, et les engagemens, aussi sous signature privée, de biens de même nature, faits antérieurement à la publication de la présente ordonnance, et qui seront enregistrés avant le 1er avril 1815, seront exempts de la peine du droit en sus. — **3**. Il est accordé aux héritiers, légataires ou donataires qui n'ont pas fait en temps utile la déclaration des biens qui leur ont été transmis, un pareil délai pour y satisfaire, sans être assujettis au demi-droit en sus. — Ceux qui auraient fait des omissions ou des estimations insuffisantes dans leurs déclarations, antérieurement à la publication de la présente, seront admis à les réparer, sans être soumis à aucune peine, pourvu qu'ils acquittent les droits avant le 1er avril 1815. — **4**. Les banquiers, négocians, armateurs, fabricans, commissionnaires et tous autres commerçans, pourront, dans le même délai, faire timbrer à l'extraordinaire ou viser pour timbre, en payant les droits, et sans qu'il soit perçu aucune amende, les registres qu'ils doivent tenir, et que l'art. 12 de la loi du 13 brumaire an 7 assujettit au timbre, comme étant de nature à être produits en justice, et dans le cas d'y faire foi. — Passé ce délai, il y aura lieu à l'application des amendes que l'art. 26 de cette loi prononce contre les officiers et fonctionnaires publics qui auraient coté et paraphé des registres non timbrés, ou rendu des décisions sur de tels registres, et contre les particuliers qui en auraient fait usage. — **5**. Nous n'entendons pas faire remise des condamnations prononcées par jugement, ni des frais judiciaires et autres à la charge des parties. Cependant, lorsqu'en matière de droits le jugement n'aura pas été prononcé, les parties pourront, en payant les frais, jouir du bénéfice des deux articles précédens. — **6**. Il n'est pas fait remise des amendes encourues par des officiers publics dans l'exercice de leurs fonctions, si ce n'est des amendes relatives aux actes dont les droits seront payés conformément à la présente. *V*. - 4265.

4188. **LOI**. 5 déc. 1814. *Restitution aux émigrés*, 5772. I. g. 666 B. 58-488.

4192. **ORD**. 9 déc. 1814. PRESTATION DE SERMENT. B. 66-560.

4193. **58**. (*Prestation de serment*, 5084.) Les préposés de l'octroi sont tenus de prêter serment. — Il est dû seulement un droit fixe d'enregistrement de 3 francs *V*. 3589 -

4200. **ORD**. 23 26 déc. 1814. PATENTES. I. g. 668. B. 68-578.

4201. **1**. Les huissiers feront mention de leurs *Patentes* (4720) dans les exploits et autres actes de leur ministère. — **2**. Les notaires, greffiers, avoués et huissiers, sont également tenus de faire mention de la patente des particuliers qui y sont soumis, dans tous leurs actes et exploits, le tout sous peine d'amende de cinq cents francs, prononcée par l'art. 37 de la loi du 1er brumaire an 7. *V*. 1426 - 4908.

4208 **ORD**. 9-11 janv. 1815. REGISTRE DE L'ÉTAT-CIVIL DE L'ARRONDISSEMENT DE SOISSONS. B. 71-631.

4209. **10**. (*Soissons*, 6124) Tous actes faits en vertu de la présente ordonnance seront écrits sur papier libre, visés gratis et enregistrés de même.

4216. **DECR**. 13 mars 1815. *Bourbons*, 844; *Restitution à divers*, 5752. I. g. 675. B. 2-12.

4220. **DECR**. 13 mars 1815. *Émigrés*, 2648. I. g. 675. B. 2-13.

4224. **DECR**. 26 mars 1815. *Émigrés*, 2648. I. g. 676 B. 6-47.

4228 **DECR**. 30 mars 1815. *Timbre*, 6496, 6504, 6748. I. g. 679. B. 9-66.

4232. **DECR**. 30 avril 1815. *Vente des bois de l'état*, 7072. I. g 684.

4236. **DECR**. 30 avril 1815. *Vente des biens des communes*, 7076. I. g. 685.

4240. **ORD**. 16 juil. 1815. *Vente de bois de l'état*, 7072. I. g. 694. B. 5-15.

4244. **ORD**. 16 juil. 1815. *Vente des biens des communes*, 7076. I. g. 695. B. 5-16.

4248. **ORD** 7 août 1815. *Domaine extraordinaire*, 2232; *Majorats*, 7196; *Hypothèques*, 3476. I. g. 696. B. 12-55.

4252. **ORD**. 10 août 1815. *Timbre*, 6496, 6500, 6504, 6748. I. g. 697.

4256. **ORD**. 13 26 sept. 1815. RENTES DE LA VILLE DE PARIS. B. 28-135.

4257. **7**. (*Constitutions de rentes*, 1408) Les titres constitutifs des rentes et tous autres actes auxquels l'exécution des dispositions ci-dessus pourrait donner lieu, demeureront affranchis de tous droits d'enregistrement, et ne seront soumis qu'à ceux du timbre. *V*. - 4589.

4264. **ORD**. 8 nov. 1815. AMNISTIE. I. g. 700. B. 41-227.

4265. **1**. (*Amnistie*, 576, 580) L'exécution de notre ordonnance du 18 novembre 1814, qui prononce la remise des amendes et droits en sus, en matière de timbre et d'enregistrement, est prorogée jusqu'au 31 décembre prochain, à charge de payer d'ici à cette époque, les droits simples et ordinaires résultant des formalités qu'on a négligé de remplir. — **2**. L'application de cette remise sera faite aux actes faits et aux délais expirés avant la publication de la présente ordonnance. *V*. 4181-

4272. **LOI**. 12 janv. 1816. *Domaine extraordinaire*, 2232. I. g. 708. B. 58.

4276. **ORD** 17 janv. 1816. *Pensions*, 4760. I. g. 707.

4280. **ORD**. 21 fév. 1816. *Frais de justice militaire*, 3232. I. g. 712 B. 70-474.

4284. **ORD**. 1 avril 1816. *Journaux*, 3795. I. g. 731. Abrogée. *V*. - 4663, 5205.

4287. **LOI**. 28 avril 1816. ENREGISTREMENT; TIMBRE; HYPOTHÈQUES; *Cautionnement des employés*, 1020; *Domaines engagés*, 2228; *Restitution aux émigrés*, 5772; *Vente des biens des communes*, 7076. I. g. 714, 715, 718, 720. B. 81-623.

4288. **19**. Les dispositions ci-dessus ne concernent pas les actes judiciaires dressés par les agens des *Douanes* (2113); ces actes seront assujettis au timbre ordinaire.

4289. **57** A compter de la promulgation de la présente *Loi* (4132), et jusqu'à ce que l'acquittement des charges extraordinaires soit terminé, les droits d'enregistrement, timbre et hypothèques, seront perçus avec les augmentations énoncées aux articles suivans.

4290. **58**. (*Débiteur*, 1711, 1752) Tous *Actes judiciaires* (272) en matière civile, tous jugemens en matière criminelle, correctionnelle ou de police, seront, sans exception, soumis à l'enregistrement sur les minutes ou originaux. Les greffiers ne seront personnellement tenus de l'acquittement des droits que dans les cas prévus par les art. 7 et 35 de la loi du 22 frimaire an 7. Ils continueront de jouir de la faculté accordée par l'art. 37 pour les jugemens et actes y énoncés. *V*. 1585, 1678, 1680, 1696, 1816, 1826, 1850 - 4486, 4489.

4291. Il sera délivré aux greffiers, par le receveur de l'enregistrement, des *Récépissés* (5292) sur papier non timbré, des extraits de jugemens qu'ils doivent fournir en exécution dudit article 37. Ces récépissés seront inscrits sur leurs *Répertoires* (5700). *V.* 1681, 1703 -

4292. **39.** Les *Jugemens* (3888) des tribunaux en matière de contributions publiques ou locales, et autres sommes dues à l'état et aux établissemens locaux, seront assujettis aux mêmes droits d'enregistrement que ceux rendus entre particuliers. *V.* 1791 -

4293. **40.** (*Délai,* 2044. *Succession,* 6332.) Les héritiers, légataires et tous autres appelés à exercer des droits subordonnés au décès d'un individu dont l'absence est déclarée, sont tenus de faire, dans les six mois du jour de l'envoi en possession provisoire, la déclaration à laquelle ils seraient tenus s'ils étaient appelés par effet de la mort, et d'acquitter les droits sur la valeur entière des biens ou droits qu'ils recueillent. *V.* 1649, 1684 - 4295.

4294. (*Restitution,* 5412.) En cas de retour de l'absent, les droits payés seront restitués, sous la seule déduction de celui auquel aura donné lieu la jouissance des héritiers.

4295. Ceux qui ont obtenu cet envoi jusqu'à ce jour, sans avoir acquitté les droits de succession, jouiront d'un *Délai* (2044) de six mois, à compter de la publication de la présente, pour faire leur déclaration, et payer les droits sans être assujettis à l'amende. *V.* 1684 -

4297. **41.** Seront assujettis au droit fixe de cinquante centimes : — 1o (*Exploits,* 3044.) Les significations d'avoué à avoué pour l'instruction des procédures devant les tribunaux de première instance ; *V.* 1770, 2358 -

4298. — 2° Les assignations et tous autres *Exploits* (3024) devant les prud'hommes. *V.* 1770 -

4299. **42.** (*Exploits,* 3056.) Seront sujettes au droit fixe d'un franc les significations d'avoué à avoué devant les cours royales. *V.* 1770, 2358 -

4301. **43.** Seront sujets au droit fixe de deux francs : — 1° Les *Acquiescemens* (68) purs et simples ; *V.* 1743 -

4302. — 2° Les actes de *Notoriété* (4516) ; *V.* 1744 -

4303. — 3° Les *Actes refaits* (332) pour nullité ou autre motif, sans aucun changement qui ajoute aux objets des conventions ou à leur valeur ; *V.* 1716 -

4304. — 4° Les *Avis de parens* (696) ; *V.* 1750, 1788 -

4305. — 5° Les *Autorisations* (676) pures et simples ; *V.* 1751-

4306. — 6° Les *Certificats de cautions* (1076) et cautionnemens ; *V.* 1755 -

4307. — 7° Les *Consentemens* (1368) purs et simples ; *V.* 1762 - 4537.

4308. — 8° Les *Décharges* (1840) également pures et simples, et les *Récépissés de pièces* (5296) ; *V.* 1763, 3655 - 4311.

4309. — 9° Les *Déclarations* (1844) aussi pures et simples, en matière civile et de commerce ; *V.* 1764, 2857, 4053 -

4310. — 10° Les *Dépôts d'actes et pièces* (2092) chez les officiers publics ; *V.* 1766 -

4311. — 11° Les *Dépôts et consignations* (2108) de sommes et effets mobiliers chez des officiers publics, lorsqu'ils n'opèrent pas la libération des déposans, et les *Décharges* (1841) qu'en donnent les déposans ou leurs héritiers, lorsque la remise des objets déposés leur est faite ; *V.* 1767 - 4308.

4312. — 12° Les *Désistemens* (2132) purs et simples ; *V.* 1768 -

4313. — 13° Les *Exploits* (3036, 3092) et autres actes du ministère des huissiers qui ne peuvent donner lieu au droit proportionnel ; *V.* 1770- 4314.

4314. Sont exceptés les *Exploits* (3040) relatifs aux procédures devant les juges-de-paix, les prud'hommes, les Cours royales, la Cour de cassation, et les Conseils de Sa Majesté, jusques et compris les significations des jugemens et arrêts définitifs ; les déclarations d'appel ou de recours en cassation ; les significations d'avoué à avoué, et les exploits ayant pour objet le recouvrement des contributions directes ou indirectes, publiques ou locales ; *V.* 1770, 1771, 1820, 1821, 1895, 4298 - 4331, 4338, 4821, 4902.

4315. — 14° Les *Lettres missives* (3944) qui ne contiennent ni obligation, ni quittance, ni aucune autre convention donnant lieu au droit proportionnel ; *V.* 1773 -

4316. — 15° Les *Nominations d'experts* (4492) hors jugemens ; *V.* 1774 -

4317. — 16° Les *Procès-verbaux et rapports* (5160, 5168) d'employés, gardes, commissaires, séquestres, experts et arpenteurs ; *V.* 1777, 1792, 1892 - 4490, 4561, 4638.

4318. — 17° Les *Procurations* (5172) et pouvoirs pour agir, ne contenant aucune stipulation ni clause donnant lieu au droit proportionnel ; *V.* 1778, 3517-

4319. — 18° Les *Promesses d'indemnités* (5188) indéterminées et non susceptibles d'estimation ; *V*. 1779 -

4320. — 19° Les *Reconnaissances* (5352) pures et simples ne contenant aucune obligation ni quittance ; *V*. 1781-

4321. — 20° Les *Résiliemens* (5720) purs et simples faits, par acte authentique, dans les vingt-quatre heures des actes résiliés ; *V*. 1782 -

4322. — 21° Les rétractations et *Révocations* (5896) ; *V*. 1783 -

4323. — 22° Les *Reconnaissances d'enfans naturels* (5364) par acte de célébration de mariage. *V*. - 4344, 4655.

4325. **44.** Seront sujets au droit fixe de trois francs : — 1° Les *Adjudications à la folle enchère* (380), lorsque le prix n'est pas supérieur à celui de la précédente adjudication ; *V*. 1747-

4326. — 2° Les *Compromis* (1228) ou nominations d'arbitres, qui ne contiennent aucune obligation de sommes et valeurs donnant lieu au droit propor. ; *V*. 1759, 1774-

4327. — 3° Les *Déclarations ou élections de command* (1860, 1864) et d'ami, lorsque la faculté d'élire un command a été réservée dans l'acte d'adjudication ou le contrat de vente, et que la déclaration est faite par acte public et notifié dans les vingt-quatre heures de l'adjudication ou du contrat ; *V*. 1416, 1765, 1870, 1884, 3108 - 5036.

4328. — 4° Les *Réunions de l'usufruit à la propriété* (5880), lorsque la réunion s'opère par acte de cession, et qu'elle n'est pas faite pour un prix supérieur à celui sur lequel le droit a été perçu lors de l'aliénation de la propriété ; *V*. 1784 - 4382, 4900.

4329. — 5° Les *Titres nouvels* (6784) et reconnaissances de rentes dont les contrats sont justifiés en forme ; *V*. 1786 -

4330. — 6° Les *Connaissemens* (1336) ou reconnaissances de chargemens par mer ; *V*. 1760 -

4331. — 7° Les *Exploits* (3048) et autres actes du ministère des huissiers, relatifs aux procédures devant les Cours royales, jusques et compris la signification des arrêts définitifs ; *V*. 1770 -

4332. (*Exploits*, 3052.) Sont exceptées les déclarations d'appel et les significations d'avoué à avoué ; *V*. 1821, 4299 -

4333. — 8° Les *Transactions* (6804), en quelque matière que ce soit, qui ne contiennent aucune stipulation de sommes et valeurs, ni dispositions soumises à un plus fort droit d'enregistrement ; *V*. 1787-

4334. — 9° Les *Jugemens définitifs* (3840) des juges-de-paix, rendus en dernier ressort, d'après la volonté expresse des parties, au-delà des limites de la compétence ordinaire, lorsqu'ils ne contiennent pas de dispositions donnant ouverture à un droit proportionnel supérieur ; *V*. 1788, 1800-

4335. — 10° Les *Jugemens interlocutoires ou préparatoires* (3856), *Ordonnances* (4588), et autres *Actes* (296) énoncés dans les n°ˢ 6 et 7 du 2ᵉ paragraphe de l'art. 68 de la loi du 22 frimaire an 7, lorsqu'ils auront lieu dans les tribunaux de première instance, de commerce ou d'arbitrage, et ne seront pas de l'espèce de ceux dont il sera parlé dans l'art. suivant ; *V*. 1801 à 1805 - 5415.

4336. — 11° (*Exploits*, 3064.) Les significations d'avocat à avocat dans les instances à la Cour de cassation et aux Conseils de Sa Majesté ; *V*. 1770 -

4338. **45.** Seront sujets au droit fixe de cinq francs : — 1° Les *Exploits* (3060) et autres actes du ministère des huissiers, relatifs aux procédures devant la Cour de cassation et les Conseils de Sa Majesté, jusques et compris les significations des arrêts définitifs : le premier acte de recours est excepté ; *V*. 1770, 3166-

4339. — 2° Les *Contrats de mariage* (1432) et actes de formation ou de dissolution de *Société* (6120) actuellement soumis au droit fixe de trois francs ; *V*. 1807, 1811 -

4340. — 3° Les *Partages* (4672) de biens meubles et immeubles entre co-propriétaires, à quelque titre que ce soit, pourvu qu'il en soit justifié ; *V*. 1624, 1808 - 4370.

4341. — 4° (*Donations éventuelles*, 2444.) Les *Testamens* (6460) et tous autres actes de libéralité qui ne contiennent que des dispositions soumises à l'événement du décès, et les dispositions de même nature qui sont faites par contrat de mariage entre les futurs ou par d'autres personnes ; *V*. 1812 - 4382.

4342. — 5° Les *Jugemens* (3864) des tribunaux civils prononçant sur l'appel des juges-de-paix ; ceux desdits tribunaux et des tribunaux de commerce ou d'arbitres, rendus en premier ressort, contenant des dispositions définitives qui ne donneraient pas lieu à un droit plus élevé ; *V*. 1816, 1827, 2354 -

4343. — 6° Les *Arrêts interlocutoires ou préparatoires* (616), rendus par les Cours royales, lorsqu'ils ne seront pas susceptibles d'un droit plus élevé, et les *Ordonnances* (4592) et *Actes* (300) désignés dans les n°ˢ 6 et 7, 2ᵉ paragraphe de l'art. 68 de la loi du 22 frimaire an 7, devant les mêmes cours ; *V*. 1801 à 1805.

4344. — 7° Les *Reconnaissances d'enfans naturels* (5368), autrement que par acte de mariage ; *V*. 4323 - 4655.

4345. — 8º Les *Actes* (302) et *Jugemens* (3872) interlocutoires ou préparatoires des divorces. *V*. 1802 -

4347. 46. Seront assujettis au droit fixe de dix francs : — 1º Les *Jugemens rendus en dernier ressort* (3868) par les tribunaux de première instance ou les arbitres, d'après le consentement des parties, lorsque la matière ne comportait pas ce dernier ressort, sauf la perception du droit proportionnel, s'il s'élève au-delà de dix francs ; *V*. 1816 , 1817 -

4348. — 2º Les *Arrêts définitifs* (620) des Cours royales, dont le droit proportionnel ne s'élèverait pas à dix francs ; *V*. 1816 , 1817-

4349. — 3º Les *Arrêts interlocutoires ou préparatoires* (640) de la Cour de cassation et des Conseils de Sa Majesté. *V*. 1826 -

4351. 47. Seront sujets au droit fixe de vingt-cinq francs : — 1º Le premier acte de *Recours* (5380) en cassation ou devant les Conseils de Sa Majesté, soit par requête, mémoire ou déclaration, en matière civile, de police simple ou de police correctionnelle ; *V*. 1824 , 2605 - 5286.

4352. — 2º Les *Arrêts* (624) des Cours royales portant interdiction ou prononçant séparation de corps entre mari et femme ; *V*. 1823 -

4353. — 3º Les *Arrêts définitifs* (644) de la Cour de cassation et des Conseils de Sa Majesté. *V*. 1826 -

4355. 48. Seront sujets au droit fixe de cinquante francs : — 1º Les actes de *Tutelle officieuse* (6932) ; *V*. 1799-

4356. — 2º Les *Jugemens* (3880 , 3884) de première instance admettant une adoption ou prononçant un divorce. *V*. 1748, 1817-

4358. 49. Seront sujets au droit fixe de cent francs : — 1º Les *Arrêts* (628) de Cours d'appel confirmant une adoption ; *V*. 1748 , 1817-

4359. — 2º (*Arrêts*, 632.) Ceux qui prononceront définitivement sur une demande en *Divorce* (2212). S'il n'y a pas d'appel, ce droit sera perçu sur l'acte de l'officier de l'état-civil. *V*. 1817, 1822 -

4360. 50. (*Acte fait en conséquence*, 212.) Seront soumises au droit de vingt-cinq centimes par cent francs, les *Lettres de change* (3912) tirées de place en place, et celles venant de l'étranger ou des colonies françaises, lorsqu'elles sont protestées faute de paiement. — Elles pourront n'être présentées à l'enregistrement qu'avec l'assignation. — Dans le cas de protêt faute d'acceptation, les lettres de change devront être enregistrées seulement avant que la demande en remboursement ou en cautionnement puisse être formée contre les endosseurs ou les tireurs. *V*. 1643, 1692, 1844, 1845, 1911 - 4910.

4361. Seront sujets au droit de cinquante centimes par cent francs, les *Cautionnemens* (1056) de se représenter ou de représenter un tiers, en cas de mise en liberté provisoire, soit en vertu d'un sauf conduit dans les cas prévus par le Code de procédure civile et par le Code de commerce, soit en matière civile, soit en matière correctionnelle ou criminelle. *V*. 1754 -

4363. 51. Seront sujets au droit d'un franc par cent francs : — 1º Les *Abandonnemens pour fait d'assurance* (12 , 16) ou grosse aventure ; — Le droit sera perçu sur la valeur des objets abandonnés ; *V*. 1833 -

4365. (*Abandonnement*, 16.) En temps de guerre il ne sera dû qu'un demi-droit ; *V*. 1835 -

4366. — 2º Les actes et contrats (*Polices*) *d'assurance* (1832) ; — Le droit sera perçu sur la valeur de la prime ; *V*. 1836 - 4901.

4368. (*Police d'assurance*, 4836.) En temps de guerre, il n'y aura lieu qu'au demi-droit ; *V*. 1838 -

4369. — 3º Les *Adjudications au rabais et marchés* (396 , 400), pour constructions, réparations, entretien, approvisionnemens et fournitures dont le prix doit être payé par le trésor royal, ou par les administrations locales, ou par des établissemens publics. *V*. 1839, 2773, 2774 - 4646.

4370. 52. (*Retour d'échange*, 5840.) Le droit d'enregistrement des *Ventes d'immeubles* (7000) est fixé à cinq et demi pour cent ; mais la formalité de la transcription au bureau de la conservation des hypothèques, ne donnera plus lieu à aucun droit proportionnel. *V*. 1880, 1886, 2508, 2514 - 4382. 4410, 4897, 4900.

4373. 53. Les droits des *Donations* (2256, 2312, 2320) entre vifs et des mutations qui s'effectuent par décès, soit par *Succession* (6216, 6232, 6240), soit par testament ou autres actes de libéralité à cause de mort, de propriété ou d'usufruit de biens meubles et immeubles, entre époux, en ligne collatérale et entre personnes non parentes, seront perçus selon les quotités ci-après : — Pour les biens immeubles : — D'un époux à un autre époux, par donation ou testament, trois francs par cent francs. *V*. 1879, 1888 - 4380 à 4382.

4374. (*Donation*, 2256, 2340, 2360, 2380.) Des frères et sœurs à des frères et sœurs et descendans d'iceux ; *Successions* (6216, 6252, 6264, 6276) de neveux et nièces, petits-neveux et petites-nièces, dévolues à des oncles et tantes, grands-oncles et grandes-tantes, et autres parens au degré successible, cinq francs par cent francs. *V.* 1888, 1890 - 4381, 4382, 5292, 5295, 5299, 6302, 5306, 5309.

4375. (*Donation*, 2256, 2400 *Succession*, 6216, 6288.) Entre toutes autres personnes, sept francs par cent francs. *V.* 1888, 1890 - 4380 à 4382, 5313, 5316.

4377. (*Donation*, 2256, 2312, 2316. *Succession*, 6212, 6232, 6236.) Pour les biens meubles : — Entre époux, un et demi pour cent. *V.* 1863, 1864, 1875 - 4380, 4381.

4378. (*Donation*, 2256, 2336, 2356, 2376 *Succession*, 6212, 6248, 6260, 6272.) Entre frères, sœurs, oncles, tantes, neveux et nièces, et autres parens au degré successible, deux et demi pour cent. *V.* 1863, 1875 - 4381, 5291, 5294, 5298, 5301, 5305, 5308.

4379. (*Donation*, 2256, 2396. *Succession*, 6212, 6284.) Entre toutes autres personnes, trois et demi pour cent. *V.* 1863, 1875 - 4380, 4381, 5312, 5315.

4380. Lorsque l'époux survivant ou les enfans naturels sont appelés à la *Succession* (6212, 6216, 6284, 6288) à défaut de parens au degré successible, ils seront considérés, quant à la quotité des droits, comme personnes non parentes. *V.* 1832, 1860, 1864, 1890, 4373, 4375, 4377, 4379 - 5315, 5316.

4381. Lorsque les *Donations* (2312, 2324, 2328, 2344, 2348, 2364, 2368, 2384, 2388, 2404, 2408) entre vifs auront été faites par contrat de mariage aux futurs, il ne sera perçu que moitié du droit. *V.* 4374 à 4379 - 4382.

4382. 34. Dans tous les cas où les actes seront de nature à être transcrits au bureau des hypothèques, le droit sera augmenté d'un et demi pour cent, et la *Transcription* (6816 à 6868) ne donnera plus lieu à aucun droit proportionnel. *V.* 1812, 1858, 1867, 1877, 1878, 1881 à 1889, 2352, 4328, 4341, 4370, 4373, 4374, 4375, 4381 - 4410, 4893, 4896, 4897, 4899, 5291.

4383. 35. Il sera perçu, au profit du trésor royal, un droit d'enregistrement suivant le tableau ci-après : — Aucune expédition desdites *Lettres-patentes* (3948) ne pourra être délivrée par le Conseil du sceau des titres, que le droit d'enrégistrement n'ait été préalablement payé.

ÉTAT *des droits de Sceau perçus par le Conseil du sceau des titres, et du droit d'enregistrement pour le compte du Trésor royal.*

	NATURE DES LETTRES-PATENTES SCELLÉES.	MONTANT du droit du sceau.	Montant du droit d'enregistrement à 20 p. o/o.	V. Lettres-patentes,
	Ord. du 5 octobre 1814.	f.	f.	
4384.	Renouvellement de lettres-patentes	100	20	3956.
4385.	portant confirmation du même de baron	50	10	3960.
4386.	titre, et changement d'armoiries. de chevalier	15	3	3964.
4387.	Collation du titre de duc	»	3,000	4056.
4388.	Collation du titre héréditaire de marquis, comte, vicomte et baron, lettres-patentes de chevalier, et lettres de noblesse. — de marquis et comte.	6,000	1,200	3972.
4389.	de vicomte.	4,000	800	3976.
4390.	de baron.	3,000	600	3980.
4391.	de chevalier.	60	12	3984.
4392.	lettres de noblesse.	600	120	3988.
4393.	Grandes lettres de naturalisation.	gratis.	»	3992.
4394.	Lettres de déclaration de naturalité. *V.* - 5277, 5534	100	20	3996.
4395.	Lettres portant autorisation de se faire naturaliser ou de servir à l'étranger	500	100	4004.
4396.	Dispenses d'âge pour mariage. *V.* - 4654, 5277	100	20	4008.
4397.	Dispenses de parenté pour le mariage	200	40	4016.
	Ord. du 25 décembre 1814.			
4398.	Lettres portant renouvellement d'anciennes armoiries. pour les villes de 1re classe	150	30	4024.
4399.	pour les villes de 2e classe	100	20	4028.
4400.	villes et communes de 3e classe	50	10	4032.
4401.	Lettres accordant des armoiries aux villes qui n'en ont pas encore. les villes de 1re classe	600	120	4040.
4402.	celles de 2e classe	400	80	4044.
4403.	celles de 3e classe	200	40	4048.

4404. 56. (*Acte fait en conséquence*, [96.] L'art. 41 de la loi du 22 frimaire an 7 continuera d'être exécuté : néanmoins, à l'égard des actes que le même officier aurait reçus, et dont le délai d'enregistrement ne serait pas encore expiré, il pourra en énoncer la date, avec la mention que ledit acte sera présenté à l'enregistrement en même temps que celui qui contient ladite mention ; mais, dans aucun cas, l'enregistrement du second acte ne pourra être requis avant celui du premier, sous les peines de droit. *V.* 1689 - 4910.

4405. 57. (*Actes judiciaires*, 316.) Lorsqu'après une sommation extrajudiciaire ou une demande tendante à obtenir un paiement, une livraison, ou l'exécution de toute autre convention dont le titre n'aurait point été indiqué dans lesdits exploits, ou qu'on aura simplement énoncé comme verbal, on produira, au cours d'instance, des écrits, billets, marchés, factures acceptées, lettres, ou tout autre titre émané du défendeur, qui n'auraient pas été enregistrés avant ladite demande ou sommation, le double droit sera dû, et pourra être exigé ou perçu lors de l'enregistrement du jugement intervenu. *V.* 1643, 1698, 1699 -

4406. 58. (*Acte fait en conséquence*, 200, 228.) Il ne pourra être fait usage, en justice, d'aucun *Acte passé en pays étranger ou dans les colonies* (360), qu'il n'ait acquitté les mêmes droits que s'il avait été souscrit en France, et pour des biens situés dans le royaume ; il en sera de même des mentions desdits actes dans les actes publics. *V.* 1692, 1698, 3025, 3166, 3217- 4673, 4900.

4407. 59. Les droits de mutation établis par la présente loi ne seront perçus que sur les mutations qui surviendront après sa publication ; les *Lois* (4128) antérieures s'appliqueront aux mutations effectuées jusqu'à ladite publication. — Quant aux actes, l'article 1er de la loi du 27 ventôse an 9 continuera d'être exécuté. *V.* 1916, 2341-

4408. 60. Le droit d'*Inscription* (3536) des créances hypothécaires sera d'un pour 1000, sans distinction des créances antérieures ou postérieures à la loi du 11 brum. an 7. *V.* 1283, 1993, 2121-

4409. La perception de ces droits suivra les sommes et valeurs de 20 francs en 20 fr. inclusivement et sans *Fraction* (3196).

4410. 61. (*Salaire*, 6040.) Les actes de transmission d'immeubles, susceptibles de *Transcription* (6880), ne seront assujettis à cette formalité que pour un droit fixe d'un franc outre le droit du conservateur, lorsque les droits en auront été acquittés de la manière prescrite par les art. 52 et 54 de la présente loi. *V.* 1998, 1999, 3832, 4370, 4382 - 4895.

4411. 62. A compter de la promulgation de la présente loi, le droit de *Timbre* (6632) ordinaire et extraordinaire pour les actes, sera fixé ainsi qu'il suit : — Demi-feuille de papier, 35 cent. — Feuille idem, 70 cent. — Feuille de moyen papier, 1 fr. 25 c. — Feuille de grand papier, 1 fr. 50 c. — Feuille de dimension supérieure, 2 fr. *V.* 1450 - 4426.

4417. 63. (*Timbre*, 6702.) Aucune expédition, copie ou extrait d'actes reçus par des notaires, greffiers ou autres dépositaires publics, ne pourra être délivrée que sur papier d'un franc vingt-cinq centimes. *V.* 1509, 1511-

4418. Il n'est point dérogé à ce qui a lieu pour les *Certificats de vie* (1096) des rentiers et des pensionnaires de l'état, ou des administrations et établissemens publics. *V.* 2080, 3185, 4411-

4419. 64. Les droits du *Timbre* (6680) proportionnel sur les effets de commerce seront augmentés des deux cinquièmes du montant fixé par l'art. 10 de la loi du 13 brumaire an 7. *V.* 1459, 1460 - 4426, 4904, 5421, 5122, 5423.

4420. 65. Toutes les *Affiches* (432, 468), quel qu'en soit l'objet, seront sur papier timbré, qui sera fourni par la régie, et dont le débit sera soumis aux mêmes règles que celui du papier timbré destiné aux actes. *V.* 1276, 1279 - 4566, 4650.

4421. (*Affiches*, 464, 472.) Conformément à la loi du 28 juillet 1791, ce papier ne pourra être de couleur blanche ; il portera le même filigrane que les autres papiers timbrés. *V.* - 4567, 4653.

4422. (*Affiches*, 440.) Le prix de la feuille, portant vingt-cinq décimètres carrés de superficie, sera de dix centimes ; celui de la demi-feuille, de cinq centimes. *V.* 1278, 1289 - 4426.

4423. 66. Les *Avis et autres annonces* (740), de quelque nature et espèce qu'ils soient, assujettis au timbre par la loi du 6 prairial an 7, qui ne sont pas destinés à être affichés, pourront être imprimés sur papier blanc. *V.* 2093 -

4424. (*Avis*, 708.) Le prix de la feuille sera de dix centimes ; celui de la demi-feuille, de cinq centimes ; celui du quart de feuille, de deux centimes et demi ; celui du demi-quart, cartes et autres de la plus petite dimension, sera d'un centime. *V.* 2094 et s. - 4426, 4457.

4425. (*Avis*, 736.) Le papier sera fourni par la régie. *V.* - 4566, 4650.

4426. 67. (*Décime*, 1842.) La subvention du dixième ne sera point ajoutée aux droits de timbre énoncés aux cinq articles précédens. *V*. 2085 -

4427. 68. Il est défendu aux imprimeurs de tirer aucun exemplaire desdites annonces. *Affiches* (476) ou avis, sur papier non timbré, sous prétexte de les faire frapper d'un timbre extraordinaire. *V*. 1304, 2093 - 4652.

4428. 69. (*Affiches*, 480.) La contravention d'un imprimeur à ces dispositions sera punie d'une amende de cinq cents francs, sans préjudice du droit de Sa Majesté de lui retirer sa commission. *V*. - 4652, 4908.

4429. Ceux qui seront convaincus d'avoir ainsi fait afficher et distribuer des *Imprimés* (3492) non timbrés, seront condamnés à une amende de cent francs. *V*. 1281 - 1909.

4430. (*Imprimés*, 3496.) Les afficheurs ou distributeurs seront, en outre, condamnés aux peines de simple police déterminées par l'art. 474 du Code pénal. *V*. 3725 -

4431. (*Imprimés*, 3500. *Affiches*, 484. *Débiteur*, 1820.) L'amende sera solidaire et emportera contrainte par corps. *V*. 1282 -

4432. 70. Les autres dispositions des *Lois* (4152) du timbre, relatives aux prospectus, catalogues de livres, tableaux, objets de science, et journaux, continueront d'être exécutées. Celles qui concernent le timbre des *Journaux* (3756), s'appliqueront à tous ouvrages, de quelque étendue qu'ils soient, qui paraîtront, soit régulièrement, soit irrégulièrement, par mois, par semaine, soit par numéros, quand même le service n'en serait pas régulier. *V*. 1276, 1277, 1278-4564, 4663.

4433. 71. Il ne pourra, sous quelque prétexte que ce soit, être admis aucune espèce de papier au timbre en *Débet* (1644), et les receveurs seront poursuivis en recette de tous les droits résultant du timbre des feuilles qui auront été frappées, sans qu'aucune dispense ou crédit puisse être invoqué par eux. *V*.- 4490, 4491, 4561, 4562, 5037.

4434. 72. Les *Livres de commerce* (4092) qui, aux termes du Code de commerce (art. 10), doivent être paraphés, seront timbrés, à tous les feuillets, d'un timbre spécial, et dont le prix sera, indépendamment du papier que les parties fourniront, — Pour les registres de papier petit ou moyen, par chaque feuillet, recto et verso, de 20 cent. — Pour les registres de grand papier, de 30 cent. — Pour les registres de toutes autres dimensions supérieures, de 50 cent. *V*. 1439, 1481 - 4905, 5533.

4435. Tous individus assujettis à tenir des *Livres* (4096) par les lois et réglemens, seront tenus de les faire timbrer, sous peine d'une amende de 500 fr. pour chaque contravention. *V*. - 4908, 5533.

4436. (*Amnistie*, 580.) Ils seront néanmoins admis à présenter au visa pour timbre leurs *Livres* (4092) actuels dans les trois mois de la publication de la présente loi, sans qu'il puisse être exigé d'amende pour contravention aux lois antérieures. Ils ne seront tenus que de faire timbrer la partie de leurs dits livres ou registres qui se trouvera alors en blanc. *V*. - 5533.

4437. 73. Le *Paraphe* (4660) qui doit précéder l'usage d'un registre sera enregistré moyennant un simple droit d'un franc.

4438. 74. Aucun livre assujetti au timbre par les lois, ne pourra être produit en justice, ou devant des arbitres, déposé à un greffe en cas de faillite, ni énoncé dans aucun *Acte* (220), s'il n'est timbré, ou si l'amende n'a été acquittée. *V*.1518 - 4444, 5533.

4439. (*Acte fait en conséquence*, 220.) Aucun concordat ne pourra être rédigé sans énoncer si les livres du failli sont revêtus des formalités ci-dessus, ni recevoir d'exécution avant que les amendes aient été payées. *V*. 4444, 5533.

4441. 75. (*Débiteur*, 1808.) Seront solidaires pour le paiement des droits de timbre et des amendes : — Tous les signataires pour les actes synallagmatiques ;

4442. (*Débiteur*, 1832.) Les prêteurs et les emprunteurs pour les obligations ; *V*. - 5429.

4443. Les créanciers et les *Débiteurs* (1836) pour les quittances ;

4444. (*Débiteur*, 1828.) Les officiers ministériels qui auront reçu ou rédigé des actes énonçant des livres non timbrés. *V*. 1518, 4438, 4439 - 5533.

4445. 76. (*Poursuites*, 4900.) Le recouvrement des droits de timbre et des amendes de contravention y relatives, sera poursuivi par voie de contrainte ; et, en cas d'opposition, les *Instances* (3652) seront instruites et jugées selon les formes prescrites par les lois des 22 frimaire an 7 et 27 ventôse an 9 sur l'enregistrement. *V*. 1546, 1547, 1726 à 1731, 2362, 3253 -

4446. (*Débiteur*, 1800.) En cas de décès des contrevenans, lesdits droits et amendes seront dûs par leurs successeurs, et jouiront, soit dans les successions, soit dans les faillites ou tous autres cas, du *Privilége* (5124) des contributions directes.

4447. 77. Les autres dispositions des *Lois* (4120, 4136, 4146, 4152), décrets et ordonnances auxquelles il n'est pas dérogé par la présente loi et qui régissent actuellement la perception des droits d'enregistrement, hypothèques, timbre, greffes, passeports, port d'armes et décime pour franc sur ceux de ces droits qui n'en sont pas affranchis, sont et demeurent maintenues.

4448. Néanmoins le droit sur les *Permis de port d'armes* (4792) est réduit à quinze francs. *V*. 3788 - 4521.

4452. **ORD**. 30 avril 1816. *Terrains vagues*, 6456. B. 90-774.

4456. **ORD**. 1 mai 1816. *TIMBRE*, 6496, 6500, 6748. I. g. 716. B. 83 635.

4457. **3**. Pour les *Avis et annonces* (708, 732), les feuilles de vingt-cinq décimètres carrés et les demi-feuilles recevront l'empreinte des timbres de dix centimes et de cinq centimes indiqués à l'art. précédent. — Deux autres timbres, portant les prix de deux centimes et demi et d'un centime, serviront pour les quarts de feuille et les dimensions inférieures. *V*. 2094, 4424 -

4460. **ORD**. 1 mai 1816. *Cautionnement des préposés*, 1020. I. g. 733. B. 83 637.

4464. **ORD**. 1 mai 1816. *SALAIRES DES CONSERVATEURS*, 6052 ; HYPOTHEQUES. I. g. 719. B. 83-636.

4465. **1**. A partir de la publication de la loi des finances de 1816, les conservateurs des hypothèques porteront en recette, pour le compte du trésor royal, la moitié des *Salaires* (6044) fixés par le n° 7 du tableau annexé au décret du 21 septembre 1810, pour la transcription des actes de mutation. *V*. 3832 -

4468. **ORD**. 1 mai 1816. *Hypothèques*, 3476. B. 86-691.

4472. **ORD**. 1-17 mai 1816. VENTE DE MEUBLES. I. g. 725. B. 87-713.

4473. (*Omission*, 4556.) La disposition de l'arrêt du Conseil-d'état, du 13 novembre 1778, qui oblige les notaires, greffiers, huissiers et tous autres officiers publics ayant droit de procéder aux ventes mobilières, de comprendre dans leurs procès-verbaux tous les articles exposés en vente, tant ceux par eux adjugés, soit en totalité ou sur simple échantillon, que ceux retirés ou livrés par les propriétaires ou les héritiers pour le prix de l'enchère ou de la prisée, sous peine de 100 francs d'amende, est remise en vigueur, et sortira sa pleine et entière exécution. *V*. 1937, 1945 - 4909.

4480. **ORD**. 3 mai 1816. *Amnistie*, 584. I. g. 723. B. 82-632.

4484. **ORD**. 22-30 mai 1816. ENREGISTREMENT. TIMBRE. I. g. 726. B. 88-731.

4485. **1**. Les procès-verbaux, *Actes* (292) et *Jugemens* (3848) en matière criminelle, lorsqu'il n'y a pas de partie civile, continueront à être exempts de la formalité de l'enregistrement, ou à être enregistrés gratis, conformément aux dispositions de l'art. 70, § 2, n° 3, et § 3, n° 9, de la loi du 22 frimaire an 7. *V*. 1790, 1896, 1905 -

4486. (*Délai*, 2008.) Tous autres *Actes* (272) et jugemens en matière criminelle, correctionnelle et de police, qui étaient précédemment soumis à l'enregistrement sur les expéditions, seront, conformément à l'art. 38 de la loi du 28 avril dernier, enregistrés sur les minutes ou originaux, dans les vingt jours de leur date. *V*. 1638, 4290-

4487. **2**. (*Débiteur*, 1728.) Lorsqu'il y aura une partie civile, les droits seront acquittés par elle. A cet effet, le greffier pourra exiger d'avance la consignation entre ses mains du montant des droits. A défaut de cette consignation et de l'accomplissement de la formalité dans le délai prescrit, le recouvrement du droit ordinaire et du droit en sus sera poursuivi contre la partie civile, par le receveur de l'enregistrement, sur l'extrait du jugement que le greffier sera tenu de lui délivrer, dans les dix jours qui suivront l'expiration du délai fixé pour l'enregistrement, le tout conformément à l'art. 37 de la loi du 22 frimaire an 7. *V*. 1666, 1680 -

4488. **3**. (*Actes judiciaires*, 308. *Débiteur*, 1732.) Tout greffier qui aura négligé de faire enregistrer, dans le délai fixé, les jugemens pour l'enregistrement desquels le montant des droits lui aura été consigné, ou qui, dans les dix jours qui suivront l'expiration de ce délai, n'aura pas remis au receveur de l'enregistrement l'extrait des jugemens non enregistrés, faute de consignation des droits par la partie civile, sera personnellement tenu au paiement des droits et de l'amende pour chaque contravention, conformément aux art. 35 et 37 de la même loi. *V*. 1666, 1678, 1680, 1681-

4489. **4**. Dans les affaires de police correctionnelle ou de simple police qui sont poursuivies à la seule requête du ministère public, sans partie civile, ou même à la requête d'une administration publique agissant dans l'intérêt de l'état, d'une commune ou d'un établissement public, la partie poursuivante ne sera pas tenue de consigner d'avance le montant des frais de poursuite ni des droits d'enregistrement auxquels peuvent donner lieu les jugemens ; mais les minutes de ces jugemens devront être enregistrées en *Débet* (1560, 1586) conformément au § 1er de l'art. 70 de la loi du 22 frimaire au 7; et il y aura lieu de suivre la rentrée des droits contre les parties condamnées, en même temps et de la même manière que celle des *Frais de justice* (3212). — Les dispositions du présent article ne sont pas applicables à la régie des contributions indirectes, laquelle continuera à faire l'avance des frais de poursuite et des droits de timbre et d'enregistrement, dans toutes les affaires poursuivies à sa requête et dans son intérêt ou celui de ses agens. *V.* 1770, 1790, 1892, 1893, 4290 -

4490. **5.** (*Frais de justice,* 3212) Les actes et procès-verbaux des huissiers, gendarmes, préposés, gardes-champêtres ou forestiers (autres que ceux des particuliers), et généralement tous actes et procès-verbaux concernant la police ordinaire, et qui ont pour objet la poursuite et la répression des délits et contraventions aux réglemens généraux de police ou d'impositions, continueront à être visés pour timbre, et enregistrés en *Débet* (1580, 1616) lorsqu'il n'y aura pas de partie civile poursuivante, ou qu'elle aura négligé ou refusé de consigner les frais de poursuite, sauf à poursuivre le recouvrement des droits contre qui il appartiendra. *V.* 1770, 1777, 1792, 1892, 1893, 4317, 4433 - 4561, 4777.

4491. (*Débet,* 1648.) Le visa du receveur de l'enregistrement devra toujours faire mention du montant des droits en suspens, pour en faciliter l'emploi et le recouvrement dans la taxe des frais.

4492. **ORD.** 22 mai 1816. *Domaine extraordinaire,* 2232. I. g. 727. B. 28-730.

4496. **ORD.** 24 mai 1816. *Hypothèques,* 3476. B. 89-761.

4500. **ORD.** 19 juin 1816. *Amnistie,* 584. I. g. 729. B. 94-816.

4501. **ORD.** 26 juin-22 juil. 1816. RÉPERTOIRES. I. g. 927. B. 101-911.

4505. **13.** Les commissaires-priseurs tiendront un *Répertoire* (5672, 5680, 5688) sur lequel ils inscriront leurs procès-verbaux jour par jour, et qui sera préalablement visé au commencement, coté et paraphé à chaque page par le président du tribunal de leur arrondissement. Ce répertoire sera arrêté tous les trois mois par le receveur de l'enregistrement; une expédition en sera déposée chaque année, avant le 1er mars, au greffe du tribunal civil. *V.* - 4912.

4512. **ORD.** 3 juil. 1816. *Pensions,* 4760. I. g. 734. B. 98-878.

4516. **ORD.** 3 juil. 1816. *Caisse des dépôts et consignations,* 944; *Cautionnement de personnes à représenter à justice,* 1012; *Coupes de bois (extraord.),* 1512; *Saisies réelles,* 5956; *Successions vacantes,* 6176. I. g. 736. B. 98-876.

4520. **ORD.** 17 juil. 1816. *PERMIS DE PORT D'ARMES,* 4700; *Gratifications aux gendarmes,* 3308. I. g. 732. B. 101-915.

4521. **1.** La faculté accordée par les décrets des 22 mars 1811 et 12 mars 1813 aux personnes décorées des ordres français qui existaient alors, de ne payer qu'un franc fixe pour l'obtention du *Permis de port d'armes* (4792), laquelle faculté a été étendue par notre ordonnance du 9 septembre 1814 aux chevaliers de notre ordre royal et militaire de Saint-Louis, est et demeure supprimée; en conséquence, le droit de 15 fr. fixé par l'art. 77 de la loi du 28 avril dernier, sera payé indistinctement par tous ceux qui seront dans le cas de se pourvoir de ces permis. *V.* 4148 -

4528. **ORD.** 21 août 1816. *Révélation,* 5892. I. g. 740. B. 110-1055.

4532. **ORD.** 27 août 1816. *Pensions,* 4760. I. g. 803. B. 172.

4536. **ORD.** 23 sept.-5 oct. 1816. CONTRIBUTIONS INDIRECTES. B. 115-1162.

4537 **5.** Pour que les cautionnemens puissent suivre à l'avenir les préposés, et servir de garantie de leur gestion, dans le cas où ils viendraient à être nommés à de nouveaux emplois, ces préposés devront adresser à .... — 3° Le *Consentement* (1372) du bailleur des fonds (s'il y en a un). Ce consentement ne sera possible que du droit fixe de deux francs. *V.* 4307-

4544. **ORD.** 13 nov. 1816. *Amnistie,* 584. I. g. 763. B. 131-1531.

4548. **ORD.** 25 déc. 1816. *Administration générale,* 412; *Avancement,* 684; *Changement de résidence,* 1120; *Chefs de division,* 1152; *Conseil d'administration,* 1360; *Conservateurs,* 1380; *Correspondance,* 1492; *Destitutions,* 2136; *Directeurs,* 2160; *Directeur général,* 2164; *Inspecteurs généraux,* 3592; *Inspecteurs particuliers,* 3596; *Instructions générales,* 4608; *Nominations,* 4484; *Ordres,* 4608; *Premiers commis,* 4952; *Receveurs,* 5312; *Secrétaire général,* 6080; *Sous-chefs,* 1144; *Sous-directeurs,* 6152; *Surnuméraires,* 6360; *Suspensions,* 6368; *Vérificateurs,* 7144. I. g. 759.

4552. **ORD.** 8 janv. 1817. BIENS SITUÉS A ST.-DOMINGUE. I. g. 762.

4553. Les actes passés, soit aux colonies, soit à l'étranger, soit en France, en forme authentique ou sous seing-privé, qui contiendraient des stipulations relatives à de biens mobiliers et immobiliers situés à *Saint-Domingue* (5916), ne seront assujettis jusqu'à ce qu'il en soit autrement ordonné, qu'au droit fixe d'un franc pour leur enregistrement, lorsqu'ils seront dans le cas d'être soumis à cette formalité. *V.* - 5345.

4560. **LOI**. 25 mars 1817. ENREGISTREMENT ET TIMBRE. *Pensions*, 4760 ; *Ventes de bois de l'état*, 7072. I. g. 768 , 803 , 819. B. 145 - 1879.

4561. **74.** (*Frais de justice*, 3212.) Les actes et procès-verbaux des huissiers, gendarmes, préposés, gardes-champêtres ou forestiers (autres que ceux des particuliers), et généralement tous actes et procès verbaux concernant la police ordinaire, et qui ont pour objet la poursuite et la répression des délits et contraventions aux réglemens généraux de police et d'impositions, seront visés pour timbre et enregistrés en *Débet* (1580, 1616), lorsqu'il n'y aura pas de partie civile poursuivante, sauf à suivre le recouvrement des droits contre les condamnés. *V.* 1770, 1777, 1792, 1892, 1893, 4317, 4433, 4490-4777.

4562. Seront également visés pour timbre et enregistrés en *Débet* (1564, 1620), les déclarations d'appel de tous jugemens rendus en matière de police correctionnelle, lorsque l'appelant sera emprisonné. *V.* 4433 -

4563. **75.** Seront visés pour timbre et enregistrés gratis, les actes de procédure et les jugemens à la requête du ministère public, ayant pour objet : 1° de réparer les omissions, et faire les rectifications sur les registres de l'*État-civil* (2796), d'actes qui intéressent les individus notoirement indigens ; 2° de remplacer les registres de l'état-civil perdus ou incendiés par les événemens de la guerre, et de suppléer aux registres qui n'auraient pas été tenus.

4564. **76.** (*Journaux*, 3768) Les ouvrages périodiques relatifs aux sciences et arts, ne paraissant qu'une fois par mois ou à des intervalles plus éloignés, et contenant deux feuilles d'impression, seront exempts du timbre. *V.* 1277, 1373, 4432 -

4565. Seront également exempts les annonces, prospectus et *Catalogues* (1000) de librairie. *V.* - 4662.

4566. **77.** Les particuliers qui voudront se servir, pour *Affiches* (468), *Avis ou annonces* (736), d'autre papier que celui de l'administration de l'enregistrement, seront admis à le faire timbrer avant l'impression. *V.* 4420, 4425-4650.

4567. La contravention à la disposition de l'art. 65 de la loi du 28 avril 1816, qui défend de se servir, pour les *Affiches* (492, 496), de papier de couleur blanche, sera punie d'une amende de 100 fr., à la charge de l'imprimeur, qui sera toujours tenu d'indiquer son nom et sa demeure au bas de l'affiche. *V.* 4421-4653, 4909.

4568. **78** (*Succession*, 6304.) Remise est faite aux héritiers et représentans des propriétaires émigrés, dont les biens ont été confisqués, des droits de mutation par décès, dus à raison des biens appartenant à leurs auteurs, et dans la propriété desquels lesdits héritiers et représentans ont été réintégrés en vertu des lois du 5 décembre 1814 et du 28 avril 1816. — L'effet de cette remise est exclusivement limité aux droits résultant de cette entrée en possession ; toute autre mutation postérieure des mêmes biens, et à quelque titre que ce soit, est et demeure passible des droits d'enregistrement établis par les lois sur chaque nature de mutation. — Quant aux biens qui n'auraient été que séquestrés, la compensation des droits de mutation n'aura lieu que jusqu'à concurrence du montant net des sommes perçues par l'état, et provenant desdits biens. *V.* - 4945.

4572. **ORD** 26 mars 1817. *Comptabilité générale*, 1232 I. g. 833.

4576. **AVIS**. 31 mars 1817. *Restitution aux émigrés*, 5772.

4580. **ORD**. 7 mai 1817. ÉLECTIONS. I. g. 779.

4581. (*Élections*, 2632, 2636) Tous les actes relatifs à l'exécution de la loi du 5 février 1817, notamment les registres et les listes des électeurs, les registres des déclarations pour translation de domicile politique, et les extraits de ces déclarations, peuvent être écrits, imprimés ou délivrés sur papier non timbré, et sont exempts de l'enregistrement. *V.* - 5029, 5093, 5094, 5241.

4588. **ORD**. 14 mai 1817. OBLIGATIONS DE LA VILLE DE PARIS. B. 156-2164.

4589. **2.** Ces *Obligations* (4532) ne seront assujetties qu'au droit du timbre. *V.* 4257-

4596. **ORD**. 11 juin 1817. *Ventes de domaines* , 7048. I. g. 791. B. 162-2350.

4600. **ORD**. 20 juin 1817. *PENSIONS*, 4760. I. g. 803. B. 161-2335.

4601. **12.** Les titulaires (des pensions militaires) seront tenus de produire des *Certificats de vie* (1100) délivrés par les notaires-certificateurs. Ces certificats seront exempts du droit de timbre comme l'étaient précédemment ceux délivrés par les maires.

4608. **ORD.** 2 juil. 1817. *Caisse des dépôts et consignations*, 944. 1. g. 795.

4612. **ORD.** 13 août 1817. *Amnistie*, 584. I. g. 804. B. 166-2519.

4616 **ORD.** 25 août 1817. MAJORATS. B. 171-2686.

4617. **7.** (*Salaire*, 6036.) Les actes de constitution de *Majorats* (4200, 4204, 4240) seront transcrits sur un registre qui sera tenu à cet effet et déposé dans les archives de la Chambre des pairs. — **8.** Les droits d'enregistrement et de *Transcription* (6892) seront perçus d'après les bases établies par le décret du 24 juin 1808. *V.* 3422 à 3429 -

4620. **ORD.** 27 août 1817. *Pensions*, 4760. I. g. 603. B. 172-2714.

4624. **ORD.** 3 sept. 1817. *Pensions*, 4760. I. g. 803. Moniteur, 253

4628. **ORD.** 23 sept. 1817. *Vente de mobilier des ministères*, 7080. I. g. 811.

4632. **ORD.** 10 déc. 1817. *Vente des bois de l'état*, 7072. I. g. 819. B. 185-3278.

4636. **LOI.** 21 avril 1818. DOUANES. I. g. 830. B. 207-3958.

4637. Pour ceux qui n'ont point de registre-journal, il y sera suppléé par un *Inventaire* (3728) sur feuilles volantes, rédigé dans la même forme que ci-dessus, et contenant les mêmes indications ; lequel inventaire, également arrêté, daté et signé par le détenteur des tissus, sera par lui présenté, dans les quinze jours de sa date, à l'enregistrement, et conservé pour être produit au besoin. Ledit enregistrement aura lieu sans frais.

4638. **56.** Les *Procès-verbaux* (5148) de *Vente* (6976) ou destruction, dressés en vertu de la présente, ne seront assujettis qu'au droit fixe d'un franc pour leur enregistrement. *V.* 1865 -

4639. **64.** Les actes ou procès-verbaux constatant les *Ventes de navires* (4639), soit totales ou partielles, ne seront passibles, à l'enregistrement, que du droit fixe d'un franc. *V.* 1581, 1865 -

4640. **65.** (*Délai*, 2016.) Les agens des douanes de tout grade prêteront serment devant le tribunal de première instance. — L'acte de ce serment sera enregistré dans les cinq jours. *V.* 1638 -

4644. **LOI.** 15 mai 1818. ENREGISTREMENT. TIMBRE. *Domaine extraordinaire*, 2232. I. g. 834. B. 211-4101.

4646. **73.** Ne seront sujets qu'au droit fixe d'un franc d'enregistrement : — 1° Les *Adjudications au rabais et marchés* (396) pour constructions, réparations, entretien, approvisionnemens et fournitures, dont le prix doit être payé directement ou indirectement par le trésor royal. *V.* 1581, 1839, 2268, 2749, 2773, 3049, 3918, 4369 -

4647. — 2° Les *Cautionnemens* (1052) relatifs à ces adjudications et marchés. *V.* 1581, 1847, 2749, 2957, 3049 -

4648. **74.** Le droit d'enregistrement des *Ventes* (6996) d'objets mobiliers, fixé à deux pour cent par l'art. 69 de la loi du 22 frimaire an 7, est réduit à cinquante centimes par cent francs pour les ventes publiques de marchandises qui, conformément au décret du 17 avril 1812, seront faites à la Bourse, et aux enchères, par le ministère des courtiers de commerce, d'après l'autorisation du tribunal de commerce. *V.* 1865 -

4649. **75.** Pour les rentes et les baux stipulés payables en quantité fixe de grains et denrées dont la valeur est déterminée par des *Mercuriales* (4336), et pour les donations entre vifs et les transmissions par décès de biens dont les baux sont également stipulés payables en quantité fixe de grains et denrées, dont la valeur est également déterminée par des mercuriales, la liquidation du droit proportionnel d'enregistrement sera faite d'après l'évaluation du montant des rentes ou du prix des baux résultant d'une année commune de la valeur des grains ou autres denrées, selon les mercuriales du marché le plus voisin. — On formera l'année commune d'après les quatorze dernières années antérieures à celles de l'ouverture du droit : on retranchera les deux plus fortes et les deux plus faibles ; l'année commune sera établie sur les dix années restantes. *V.* 1606, 1610, 1613, 1615, 3413 -

4650. **76.** A compter du premier juillet prochain, le papier pour *Affiches* (468), *Avis ou annonces* (736), ne sera plus fourni par la régie de l'enregistrement. — Conformément à l'art. 58 de la loi du 30 septembre 1797 (9 vendémiaire an 6), les particuliers feront timbrer le papier dont ils voudront faire usage. *V.* 1278 et s., 4420, 4425 -

4651. (*Affiches*, 440. *Avis*, 708.) Ils acquitteront le droit réglé par les art. 65, 66 et 67 de la loi du 28 avril 1816. *V.* 4420 à 4426 -

4652. (*Affiches, avis ou annonces*, 480.) Le papier sera présenté au timbre avant l'impression, sous les peines portées par l'art. 69 de cette dernière loi. *V.* 4428 -

4653. Néanmoins la disposition de l'art. 77 de la loi du 25 mars 1817, qui défend de se servir, pour les *Affiches* (492), de papier de couleur blanche, et qui prononce une amende de cent francs contre l'imprimeur, en cas de contravention, est et demeure maintenue. *V*. 4567-4909.

4654. **77**. Seront exemptes du droit proportionnel établi par l'art. 55 de la loi du 28 avril 1816, les *Lettres-patentes* (4012) de dispense d'âge pour mariage, délivrées aux personnes reconnues indigentes. Dans ce cas, la formalité de l'enregistrement sera donnée gratis. *V*. 4396 - 5277.

4655. Seront également enregistrés gratis les actes de *Reconnaissance d'enfans naturels* (5372) appartenant à des individus notoirement indigens. *V*. 4323, 4344 -

4656. **78**. Demeurent assujettis au timbre et à l'enregistrement sur la minute, dans le *Délai* (1968) de vingt jours, conformément aux lois existantes : — 1º Les *Actes* (84, 92) des autorités administratives et des établissemens publics, portant transmission de propriété, d'usufruit et de jouissance ; les adjudications ou marchés de toute nature, aux enchères, au rabais ou sur soumission ; — 2º Les cautionnemens relatifs à ces actes. *V*. 1469, 1639, 1898 - 4658.

4657. **79**. La disposition de l'art. 37 de la loi du 12 décembre 1798 (22 frimaire an 7), qui autorise, pour les adjudications en séance publique seulement, la remise d'un extrait au receveur de l'enregistrement pour la décharge du secrétaire, lorsque les parties n'ont pas consigné les droits en ses mains, est étendue aux autres *Actes* (104) ci-dessus énoncés. *V*. 1680 -

4658. **80**. Tous les *Actes* (88, 96), arrêtés et décisions des autorités administratives, non dénommés dans l'art. 78, sont exempts du timbre sur la minute, et de l'enregistrement, tant sur la minute que sur l'expédition. Toutefois, aucune *Expédition* (2848, 2856) ne pourra être délivrée aux parties que sur papier timbré, si ce n'est à des individus indigens, et à la charge d'en faire mention dans l'expédition. *V*. 1469, 1489, 1898, 4656 -

4659. **81**. L'exemption prononcée par l'article précédent est applicable aux actes des autorités administratives antérieurs à la publication de la présente *Loi* (4128, 4160).

4660. (*Amnistie*, 576, 580.) Il est fait remise des doubles droits et amendes encourus pour contraventions aux lois du timbre et de l'enregistrement, à raison d'actes dénommés dans ledit article, et antérieurs à ladite publication.

4661. **82**. Les seuls actes dont il devra être tenu *Répertoire* (5684, 5996) sur papier timbré dans les préfectures, sous-préfectures et mairies, et dont les préposés pourront demander *Communication* (1216), sont ceux dénommés dans l'art. 78 de la présente loi. *V*. 1704, 1707, 1710, 2985, 4656 -

4662. **83**. L'exemption du timbre portée en l'art. 76 de la loi du 25 mars 1827, en faveur des annonces, prospectus et *Catalogues* (1004) de librairie, est étendue aux annonces, prospectus et catalogues d'objets relatifs aux sciences et arts. *V*. 4565 -

4663. **89**. Indépendamment du droit de timbre auquel les *Journaux* (3796) sont assujettis par la loi du 28 avril 1816, il continuera d'être perçu un centime et demi par feuille sur ceux imprimés à Paris, et un demi-centime sur ceux imprimés dans les départemens. — Les journaux ne seront assujettis à aucune autre taxe ou rétribution, sous quelque dénomination que ce puisse être. *V*. 1278, 1289, 4284, 4432, 4770 - 5201 et s., 5205.

4668. **LOI**. 15 mai 1818. *Domaines engagés*, 2228. I. g. 838. B. 212-4131.

4672. **AVIS**. 21 août 1818. BIENS SITUÉS EN PAYS ÉTRANGER. I. g. 859.

4673 Question de savoir si l'article 58 de la loi du 28 avril 1816, est applicable aux *Actes* (360) passés en France pour des biens situés en pays étranger ou aux colonies, et si l'avis du Conseil-d'état du 12 décembre 1806, d'après lequel ils n'avaient été assujettis qu'à un droit fixe, se trouve rapporté par cette loi ; — Est d'avis que le droit d'enregistrement doit être perçu tel qu'il est établi par l'art. 58 de la loi du 28 avril 1816, dans les cas prévus, soit par l'avis du Conseil-d'état du 10 brumaire an 14, soit par celui du 12 décembre 1806. *V*. 3025, 3217, 4406 - 4900.

4680. **ORD**. 7 oct. 1818. GREFFE. HYPOTHÈQUES. I. g. 863. B. 238-5051.

4681. **1**. (*Salaires*, 6036. *Transcription*, 6892.) A l'avenir il sera perçu, lors de l'enregistrement dans nos cours et tribunaux des lettres-patentes portant institution des *Majorats* (4240) de marquis et de vicomte, les mêmes droits que pour celles portant institution des majorats de comte et de baron. *V*. 3421 à 3429, 3545 -

4684. **ORD**. 7 oct. 1818. FERME DES BIENS COMMUNAUX. B. 239-5112.

4685. **4**. Conformément à l'art. 1er du décret du 12 août 1807, il sera passé acte de l'adjudication par-devant le notaire désigné par le préfet. — **5**. L'adjudication ne sera définitive qu'après l'approbation du préfet, et le *Délai* (1952) pour l'enregistrement sera de vingt jours après celui où elle aura été donnée, conformément à l'art. 78 de la loi du 15 mai dernier.

4692. **ORD.** 21 oct. 1818. PÊCHE DE LA MORUE. I. g. 866. B. 243 5117.

4693. **8** (*Pêche de la morue*, 4718.) Toutes les pièces et leurs duplicata, y compris les extraits du rôle d'équipage, seront timbrés aux frais et par les soins des parties.

4700. **ORD.** 17 déc. 1818. *Mobilier de l'état et des départemens*, 4404, 4408 I. g. 1308.

4704. **ORD.** 14 fév. 1819. PÊCHE DE LA BALEINE. I. g. 866. B. 263 6016.

4705. **16.** (*Pêche de la baleine*, 4718.) Toutes ces pièces et leurs duplicata, les extraits de rôle d'équipage y compris, seront timbrés aux frais et par les soins des parties intéressées.

4712 **ORD.** 31 mars 1819 *Révélation*, 5892. I. g. 884. B. 271 6209.

4716. **ORD.** 7 avril 1819. *Mobilier de l'état et des départemens*, 4404, 4408. I. g. 1308. B. 274-6226.

4720. **LOI.** 10 juin 1819. *Cautionnemens de journalistes*, 1024. I. g. 892.

4724. **LOI.** 14 juil. 1819. *Aubaine*, 664. I. g. 900. B. 294 6986.

4728. **LOI.** 17 juil. 1819. GÉNIE. B. 296-7024.

4729. **10.** (*Génie*, 3296.) Les travaux ou constructions ne seront entrepris qu'après que les particuliers ou les communes auront pris l'engagement de remplir les conditions qui lui seront prescrites. — Cette soumission ne sera assujettie qu'au droit fixe d'un franc. *V.* – 4801.

4736. **ORD.** 3 nov. 1819. *Frais d'extraits d'arrêts et de jugemens*, 3272. I. g. 911. B. 328-7905.

4740. **ORD.** 8 déc. 1819. *Remises*, 5616. I. g. 914.

4744. **ORD.** 8 déc. 1819. GREFFE. I. g. 912, 935.

4745. **1.** A compter du 1er janvier 1820, les greffiers des tribunaux en comptant, aux receveurs de l'enregistrement, des droits de greffe perçus sur les parties, retiendront le montant des *Remises* (5612) qui leur sont allouées pour indemnité par la loi du 21 ventôse an 7, et ne verseront que le surplus; de leur côté, les receveurs ne se chargeront en recette effective que de la somme qu'ils auront réellement reçue des greffiers pour le compte du trésor. *V.* 2024, 2031, 2037, 2110-4769

4752. **LOI.** 12 mars 1820. *Domaines engagés*, 2228; *Ventes de domaines*, 7048. I. g. 925. B. 351-8369.

4756. **ORD.** 15 avril 1820. *Pensions*, 4760. I. g. 932.

4760. **AVIS.** 3 juin 1820. VENTE DE POISSON. I. g. 940.

4761. (*Déclaration*, 1896.) Avis des comités réunis du Conseil-d'état du 3 juin 1820, qui affranchit des formalités prescrites par la loi du 22 pluviôse an 7, et des droits d'enregistrement, les *Ventes de poisson de mer* (6984) faites publiquement et aux marchés. *V.* 1934 -

4768. **LOI.** 23 juil. 1820. GREFFE. TIMBRE. I. g. 944. B. 385-9043.

4769. **2.** (*Perception*, 4784.) Les droits et remises attribués aux greffiers des tribunaux civils et de commerce par la loi du 21 ventôse an 7, seront perçus par eux directement des parties qui en sont tenues, mais les receveurs de l'enregistrement mentionneront désormais en toutes lettres, dans la relation au pied de chaque acte, 1° le montant des droits de greffe appartenant au trésor, 2° le montant de la remise qui revient au greffier pour l'indemnité qui lui est allouée par la loi. *V.* 2024, 2031, 2037, 2110, 4745 -

4770. **3.** Indépendamment du droit de timbre auquel les *Journaux* (3796) sont assujettis par l'art. 70 de la loi sur les finances du 28 avril 1816, il continuera d'être perçu un centime et demi par feuille sur ceux qui sont imprimés à Paris, et un centime sur ceux qui sont imprimés dans les départemens. *V.* 4432, 4663 - 5205.

4776. **ORD.** 29 oct. 1820. PROCÈS-VERBAUX DES GENDARMES. I. g. 1313. B. 419-9881.

4777. **508.** Les procès-verbaux des sous-officiers et gendarmes sont faits sur papier libre : ceux de ces actes qui seraient de nature à donner lieu à des poursuites judiciaires, sont préalablement enregistrés en *Débet* (1580, 1616) ou gratis, suivant les distinctions établies par la loi du 22 frimaire an 7 et notre ordonnance du 22 mai 1816. *V.* 1892, 1896, 4490, 4561-

4778. Ils seront présentés à la formalité par les gendarmes, lorsqu'il se trouvera un *Bureau* (896) d'enregistrement dans le lieu de leur résidence : dans le cas contraire, l'enregistrement aura lieu à la diligence du ministère public chargé des poursuites. *V.* 1654 -

4784. ORD. 8 nov. 1820. *Compte de gestion*, 1244 ; *Bordereau récapitulatif*, 840 ; *Résumé général des comptes*, 5832. I. g. 971. B. 416-9812.

4788. ORD. 3 janv. 1821. *Conseil d'administration*, 1360 ; *Directeur*, 2160 ; *Directeur général*, 2164 ; *Inspecteurs généraux*, 3592 ; *Inspecteurs particuliers*, 3596. I. g. 970. B. 430-10066.

4792. ORD. 23 janv. 1821. *Vente de mob. déposé dans les greffes*, 7064. I. g. 969. B. 430-10069.

4796. ORD. 14 mars 1821. *Pensions*, 4760. I. g. 976.

4800. ORD. 1er août 1821. GÉNIE. *Instances judiciaires*, 3680. I. g. 998. B. 475-11195.

4801. **10.** (*Génie*, 3296, 3300.) Les permissions ne pourront avoir leur effet, et les constructions ne pourront être entreprises qu'après que les administrations, les communes ou les particuliers, auront souscrit l'engagement de remplir les conditions qui leur seront prescrites. — Ces soumissions seront faites sur papier timbré, et enregistrées moyennant le droit fixe d'un franc. *V.* 4729 -

4802. **21.** Après la confection du plan et de l'état descriptif, les détails en seront relevés et notifiés à chaque partie intéressée, par l'intermédiaire des gardes du *Génie* (3292) dûment assermentés. — Les notifications seront faites par écrit et dûment enregistrées.

4803. **35.** Avant de dresser les procès-verbaux de contravention, les gardes du génie feront viser pour timbre le papier destiné à ces actes, lesquels, après leur rédaction, seront enregistrés en *Débet* (1584, 1640). *V.* 3081-

4804. **35.** (*Acte à la suite*, 124. *Débet*, 1588, 1632.) Les gardes en dresseront copie, et la notifieront avec sommation. La copie et la sommation seront expédiées à la suite l'un de l'autre, sur du papier que les gardes du génie feront préalablement viser pour timbre, ainsi qu'il a été dit pour la rédaction de la minute du procès-verbal. *V.* 1514.

4805. **40.** (*Débet*, 1592, 1636.) Les gardes du génie seront chargés de la notification des jugemens de condamnation. Elle aura lieu dans les formes prescrites ci-dessus pour la notification des procès-verbaux de contravention.

4806. **64.** (*Génie*, 3304.) Lorsque les parties seront d'accord, l'acte de vente sera immédiatement passé. — Le contrat sera visé pour timbre, et enregistré gratis. *V.* 1834-5385.

4807. **75.** (*Génie*, 3288.) Toutes les fois qu'il y aura lieu de recourir aux tribunaux, la procédure s'instruira sommairement comme en matière domaniale. L'enregistrement des actes qui y seront sujets aura lieu gratis. *V.* 3081-

4812. **LOI** 5 août 1821. CANAL DE ST-MARTIN. B. 470-11108.

4813. **5.** Il ne sera perçu qu'un droit fixe d'un franc pour l'enregistrement, soit du traité et de ses annexes, soit des actes de cautionnement, relatifs à la construction du *Canal Saint-Martin* (972).

4820. AVIS. 24 nov. 1821. ACTES DE POURSUITES. I. g. 1012.

4821. (*Exploits*, 3076.) L'art. 43 de la loi du 28 avril 1816 n'autorise pas à s'écarter des dispositions par lesquelles la loi du 22 frimaire an 7, art. 68 et 70, a statué sur les actes de poursuites pour contribution. *V.* 1771, 1895, 4314-4902.

4828. ORD. 13 mars 1822. *Pensions*, 4760. I. g. 1028.

4832. **LOI.** 1 mai 1822. LETTRES DE CHANGE. I. g. 1039. B. 524-12637.

4833. **6.** (*Effets*, 2568.) Les lettres de change tirées par seconde, troisième ou quatrième, pourront, quoiqu'étant écrites sur papier non timbré, être enregistrées, dans le cas de protêt, sans qu'il y ait lieu au droit de timbre et à l'amende, pourvu que la première, écrite sur papier au timbre proportionnel, soit représentée conjointement au receveur de l'*Enregistrement* (2748). *V.* 1485, 1520-

4840. ORD. 28 juil. 1822. ACQUITS-A-CAUTION. I. g. 1250-2. B. 546-13182.

4841. **7.** Le transport des bœufs et vaches qui partiront du rayon de deux kilomètres et demi en deçà de la première ligne des douanes, ou des portions de territoire situées entre cette ligne et l'étranger, et de ceux qui devront arriver de l'intérieur dans les mêmes rayons ou portions de territoire, ne pourra s'effectuer que par *Acquits-à-caution* (79), lesquels seront dispensés du timbre et de tout droit.

4848. ORD. 14 sept. 1822. *Ventes d'objets immobiliers provenant des ministères*, 7080 ; *Dépenses*, 2072. I. g. 1065. B. 555-13379.

4852. ORD. 14 sept. 1822. *Forêts. Avances*, 3184. C. Cé. 31.

4856. **ORD.** 15 sept. 1822-26 oct. 1832. SALINES DE L'EST. B. 189-4490.

4857. **44.** (*Saline*, 6060.) L'enregistrement du contrat de régie qui interviendra par suite de l'adjudication, ne donnera lieu qu'au droit fixe d'un franc.

4864. **ORD.** 5 mars 1823. TRANSFERT DE RENTES. 1. g. 1076. B. 592-14268.

4865. **1.** Les transferts d'inscriptions directes ou départementales au-dessous de 50 francs de rente, pourront s'opérer à l'avenir, tant à Paris que dans les départemens, sur production de *Procurations* (5172) en brevet et sous signatures privées, dûment certifiées ou légalisées, et soumises, quant à l'enregistrement, au minimum du droit déterminé par la loi, mais non assujetties à la formalité du dépôt. *V.* 4318 -

4872. **AVIS.** 28 août 1823. *Instances judiciaires*, 3680. I. g. 1101.

4876. **ORD.** 12 nov. 1823. *Pensions*, 4760. I. g. 1105.

4880. **ORD.** 10 déc. 1823. *Comptabilité générale*, 1232. I. g. 1358. B. 644-16012.

4884. **ORD.** 30 déc. 1823. *Amendes attribuées aux communes et hospices*, 536. I. g. 1122. B. 654-16389.

4888. **AVIS.** 18 mai 1824. *Hypothèques*, 3476.

4892. **LOI.** 16 juin 1824. ENREGISTREMENT ET AMENDES. I. g. 1136. B. 673 - 17179.

4893. **1.** Les *Baux* (760) à ferme ou à loyer de biens meubles ou immeubles, les baux de pâturage et nourriture d'animaux, les baux à cheptel, ou reconnaissances de bestiaux, et les baux ou conventions pour nourriture de personnes, lorsque la durée sera limitée, ne seront désormais soumis qu'au droit de vingt centimes par cent francs, sur le prix cumulé de toutes les années. *V.* 1828, 1830, 1841, 1843, 1858, 2349, 4382 - 4900.

4894. Le droit de *Cautionnement* (1040) de ces baux sera de moitié de celui fixé par le présent article. *V.* 1847, 1848, 2351-

4895. **2.** Les droits sur les échanges de biens immeubles sont modérés ainsi qu'il suit : — Les *Échanges* (2512, 2520) d'immeubles ruraux ne paieront qu'un franc fixe pour tous droits d'enregistrement et de transcription, lorsque l'un des immeubles échangés sera contigu aux propriétés de celui des échangistes qui le recevra. *V.* 1869 - 5418.

4896. A l'égard de tous les autres *Échanges* (2512, 2516) de biens immeubles, quelle que soit leur nature, le droit de deux pour cent, fixé par l'art. 69 de la loi du 12 décembre 1798 (22 frimaire an 7), est réduit à un pour cent; il sera perçu, comme par le passé, sur la valeur de l'une des parts seulement; et celui d'un et demi pour cent, fixé par l'art. 54 de la loi du 28 avril 1816, n'aura également lieu que sur la valeur d'une des parts. *V.* 1869, 4382-5418.

4897. (*Retour*, 5840.) Dans tous les cas, le droit réglé par l'art. 52 de la même loi, continuera d'être perçu sur le montant de la soulte ou de la plus-value. *V.* 1869, 4370-

4898. **3.** Le droit d'enregistrement fixé par les paragraphes 4 et 6 de l'art. 69 de la loi du 12 décembre 1798, pour les *Donations* (2256, 2284, 2304, 2308) entre vifs en ligne directe, à un franc vingt-cinq centimes pour cent francs sur les biens meubles, et à deux francs cinquante centimes sur les immeubles, est réduit, en ce qui concerne les donations portant partage, faites par actes entre vifs conformément aux articles 1075 et 1076 du Code civil, par les père et mère ou autres ascendans, entre leurs enfans et descendans, au droit de vingt-cinq centimes par cent francs sur les biens meubles, et d'un franc par cent francs sur les immeubles, ainsi qu'il est réglé pour les successions en ligne directe. *V.* 1861, 1877, 2352 -

4899. Le droit d'un et demi pour cent, ajouté au droit d'enregistrement par l'art. 54 de la loi du 28 avril 1816, ne sera perçu pour lesdites donations, que lorsque la *Transcription* (6844, 6876) en sera requise au bureau des hypothèques. *V.* 4382-

4900. **4.** Les *Actes* (360) translatifs de propriété, d'usufruit ou de jouissance de biens immeubles situés, soit en pays étranger, soit dans les colonies françaises où le droit d'enregistrement n'est pas établi, ne seront soumis, à raison de cette transmission, qu'au droit fixe de dix francs, sans que, dans aucun cas, le droit fixe puisse excéder le droit proportionnel qui serait dû s'il s'agissait de biens situés en France. *V.* 1581, 1880, 1883, 3025, 3217, 4328, 4370, 4406, 4673, 4893 -

4901. **5.** Les *Polices d'assurances* (4840) maritimes ne seront assujetties qu'au droit fixe d'un franc pour enregistrement. Le paiement du droit proportionnel fixé par l'art. 51 de la loi du 28 avril 1816, sera perçu seulement lorsqu'il sera fait usage de ces actes en justice. *V.* 1836, 4366 -

4902. **6.** (*Exploits*, 3072, 3076.) Seront enregistrés gratis les actes de poursuites et tous autres actes, tant en action qu'en défense, ayant pour objet, soit le recouvrement des deniers publics et de toutes autres sommes dues à l'état, ainsi que des contributions locales, soit le recouvrement des sommes dues pour mois de nourrices, le tout lorsqu'il s'agira de cotes, droits et créances non excédant en total la somme de cent francs. *V.* 1771, 1895, 2292, 3153-

4903. **7.** (*Succession,* 6296. *Vente,* 7008.) Les départemens, arrondissemens, communes, hospices, séminaires, fabriques, congrégations religieuses, consistoires, et généralement tous établissemens publics légalement autorisés, paieront dix francs pour droit fixe d'enregistrement et de *Transcription* (6876) hypothécaire sur les actes d'acquisition qu'ils feront et sur les *Donations* (2432) ou legs qu'ils recueilleront, lorsque les immeubles acquis ou donnés devront recevoir une destination d'utilité publique, et ne pas produire de revenus, sans préjudice des exceptions déjà existantes en faveur de quelques-uns de ces établissemens. — Le droit de dix francs, fixé par le présent article, sera réduit à un franc toutes les fois que la valeur des immeubles acquis ou donnés n'excèdera pas cinq cents francs en principal. *V.* - 5237.

4904. **8.** Le droit de *Timbre* (6672) proportionnel, pour les effets, billets et obligations d'une somme de 500 fr. et au-dessous, est réduit à 35 centimes. *V.* 1459, 4419 - 5421, 5536.

4905. **9.** Le droit de timbre spécial des *Livres de commerce* (4092), fixé par l'art. 72 de la loi du 28 avril 1816, à vingt centimes par feuille de papier petit ou moyen, est réduit à cinq centimes par feuille. — Le droit de 30 centimes ou 50 centimes par feuille, selon le format des papiers de dimension supérieure, est réduit à 10 centimes par feuille, quelque soit la dimension du papier. *V.* 4434-5533.

4906. **10.** (*Actes administratifs,* 104. *Actes judiciaires,* 308. *Notice,* 4512.) Les amendes progressives prononcées, dans certains cas, contre les fonctionnaires publics et les officiers ministériels, par les lois sur l'enregistrement et le dépôt des *Répertoires* (5680, 5688), sont réduites à une seule amende de dix francs; quelle que soit la durée du retard. *V.* 349, 1681, 1706, 1711 -

4908. (*Affiche,* 480. *Livre de commerce,* 4096. *Patente,* 4720.) Toutes les amendes fixes prononcées par les lois sur l'enregistrement, le timbre, les ventes publiques de meubles et le notariat, ainsi que celles résultant du défaut de mention des patentes dans les actes, et du défaut de consignation des amendes d'appel, sont réduites, savoir : celles de cinq cents francs à cinquante francs. *V.* 1426, 4201, 4428, 4435 -

4909. (*Abréviation,* 24. *Actes,* 112, 220, 324. *Affiche,* 492. *Altération de prix,* 516. *Blanc,* 816. *Clauses et expressions féodales,* 1176. *Communication,* 1212. *Contrat de mariage,* 1436. *Déclaration,* 1900. *Emploi,* 2664, 2668, 2676. *Expédition,* 2940. *Imprimé,* 3492. *Lecture,* 3900. *Noms,* 4472, 4476, 4480. *Omission,* 4556. *Procuration,* 5180. *Registre,* 5476. *Remise des minutes et répertoires,* 5596. *Sommes et dates,* 6136. *Système métrique,* 6384. *Vente,* 7036, 7040.) Celles de cent francs à vingt francs. *V.* 1281, 1527, 1541, 1943, 1945, 1946, 3313, 2624, 2625, 2627, 2628, 2630, 4429, 4473, 4567, 4653-

4910. (*Acte de notaire,* 156. *Acte en conséquence,* 192 à 216. *Addition,* 372. *Annexe,* 592. *Brevet,* 860. *Communication,* 1216. *Dépôt,* 2096, 2116. *Enregistrement,* 2744. *Expédition,* 2920, 2928, 2932, 2948. *Exploits,* 3088. *Interligne,* 3708. *Mots,* 4428. *Patente,* 4716. *Répertoire,* 5684. *Surcharge,* 6352. *Système métrique,* 6380. *Timbrage,* 6480.) Celles de cinquante francs à dix francs. *V.* 184, 988, 1306, 1526, 1675, 1677, 1689, 1691, 1692, 1693, 1707, 1710, 2626, 4360, 4104 -

4911. (*Acte,* 116, 348. *Altération,* 524, 528. *Copie,* 1476. *Déclaration,* 1904. *Emploi,* 2660, 2672. *Expédition,* 2944. *Exploit,* 3084. *Mention,* 4292, 4296. *Prix,* 5128. *Quittance,* 5264. *Répertoire,* 5692, 5696, 5700.) Et toutes celles au-dessous de cinquante francs, à cinq francs. *V.* 1523, 1524, 1525, 1545, 1676, 1695, 1696, 1701, 1703, 1704, 1714, 1944, 1947, 4094-

4912. **11.** (*Poursuites,* 4884.) Les dispositions des lois relatives à la tenue et au dépôt des *Répertoires* (5668 à 5688, 5704), sont applicables aux commissaires-priseurs et aux courtiers de commerce, mais seulement pour les procès-verbaux de ventes de meubles et de marchandises, et pour les actes faits en conséquence de ces ventes. *V.* 349, 1093, 1700, 1702, 1705 à 1709, 4505-

4913. (*Acte fait en conséquence,* 192, 200.) Les art. 41 et 42 de la loi du 12 décembre 1798, sur l'enregistrement, sont applicables aux avoués, le tout sauf la réduction aux sommes fixées par l'article précédent, des amendes prononcées par lesdites lois. *V.* 1689, 1692-

4914. **12.** L'amende fixe de trente francs prononcée par les art. 26 de la loi du 3 novembre 1798 (13 brumaire an 7), et 6 de la loi du 25 mai 1799 (6 prairial an 7), à l'égard des *Effets, billets et obligations* (2584, 2608) au-dessous de 600 fr., écrits sur papier non timbré, est réduite au vingtième du montant de ces effets, sans qu'elle puisse néanmoins, dans aucun cas, être inférieure à cinq francs. *V*. 1529, 2098-5425 à 5428.

4915. Lorsqu'un *Effet, un billet ou une obligation* (2612, 2616) aura été écrit sur du papier d'un timbre inférieur à celui qui aurait dû être employé, l'amende du vingtième prononcée par lesdits articles, ne sera perçue que sur le montant de la somme excédant celle qui aurait pu être exprimée sans contravention dans le papier employé, mais sans qu'elle puisse, dans aucun cas, être inférieure à cinq francs. *V*. 1528, 1529, 2098-5425.

4916. Les *Effets, billets ou obligations* (2620), écrits sur papier portant le timbre de dimension, ne seront assujettis à aucune amende, si ce n'est dans le cas d'insuffisance du prix du timbre et dans la proportion ci-dessus fixée. *V*. 4915-

4917. **13.** (*Débiteur,* 1796.) Les notaires pourront faire des *Actes* (208, 224) en vertu et par suite d'actes sous seing-privé non enregistrés, et les énoncer dans leurs actes, mais sous la condition que chacun de ces actes sous seing-privé demeurera annexé à celui dans lequel il se trouvera mentionné, qu'il sera soumis avant lui à la formalité de l'enregistrement, et que les notaires seront personnellement responsables non seulement des droits d'enregistrement et de timbre, mais encore des amendes auxquelles les actes sous seing-privé se trouveront assujettis. — Il est dérogé, à cet égard seulement, à l'art. 42 de la loi du 12 décembre 1798 (22 frimaire an 7). *V*. 1518, 1692, 4910-5432.

4918. **14.** La *Prescription* (4972, 5024, 5048) de deux ans, établie par le nombre 1er de l'art. 61 de la loi du 12 décembre 1798, s'appliquera tant aux amendes de contraventions aux dispositions de ladite loi, qu'aux amendes pour contraventions aux lois sur le timbre et sur les ventes de meubles. Elle courra du jour où les préposés auront été mis à portée de constater les contraventions au vu de chaque acte soumis à l'enregistrement, ou du jour de la présentation des répertoires à leur visa. *V*. 1720, 3801-

4919. Dans tous les cas, la *Prescription* (4988, 5028) pour le recouvrement des droits simples d'enregistrement et des droits de timbre qui auraient été dus indépendamment des amendes, restera réglé par les lois existantes. *V*. 1720, 3801, 4918- *V*. Code civil 2262.

4921. (*Prescription,* 4976) L'action pour faire condamner aux amendes sera prescrite après deux ans, à compter du jour où les contraventions auront été commises dans les cas déterminés : — 1° Par l'art. 1er de la loi du 5 mai 1796 (16 floréal an 4), concernant le dépôt des répertoires ; *V*. 1093-

4922. — 2° (*Prescription,* 5044.) Par l'article 37 de la loi du 22 octobre 1798 (1er brumaire an 7), pour la mention à faire des patentes ; *V*. 1426, 4201-

4923. — 3° (*Prescription,* 5040.) Par la loi du 16 mars 1803 (25 ventôse an 11), contenant organisation du notariat ; *V*. 2624 à 2630 -

4924. — 4° (*Prescription,* 5040.) Par l'art. 68 du Code de commerce, pour la publication des contrats de mariage des commerçans. *V*. 3313 -

4925. **15.** Toutes les dispositions qui précèdent seront applicables aux perceptions à faire et aux amendes encore dues au moment de la publication de la présente *Loi* (4128, 4160, 4168, 4172, 4184).

4926. **16.** (*Amnistie,* 576, 580.) Il est accordé un délai de six mois, à compter de la publication de la présente loi, pour faire enregistrer et timbrer, sans droits en sus, ni amendes, tous les actes, effets et registres qui, en contravention aux lois sur l'enregistrement et le timbre, n'auraient pas été soumis à ces deux formalités. — Le même délai de faveur est accordé pour faire la déclaration des biens transmis soit par décès, soit entre vifs, lorsqu'il n'existera pas de conventions écrites. — Les héritiers, donataires ou légataires, et tous nouveaux possesseurs qui auraient fait des omissions ou des estimations insuffisantes dans leurs actes ou déclarations, seront admis à les réparer sans être soumis à aucune peine, pourvu qu'ils acquittent les droits simples et les frais dans le délai de six mois. — Le bénéfice résultant du présent article ne pourra être réclamé que pour les contraventions existantes au jour de la promulgation de la présente loi.

4932. **LOI.** 28 juil. 1824. *Chemins vicinaux,* 1160. I. g. 1220. B. 685-17435.

4936. **ORD.** 4 nov. 1824. *Ministère des finances (attributions réservées),* 4352 ; *Cautionnemens des comptables,* 1020 ; *Pensions,* 4760 ; *Débet des comptables,* 1652 ; *Dépenses,* 2072. I. g. 1151. B. 21-542.

4940. **ORD.** 12 janv. 1825. *Pensions,* 4760. I. g. 1158. B. 16-438.

4944. **LOI.** 27 avril 1825. *INDEMNITÉ AUX ÉMIGRÉS,* 3516. I. g. 1161. B. 30-680.

4945. 7. Il ne sera dû aucun droit de *Succession* (6290) pour les indemnités réclamées, etc. *V.* 4568 -

4946. 22. (*Vente*, 7012.) Pendant cinq ans, à compter de la promulgation de la présente loi, tous actes translatifs de la propriété des biens confisqués sur les émigrés, les déportés et les condamnés révolutionnairement, et qui seraient passés entre le propriétaire actuel desdits biens et l'ancien propriétaire ou ses héritiers, seront enregistrés, moyennant un droit fixe de trois francs.

4952. ORD. 1 mai 1825. *INDEMNITÉ AUX ÉMIGRÉS*, 3516. I. g. 1161. B. 33-712.

4953. 61. Conformément à la loi du 26 frimaire an 8, relative aux actes à produire pour la liquidation de la *Dette publique* (2144), les actes sous seing-privé, tendant uniquement à la liquidation de l'indemnité, et en tant qu'ils serviront aux opérations de la liquidation, sont dispensés de la formalité du timbre et de l'enregistrement. — Les actes des administrations et ceux de la commission de liquidation sont dispensés des mêmes formalités. *V.* 2189 -

4960. LOI. 12 mai 1825. *Instances judiciaires*, 3680 ; *Arbres*, 604. I. g. 1193. B. 36-811.

4964. ORD. 22 mai 1825. *Cautionnement des employés*, 1020. I. g. 1171. B. 369-5833.

4968. ORD. 28 mai 1825. *Amnistie*, 584. I. g. 1161. B. 41-955.

4976. ORD. 10 août 1825. *Hypothèques*, 3476.

4980. ORD. 17 août 1825. DÉPOT DE DESSINS D'INVENTIONS. B. 55-1599.

4981. 2. Ce *Dépôt* (2100) sera reçu gratuitement, sauf le droit du greffier pour la délivrance du certificat constatant ledit dépôt.

4988. ORD. 23 sept. 1825. *Alluvion*, 512. I. g. 1175. B. 59-1848.

4992. ORD. 14 déc. 1825. *Correspondance*, 1492. I. g. 1181. B. 70-2383.

4996. ORD. 18 janv. 1826. GREFFE. CONSEIL-D'ÉTAT. B. 73-2483.

4997. 1. (*Cour de cassation*, 1520.) Les dépens continueront d'être réglés au *Conseil-d'état* (1364) conformément aux tarifs établis par l'ordonnance du 28 juin 1738 (2e partie, tit. 16, art. 22), et par celle du 12 septembre 1739, en tant que ces tarifs s'appliquent à la procédure actuelle, ainsi qu'il suit : etc. — FRAIS DE GREFFE. — 14° Pour l'enregistrement de chaque requête au greffe, quatre fr. — 15° L'ordonnance de committitur d'un rapporteur, trois francs. — Cette ordonnance ne pourra être expédiée ni notifiée. — 16° Expédition des ordonnances du garde des sceaux, quatre fr. — 17° Tout certificat délivré par le greffier, quatre francs. — 18° La signature de l'expédition d'une ordonnance royale, douze francs. — 19° La signature de l'exécutoire des dépens, quatre francs. — 20° Chaque rôle d'expédition de greffe, de quelque nature qu'elles soient, à raison de vingt-cinq lignes à la page et douze syllabes à la ligne, cinquante centimes. — 21° Le retrait des pièces, quatre francs. *V.* - 5273.

5004. LOI. 30 avril 1826. INDEMNITÉ AUX COLONS DE ST. DOMINGUE. I. g. 1190. B. 88-2985.

5005. 10. Il ne sera perçu aucun droit de *Succession* (6290) sur l'indemnité attribuée aux anciens colons de Saint-Domingue.

5006. (*Indemnité*, 3512.) Les titres et actes de tout genre qui seront produits par les réclamans ou leurs créanciers soit devant la commission, soit devant les tribunaux, pour justifier de leurs qualités et de leurs droits, seront dispensés de l'enregistrement et du timbre. *V.* - 5013.

5012. ORD. 9 mai 1826. INDEMNITÉ AUX COLONS DE ST.-DOMINGUE. I. g. 1190. B. 89-2989.

5013. 49. (*Indemnité*, 3512.) Le garde des archives de la marine à Versailles est autorisé à délivrer sur papier libre les extraits-copies, ou autres documens, relatifs à la liquidation des anciens colons de St.-Domingue. *V.* 5006 -

5020. LOI. 7 juin 1826. CANAL DES ALPINES. B. 97-3214.

5021. 2, 3e alinéa. — 1° Les actes relatifs au *Canal* (976), et qui seront passés soit pour formation d'une société anonyme ou autre, soit pour acquisition de terrains, soit pour adjudication de travaux, ne seront sujets, pour frais d'enregistrement, qu'au droit fixe d'un franc.

5028. LOI. 2 mai 1827. ORGANISATION DU JURY. B. 157-5679.

5029. 4. .... Il sera statué, etc., sur les *Réclamations* (5336) qui seraient formées contre la rédaction des listes. — Ces réclamations seront formées par simple mémoire et sans frais. *V.* 4581 - 5093, 5241.

5034. **CODE FORESTIER**. 21 mai 1827. *FORÊTS ET PÊCHE*, 3180. I. g. 1251. B. 176 6731.

5036. **25**. Aucune *Déclaration de command* (1860) ne sera admise, si elle n'est faite immédiatement après l'adjudication et séance tenante. *V.* 1765-

5037. **104**. Les actes relatifs aux coupes et arbres délivrés en nature, en exécution des deux articles précédens, seront visés pour timbre et enregistrés en *Débet* (1548, 1624), et il n'y aura lieu à la perception des droits que dans le cas de poursuites devant les tribunaux.

5038. **152**. Le gouvernement déterminera les formalités à remplir tant pour les déclarations de volonté d'abattre, que pour constater, soit les besoins, dans le cas prévu par l'art. précédent, soit les martelages et les abattages. Ces *Formalités* (3188) seront remplies sans frais.

5039. **170**. (*Délai*, 2020.) Les procès-verbaux seront, sous peine de nullité, enregistrés dans les quatre jours qui suivront celui de l'affirmation ou celui de la clôture du procès-verbal, s'il n'est pas sujet à l'affirmation. *V.* 1635, 1676 -

5040. L'enregistrement s'en fera en *Débet* (1580), lorsque les délits et contraventions intéresseront l'état, le domaine de la couronne, ou les communes et les établissemens publics. *V.* 1892 -

5044. **LOI**. 29 mai 1827. CANAL DE DIJOIN A ROANNE. B. 164-6183.

5045. **5**.... Les actes de vente des terrains qui serviront d'emplacement au *Canal* (964) et aux ouvrages qui en dépendront, ne seront passibles, pour frais d'enregistrement, que du droit fixe d'un franc.

5048. **LOI**. 29 mai 1827. CANAUX DE ST.-QUENTIN ET DU CROZAT. B. 166-6302.

5049. Art. unique, 2ᵉ alinéa. (*Canal*, 992.) Toutes les clauses et conditions, soit à la charge de l'état, soit à la charge du concessionnaire, stipulées dans le cahier des charges, etc., recevront leur pleine et entière exécution. — CAHIER DES CHARGES. — 5. Les actes de vente passés ne seront sujets qu'au droit fixe d'un franc pour l'enregistrement. — **16**. Les actes auxquels donnera lieu la formation de la société ne seront soumis, pour l'enregistrement, qu'au droit fixe d'un franc. — **21**. Le présent acte ne sera passible, pour frais d'enregistrement, que du droit fixe d'un franc.

5056. **LOI**. 6 juin 1827. *Coupes de bois*, 1512. I. g. 1251, § 5. B. 176-6732.

5060. **ORD**. 8 juil. 1827. *Timbre*, 6496, 6500, 6504, 6748. I. g. 1216. B. 175-6694.

5064. **ORD**. 10 juil. 1827. *Pensions*, 4760. I. g. 1218.

5068. **ORD**. d'exécution du Code forestier. 1 août 1827. *Forêts*, 3180. I. g. 1251. B. 178-6759. Au surplus, *V.* la Table des matières : *Code forestier*, page 40.

5072. **ORD**. 1 sept. 1827. *Pensions*, 4760. I. g. 1228.

5076. **ORD**. 3 nov. 1827. *Amnistie*, 584. I. g. 1227. B. ..-7627.

5080. **ORD**. 12 déc. 1827. *HYPOTHÈQUES*, 3476; *Echanges avec le domaine*, 2536. I. g. 1233. B. 203-7627.

5081. **8**. Le contrat d'*Échange* (2528) sera enregistré et transcrit. L'enregistrement sera fait gratis, conformément à l'art. 70 de la loi du 22 frimaire an 7. *V.* 1894, 4029 -

5082. Il ne sera payé pour la *Transcription* (6896) que le *Salaire* (6040) du conservateur. *V.* 3832 -

5083. (*Retour*, 5844.) La soulte sera régie, quant au droit proportionnel d'enregistrement dont elle est passible, par les lois relatives aux aliénations ordinaires des biens de l'état. *V.* 2508, 2514 -

5088. **ORD**. 1 juin 1828. *Conflit*, 1320. I. g. 1252. B. 234-8529.

5092. **LOI**. 2 juil. 1828. ELECTIONS. C. 8 juin 1830. B. 239-8713.

5093. **18**. (*Élections*, 2640.) La cause sera jugée sommairement. Les actes judiciaires auxquels elle donnera lieu seront enregistrés gratis, etc. — S'il y a pourvoi en cassation, il sera procédé comme devant la Cour royale, avec la même exemption de droits d'enregistrement, sans consignation d'amende. *V.* 4581, 5029 - 5241.

5094. **26**. (*Élections*, 2636.) Les percepteurs de contributions directes sont tenus de délivrer, sur papier libre, à toute personne portée au rôle, l'extrait relatif à ses contributions, et à tout individu inscrit sur la liste d'un département, tout certificat négatif ou tout extrait des rôles des contributions. *V.* 4581- 5241.

5100. **LOI**. 18 juil. 1828. *Cautionnemens des journalistes*, 1024. I. g. 1255. B. 241-8754.

5104. **ORD**. 29 juil. 1828. *Cautionnement des journalistes*, 1024. I. g. 1255. B. 243-8755.

5108. **ORD.** 12 oct. 1828. *Hypothèques*, 3476. B. 259-9793.

5112. **AVIS.** 11 fév.-11 mars 1829. SUCCESSIONS. I. g. 1282-6.

5113. (*Succession*, 6184.) Est d'avis qu'il y a lieu de résoudre affirmativement la question de savoir si le droit de mutation par décès est dû sur les obligations souscrites en France par des sujets français, au profit de sujets étrangers, lorsque ceux-ci décèdent en pays étranger, et que lesdites obligations y sont payables en monnaie française.

5120. **ORD.** 22 fév. 1829. *Vente de mob. déposé dans les greffes*, 7064. I. g. 1275. B. 280-10771.

5124. **LOI.** 28 mai 1829. *Sénat*, 6088. I. g. 1300.

5128. **ORD.** 31 mai 1829. *Directeur général*, 2164. C. 4 juin 1829.

5132. **LOI.** 3 juin 1829. *Correspondance*, 1492. I. g. 1317. B. ...-11235.

5136. **LOI.** 24 juin 1829. *Monnaie*, 4420. I. g. 1321. B. 295.

5140. **LOI.** 26 juil. 1829. *Mobilier de l'état et des départemens*, 4404, 4408. I. g. 1308.

5144. **ORD.** 11 nov. 1829. *Inspecteurs*, 3596; *Premiers commis*, 4952; *Receveurs*, 5312; *Vérificateurs*, 7144. I. g. 1304.

5148. **ORD.** 3 fév. 1830. *Mobilier de l'état et des départemens*, 4404, 4408. I. g. 1308. B. ...-13423.

5152. **ORD.** 2 août 1830. *Amnistie*, 584. I. g 1325.

5156. **ORD.** 4 août 1830. *Directeur général*, 2164.

5160. **CHARTE CONSTITUTIONNELLE.** 14 août 1830. *Charte*, 1124. B. 5-59.

5164. **ORD.** 26 août 1830. *AMNISTIE*, 584. I. g. 1329. B. 6-100.

5165. **1.** (*Amnistie*, 580.) Notre ordonnance du 2 août dernier, qui déclare que les condamnations prononcées pour délit de la presse en matière politique cesseront d'avoir leur effet, s'appliquera aux contraventions aux lois, ordonnances et réglemens sur le timbre, et à la publication des journaux et des écrits périodiques, placards, gravures et lithographies. — **2.** Les poursuites intentées pour délits et contraventions de cette nature commis jusqu'à ce jour seront discontinuées et arrêtées. — **3.** A l'avenir, et à partir de ce jour, jusqu'à ce que les lois et réglemens mentionnés dans l'article 1er aient été changés, nos procureurs près les tribunaux civils tiendront la main à leur exécution.

5168. **ORD.** 26 août 1830. *Amnistie*, 584. I, g. 1329. B. 4-83,

5172. **LOI.** 30 août 1830. *Prestation de serment*, 5064. I. g. 1331. B. 6-61.

5176. **LOI.** 8-12 sept. 1830. PRÊT SUR DÉPOT. I. g. 1332. B. 7-62.

5177. Les actes de *Prêts sur dépôts* (5096) ou consignations de marchandises, fonds publics français, et actions de compagnies d'industrie et de finances, dans le cas prévu par l'art. 95 du Code de commerce, seront admis à l'enregistrement moyennant le droit fixe de deux francs. *V.* 1581, 1859, 4113-

5184. **ORD.** 26 sept. 1830. *Amnistie*, 584. I. g. 1340. B. 12-160.

5188. **ORD.** 8-19 nov. 1830. *AMNISTIE*, 584. I. g. 1340. B. 22-687.

5189. **5.** (*Amnistie*, 576, 580.) Il est accordé un délai de trois mois, à compter du jour de la publication de la présente ordonnance, pour faire enregistrer et timbrer, sans droits en sus et amendes, tous les actes sous signatures privées, effets et registres qui, en contravention aux lois sur l'enregistrement et le timbre, n'auraient pas été soumis à cette formalité. — Le même délai de faveur est accordé pour faire la déclaration des biens transmis, soit par décès, soit entre vifs, lorsqu'il n'existera pas de conventions écrites. — Les héritiers, donataires ou légataires, et tous nouveaux possesseurs qui auraient fait des omissions ou déclarations insuffisantes dans leurs actes ou déclarations, seront admis à les réparer sans être soumis à aucune peine, pourvu qu'ils acquittent les droits simples et les frais dans le délai de trois mois à partir de la publication de la présente. — Le bénéfice résultant du présent article ne pourra être réclamé que pour les contraventions existantes au jour de la publication de la présente ordonnance. — **6.** Ne sont point compris dans la remise accordée par l'article précédent, les condamnations prononcées par jugement en matière d'enregistrement et de timbre, et les frais d'instances et de poursuites à la charge des parties.

5196. **LOI.** 13 déc. 1830. RÉCOMPENSES NATIONALES. B. 17-81.

5197. **12.** (*Récompenses nationales*, 5348.) Sont dispensés des droits de timbre, d'enregistrement et d'*Expédition* (2912) appartenant au gouvernement, les extraits des registres de l'état-civil, de ceux des greffes des tribunaux de paix, de première instance et de Cour royale, demandés par les parties intéressées avec l'autorisation de la Commission.

5200. **LOI.** 14 déc. 1830. TIMBRE DES ÉCRITS PÉRIODIQUES. *Cautionnemens des journalistes*, 1024. I. g. 1343. B. 16-80.

5201. **2.** Le droit de timbre fixe ou de dimension sur les *Journaux* (3776) ou écrits périodiques, sera de six centimes pour chaque feuille de trente décimètres carrés et au-dessus, et trois centimes pour chaque demi-feuille de quinze décimètres carrés et au-dessous. — Tout journal ou écrit périodique imprimé sur une demi-feuille de plus de quinze décimètres, et de moins de trente décimètres carrés, paiera un centime en sus pour chaque cinq décimètres carrés. — Il ne sera perçu aucune augmentation de droit pour fraction au-dessous de cinq décimètres carrés. *V*. 1278 et s., 1289, 4663 -

5204. Il ne sera perçu aucun droit pour un supplément qui n'excédera pas trente décimètres carrés, publié par les *Journaux* (3772) imprimés sur une feuille de trente décimètres carrés et au-dessous. *V*. 2095 -

5205. (*Journaux*, 3796.) La loi du 13 vendémiaire an 6, et l'article 89 de la loi du 15 mai 1818, sont et demeurent abrogés. *V*. 1289, 1278 et s., 4284, 4663, 4770 -

5206. La loi du 6 prairial an 7 (sur le *Décime* (1842), est abrogée en ce qui concerne le droit de timbre sur les journaux ou feuilles périodiques. *V*. 2085 -

5212. **ORD.** 16 fév. 1831. *Timbre*, 6496, 6748. C. 21 fév. 1831. B. 45-1116.

5216. **ORD.** 18 mars 1831. *Vente de mobilier de l'état*, 7056. I. g. 1365. B. ..-1604.

5220. **LOI.** 22 mars 1831. GARDE NATIONALE. *Amendes de consignation*, 564. I. g. 1357, 1442. B. 26-92.

5221. **121.** (*Garde nationale*, 3284. *Enregistrement*, 2748.) Tous actes de poursuite devant les conseils de discipline, tous jugemens, recours et arrêts rendus en vertu de la présente loi, seront dispensés du timbre, et enregistrés gratis. *V*. 1520 -

5228. **LOI.** 25 mars 1831. *Vente des bois de l'état*, 7072. I. g. 1361. B. 28-95.

5232. **ORD.** 15 avril 1831. LISTE CIVILE. B. 214-4698.

5233. **2.** (*Acte à la suite*, 124.) Chaque pensionnaire sera tenu en outre de fournir à l'appui du paiement, un *Certificat* (1108) du maire de sa résidence, constatant que sa situation lui rend le secours nécessaire. — Ce certificat sera délivré sur papier libre et sans frais ; il pourra même être donné à la suite du certificat de vie. *V*. 1514-

5236. **LOI.** 18 avril 1831. ACTES AU PROFIT DES DÉPARTEMENS ET ÉTABLISSEMENS PUBLICS. I. g. 1362 B. 58-106.

5237. **17.** (*Succession*, 6296. *Vente*, 7008.) Sont et demeurent abrogés l'art. 7 de la loi du 16 juin 1824, et les dispositions des lois, décrets et arrêtés du gouvernement qui n'ont assujetti qu'au droit fixe pour l'enregistrement et la transcription hypothécaire, les actes d'acquisition, et les donations et legs faits au profit des départemens, arrondissemens, communes, hospices, séminaires, fabriques, congrégations, consistoires, et autres établissemens publics. — En conséquence, ces acquisitions, *Donations* (2432) et legs seront soumis aux droits proportionnels d'enregistrement et de *Transcription* (6876) établis par les lois existantes. *V*. 1581, 2781, 2813, 3553, 3689, 3958, 4105, 4370, 4903-

5240. **LOI.** 19 avril 1831. ÉLECTIONS. B. 37-105.

5241. **25.** (*Elections*, 2636, 2640.) Tout individu, inscrit sur les listes d'un arrondissement électoral, pourra réclamer l'inscription de tout citoyen qui n'y sera pas porté. — Ce même droit appartiendra à tout citoyen inscrit sur la liste des jurés non électeurs de l'arrondissement. — **33.** La cause sera jugée sommairement. Les actes judiciaires auxquels elle donnera lieu seront enregistrés gratis. — S'il y a pourvoi en cassation, il sera procédé avec la même exemption du droit d'enregistrement, sans consignation d'amende. — **36.** Les percepteurs des contributions directes seront tenus de délivrer, sur papier libre, à toute personne portée au rôle, l'extrait relatif à ses contributions, et à tout individu qualifié comme il est dit à l'art. 25 ci-dessus, tout certificat négatif, ou tout extrait des rôles des contributions. *V*. 4581, 5029, 5093, 5094-

5248. **AVIS** 8 juin 1831. CESSIONS D'ACHALANDAGE. I. g. 1381-1.

5249. Est d'avis, qu'aux termes du § 5 de l'art. 69 de la loi du 22 frimaire an 7, le droit de 2 p.%, est dû sur toutes les cessions (*Ventes* (6964) d'office de notaires, avoués et autres de même nature, ainsi que sur l'achalandage et les pratiques des marchands. *V*. 1865-5317.

5252. **ORD.** 9 juin 1831. *Vente de mob. déposé dans les greffes*, 7064. I. g. 1375. B. 83-2285.

5256. **LOI.** 20 fév. 1832. CANAL DES PYRÉNÉES. B. 62-143.

5257. **8.** (*Canal*, 980.) Les actes d'achat de terrains acquis en vertu des précédentes dispositions, ne seront passibles que du droit fixe d'un franc pour tous frais d'enregistrement. — Les actes auxquels donnerait lieu la formation de ces associations, ne seront soumis, pour l'enregistrement, qu'au droit fixe d'un franc.

5260. ORD. 24 fév. 1832. *Remises*, 5616. I. g. 1395. B. 142-4061.

5264. ORD. 25 fév. 1832. *Frais de poursuites. Forêts*, 3240. I. g. 1397. B. 141.

5268. LOI. 17 avril 1832. *Poursuites*, 4932. B. 73-158.

5272. LOI. 21 avril 1832. *FRAIS DE GREFFE DU CONSEIL-D'ÉTAT*, 3204. C. de la compt. 25. B. 76-168.

5273. 7. A partir de la promulgation de la présente loi, les droits perçus par le secrétaire général du *Conseil-d'état* (1364), en vertu de l'ordonnance du 18 janvier 1826, sous le titre de frais de greffe, seront par lui versés dans la caisse du receveur de l'enregistrement, et profiteront à l'état. *V.* 4997-

5276. LOI. 21 avril 1832. LETTRES-PATENTES. B. 75-166.

5277. 1. La remise de tout ou partie des droits de sceau pour la délivrance des *Lettres* (3996, 4008, 4016) de naturalité, et des dispenses d'âge et de parenté, pour mariage, pourra être accordée par ordonnance du roi, sur la proposition du garde-des-sceaux, ministre de la justice, lorsque les impétrans auront dûment justifié qu'ils sont hors d'état d'acquitter les droits fixés par la loi du 28 avril 1816. — Le droit d'enregistrement établi pour lesdites lettres par la même loi, sera réduit proportionnellement à la remise prononcée sur le droit du sceau. *V.* 4394, 4396, 4397, 4654 -

5280. LOI. 21 avril 1832 NAVIGATION DU RHIN. B. 75-167.

5281. 2. (*Navigation du Rhin*, 4460. *Enregistrement*, 2718.) Les actes de procédure et les jugemens seront enregistrés gratis, et sur papier simple. *V.* 1520 -

5284. LOI. 21 avril 1832. ENREGISTREMENT. TIMBRE. *Fortifications*, 3192. I. g. 1399, 1514. C. de la compt. 25. B. 76-169.

5285. 28. Ne seront point assujetties au droit de timbre, les *Réclamations* (5340) (en décharge ou réduction de cotisations, soit en contribution personnelle et mobilière, soit en portes et fenêtres), ayant pour objet une cote moindre de trente francs. *V.* 1470 -

5286. 30. Le *Recours* (5384) contre les arrêtés du conseil de préfecture ne sera soumis qu'au droit de timbre; il pourra être transmis au gouvernement par l'intermédiaire du préfet, sans frais. *V.* 4351-

5291. 33. Les droits d'enregistrement des donations entre vifs et des mutations par décès, soit par succession, soit par testament, ou autres actes de libéralité, à cause de mort, qui auront lieu à compter de la promulgation de la présente loi, de biens meubles ou immeubles en ligne collatérale, et entre personnes non parentes, seront perçus suivant les quotités établies ci-après (qui comprennent le droit de *Transcription* (6840). I. g. 1399.) : — Entre frères et sœurs, oncles et tantes, neveux et nièces, — Pour les *Donations entre vifs par contrat de mariage* (2256, 2332, 2344); — Sur les meubles, deux francs pour cent francs ; *V.* 1875, 1876, 4378, 4381, 4382 -

5292 (*Donation*, 2256, 2332, 2348.) Sur les immeubles, quatre francs cinquante centimes pour cent francs. *V.* 1888, 1889, 4374, 4381-

5294. (*Succession*, 6212, 6244, 6248.) Pour les *Donations* (2256, 2332, 2336) entre vifs hors contrat de mariage, et les mutations par décès; — Sur les meubles, trois francs pour cent francs; *V.* 1863, 1875, 4378 -

5295. (*Donation*, 2256, 1332, 2340. *Succession*, 6216, 6244, 6252.) Sur les immeubles, six francs cinquante centimes pour cent francs. *V.* 1888, 1890, 4374 -

5298. Entre grands-oncles et grand'-tantes, petits-neveux et petites-nièces, cousins germains; — Pour les *Donations entre vifs par contrat de mariage* (2256, 2352 2364); — Sur les meubles, deux francs cinquante centimes pour cent francs. *V* 1875, 1876, 4378, 4381-

5299. (*Donation*, 2256, 2352, 2368.) Sur les immeubles, cinq francs pour cent francs. *V.* 1888, 1889, 4374, 4381-

5301. (*Succession*, 6212, 6256, 6260.) Pour les *Donations* (2256, 2352, 2356) entre vifs hors contrat de mariage, et les mutations par décès; — Sur les meubles, quatre francs pour cent francs; *V.* 1863, 1875, 4378 -

5302. (*Donation*, 2256, 2352, 2360. *Succession*, 6216, 6256, 6264.) Sur les immeubles, sept francs pour cent francs. *V.* 1888, 1890, 4374-

5305. Entre parens au-delà du quatrième degré et jusqu'au douzième : — Pour les *Donations entre vifs par contrat de mariage* (2256, 2372, 2384); — Sur les meubles, trois francs pour cent francs; *V.* 1875, 1876, 4378, 4381-

5306. (*Donation*, 2256, 2372, 2388.) Sur les immeubles, cinq francs cinquante centimes pour cent francs. *V.* 1888, 1889, 4374, 4381.

5308. (*Succession*, 6212, 6268, 6272.) Pour les *Donations* (2256, 2372, 2376) entre vifs hors contrat de mariage, et les mutations par décès : — Sur les meubles, cinq francs pour cent francs ; *V*. 1863, 1875, 4378 -

5309. (*Donation*, 2356, 2372, 2380. *Succession*, 6216, 6268, 6276.) Sur les immeubles, huit francs pour cent francs. *V*. 1888, 1890, 4374 -

5312. Entre personnes non parentes : — Pour les *Donations entre vifs par contrat de mariage* (2256, 2392, 2404) : — Sur les meubles, quatre francs pour cent francs ; *V*. 1875, 1876, 4379, 4381-

5313. (*Donation*, 2256, 2392, 2408.) Sur les immeubles, six francs pour cent fr. *V*. 1888, 1889, 4375, 4381-

5315. (*Succession*, 6212, 6280, 6284.) Pour les *Donations* (2256, 2392, 2396) entre vifs hors contrat de mariage, et les mutations par décès : — Sur les meubles, six francs pour cent francs ; *V*. 1863, 1875, 4379, 4380 -

5316. (*Donation*, 2256, 2392, 2400. *Succession*, 6216, 6280, 6288.) Sur les immeubles, neuf francs pour cent francs. *V*. 1888, 1890, 4375, 4380.

5317. **54.** Les ordonnances portant *Nomination* (4488) des avocats à la Cour de cassation, notaires, avoués, greffiers, huissiers, agens de change, courtiers et commissaires-priseurs, seront assujetties, à compter du jour de la promulgation de la présente loi, à un droit d'enregistrement de dix pour cent sur le montant du cautionnement attaché à la fonction ou à l'emploi. — Ce droit sera perçu sur la première expédition de l'ordonnance, dans le mois de sa délivrance, sous peine d'un double droit ; les nouveaux titulaires ne pourront être admis au serment qu'en produisant ladite expédition revêtue de la formalité de l'enregistrement ; en cas de délivrance d'une seconde, ou de subséquentes expéditions, la relation de l'enregistrement y sera mentionnée sans frais par le receveur du bureau où la formalité aura été donnée et les droits acquittés. *V*. 5249 -

5318. Les *Expéditions* (2880) des ordonnances de nomination, destinées aux parties, sont assujetties au timbre.

5324. **LOI.** 22 avril 1832. CANAL LATÉRAL A LA GARONNE. B. 80-182.

5325. **9.** (*Canal*, 988.) Les actes de vente ne seront sujets qu'au droit fixe d'un fr. pour l'enregistrement. — **19.** Les actes auxquels donneront lieu la formation de cette société ne seront soumis, pour l'enregistrement, qu'au droit fixe d'un franc.

5332. **ORD.** 28 juin 1832. *Frais de justice à payer*, 3208. I. g. 1404. B. 169-4273.

5336. **ORD.** 8 déc. 1832. *Registre à souche*, 5468 ; *Versemens*, 7148. C. de la Compt. 29. B. 204-4602.

5340. **ORD.** 8 déc. 1832. *Droits constatés*, 2460. C. de la Compt. 30. B. 204-4604.

5344. **ORD.** 23 déc. 1832. ST.-DOMINGUE. I. g. 1418. B. 206-4615.

5345. **1.** (*St.-Domingue*, 5916.) L'ordonnance du 8 janvier 1817 est abrogée. *V*. 4553 -

5352. **LOI.** 31 janv. 1833. *Domaines*, 2216. I. g. 1509. B. 83-190.

5356. **LOI.** 24 avril 1833. GREFFES. I. g. 1431. B. 94-214.

5357. **1.** Continuera d'être faite, pour 1833, conformément aux lois existantes, la perception d'un *Décime* (1842) par franc sur les droits de greffe perçus par le secrétaire général du Conseil-d'état en vertu de l'ordonnance du 18 janvier 1836. *V*. 2018, 2085, 5273 -

5364. **LOI.** 30 avril - 9 mai 1833. CANAL DE VIRE ET DE TAUTE. B. 100-231.

5365. **4.** Les actes de vente des terrains qui serviront d'emplacement au *Canal* (984) et aux ouvrages faits par le concessionnaire, ne seront passibles, pour frais d'enregistrement, que du droit fixe de un franc.

5368. **LOI.** 30 avril - 10 mai 1833. CANAL DE JONCTION DE LA SAMBRE A L'OISE. B. 101-232.

5369. **3.** Les actes de vente des terrains qui serviront d'emplacement au *Canal* (968) et aux ouvrages qui en dépendent, ne seront passibles, pour frais d'enregistrement, que du droit fixe d'un franc par chaque acte d'acquisition.

5376. **ORD.** 12 mai 1833. *Versemens*, 7148. C. de la Compt. 29. B. 227-4806.

5380. **ORD.** 14 juin 1833. *Domaines*, 2216. I. g. 1509. B. 234-4853.

5384. **LOI.** 7 - 9 juil. 1833. *EXPROPRIATION POUR CAUSE D'UTILITÉ PUBLIQUE*, 3116. I. g. 1485, 1448. B. 107-241.

5385. **1.** L'*Expropriation pour cause d'utilité publique* (3120) s'opère par autorité de justice. — **58.** Les plans, procès-verbaux, certificats, significations, jugemens, contrats, quittances, et autres actes faits en vertu de la présente loi, seront visés pour timbre, et enregistrés gratis, lorsqu'il y aura lieu à la formalité de l'enregistrement. *V*. 1894, 4806 -

5392. **ORD**. 18 sept. 1833. *Expropriation pour utilité publique*, 3116. I. g. 1448. B. 252-4976.

5396. **ORD**. 6 oct. 1833. *Domaines*, 2216. I. g. 1509. B. 260-5017.

5400. **ORD**. 24 oct. 1833. *Vente de mob. Guerre*, 7084. I. g. 1450. B. 266-5055.

5404. **LOI**. 30 mars 1834. *Monnaie*, 4120. I. g. 1452. B. 114-258.

5408. **AVIS**. 2 avril - 3 juil. 1834. *Poursuites*, 4932. I. g. 1461.

5412. **LOI**. 24 mai - 1 juin 1834. ENREGISTREMENT ET TIMBRE. I. g. 1457, 1469, 1471. B. 229-286.

5413. **11**. Les procès-verbaux d'apposition, de reconnaissance et de levée des *Scellés* (6072), et les *Inventaires* (3716) dressés après faillite, dans les cas prévus par les art. 449, 450 et 486 du Code de commerce, ne seront assujettis, chacun, qu'à un droit fixe d'enregistrement de 2 fr., quel que soit le nombre des vacations. *V*. 1794, 1797 -

5414. **12**. Les *Ventes de meubles et marchandises* (6992) qui seront faites conformément à l'article 492 du Code de commerce, ne seront assujetties qu'au droit proportionnel de 50 cent. par 100 fr. *V*. 1865 -

5415. **13**. (*Actes judiciaires*, 296.) Les procès-verbaux d'affirmation de créances, faits en exécution de l'art. 507 du Code de commerce, ne seront assujettis qu'à un seul droit fixe de 3 francs, quel que soit le nombre des déclarations affirmatives. *V*. 1803, 4335 -

5416. **14**. Les concordats ou *Attermoiemens* (656) consentis conformément aux art. 519 et suivans du Code de commerce, ne seront assujettis qu'au droit fixe de 3 francs, quelle que soit la somme que le failli s'oblige à payer. *V*. 1840-

5417. **15**. Les *Quittances de répartition* (5212), données par les créanciers aux syndics ou au caissier de la faillite, en exécution de l'art. 561 du Code de commerce, ne seront sujettes qu'au droit fixe de 2 francs, quel que soit le nombre d'émargemens sur chaque état de répartition. *V*. 1856 -

5418. **16**. La disposition de l'art. 2 de la loi du 16 juin 1824, qui réduit à 1 fr. fixe le droit d'enregistrement des *Échanges* (2512) dans lesquels l'une des parties reçoit des biens qui lui sont contigus, est et demeure abrogée. — Ces échanges jouiront toutefois de la modération du droit introduite pour les échanges en général dans la seconde disposition du même article. *V*. 4895, 4896 -

5419. **17**. (*Loi*, 4132.) Les dispositions des art. 11, 12, 13, 14, 15 et 16 ci-dessus seront exécutées seulement à compter du 1er janvier 1835.

5421. **18**. A compter du 1er janvier 1835, le droit proportionnel de *Timbre* (6672) sur les lettres de change et billets à ordre, sur les billets et obligations non négociables, sera réduit ainsi qu'il suit : — A vingt-cinq centimes, au lieu de trente-cinq centimes, pour ceux de cinq cents francs et au-dessous ; *V*. 4904 - 5536.

5422. (*Timbre*, 6676.) A cinquante centimes, au lieu de soixante-dix centimes, pour ceux au-dessus de cinq cents francs jusqu'à mille francs ; *V*. 4419-

542e. (*Timbre*, 6680.) A cinquante centimes par mille francs, au lieu de soixante-dix centimes, pour ceux au-dessus de mille francs. *V*. 1459, 4419, 4904 -

5124. Le *Décime pour franc* (1842) ne sera point ajouté aux droits ainsi réduits. *V*. 2085 -

5425. **19**. (*Effet*, 2584, 2588.) L'amende due en cas de contravention aux lois sur le timbre proportionnel, par le souscripteur d'une lettre de change ou d'un billet à ordre, d'un billet ou obligation non négociable, et qui était fixée au vingtième (cinq pour cent) du montant des sommes exprimées dans lesdits actes, est portée à six pour cent du montant des mêmes sommes. — L'accepteur d'une lettre de change qui n'aura pas été écrite sur papier du timbre prescrit, ou qui n'aura pas été visée pour timbre, sera soumis à une amende de même quotité, indépendamment de celle encourue par le souscripteur ; à défaut d'accepteur, cette amende sera due par le premier endosseur. — Une amende semblable sera due par le premier endosseur d'un billet à ordre et par le premier cessionnaire d'un billet ou obligation non négociable, qui aura été souscrit en contravention aux lois sur le timbre. *V*. 1528, 2098, 4914, 4915 - 5537.

5427. **20**. Lorsqu'une lettre de change ou un billet à ordre venant, soit de l'étranger, soit des îles ou des colonies dans lesquelles le timbre ne serait pas encore établi, aura été accepté ou négocié en France, avant d'avoir été soumis au timbre ou au visa pour timbre, l'accepteur et le premier endosseur résidant en France, seront tenus chacun d'une amende de six pour cent du montant de l'*Effet* (2600, 2604). *V*. 1486, 4914 - 5537.

5428. **21**. (*Effet*, 2608.) Aucune des amendes prononcées par les articles 19 et 20 ci-dessus, ne pourra être au-dessous de cinq francs. *V*. 4944 - 5537.

5429. (*Débiteur, 1812.*) Les contrevenans seront solidaires pour le paiement du droit et des amendes, sauf le recours de celui qui en aura fait l'avance, pour ce qui ne sera pas à sa charge personnelle. *V*. 1540 - 4112.

5430. **22.** Les dispositions des art. 19, 20 et 21 ci-dessus, concernant les accepteurs et endosseurs, et l'augmentation de la quotité de l'amende, ne seront applicables que lorsqu'il s'agira d'effets, billets ou obligations souscrits à partir du 1er janvier 1835 ; à l'égard de ceux qui auront été souscrits antérieurement, les dispositions pénales des *Lois* (4164) actuellement en vigueur continueront d'être observées.

5431. **23.** A compter du jour de la publication de la présente loi, les actes de *Protêt* (5196) faits par les notaires, devront être enregistrés dans le même *Délai* (1960), et seront assujettis au même droit d'enregistrement que ceux faits par les huissiers. *V*. 1636, 1637, 1675 -

5432. (*Acte fait en conséquence*, 220, 221. *Débiteur*, 1804.) Aucun notaire ou huissier ne pourra protester un effet négociable ou de commerce non écrit sur papier du timbre prescrit ou non visé pour timbre, sous peine de supporter personnellement une amende de vingt francs pour chaque contravention : il sera tenu en outre d'avancer le droit de timbre et les amendes encourues dans les cas déterminés par les art. 19, 20, 21 et 22 ci-dessus, sauf son recours sur les contrevenans. — L'article 13 de la loi du 16 juin 1824 est abrogé en ce qu'il peut contenir de contraire au présent article. *V*. 1518, 4917, 5425 à 5430 -

5436. **REGL.** 3 juil. 1834. *Instances judiciaires*, 3680. I. g. 1459.

5440. **ORD.** 5 août 1834. *Timbre*, 6495, 6500, 6504, 6748. I. g. 1469. B. 320-5415.

5444. **ORD.** 10 oct. 1834. TIMBRE. *Visa*, 7168 ; *Amendes*, 568. B. 310-5365.

5445. **1.** Sont exceptés de la formalité et du droit du timbre, conformément à l'art. 16 de la loi du 13 brumaire an 7, les extraits d'inscriptions de rentes sur le grand livre, les bons royaux, les mandats et les traites du trésor sur les départemens, les traites du caissier central du trésor, sur lui-même pour le service des armées et des colonies, et tous autres *Effets* (2624) ou valeurs négociables créés et émis directement par le trésor public. — **2.** Continueront d'être assimilés aux effets du trésor, et à ce titre seront également exceptés du droit et de la formalité du timbre, les mandats tirés par les receveurs généraux et servant de moyens de transmission ou de virement des sommes affectées, — A la caisse d'amortissement et à celle des dépôts et consignations, — A la solde des troupes de terre et de mer, — Aux fonds de masse des corps de troupes de la guerre et de la marine, — Au service des subsistances militaires, — Idem des invalides de la marine, — Idem du génie et de l'artillerie, — Idem des hôpitaux militaires et de la marine, — Idem de l'instruction publique, — Aux masses des condamnés libérés, — Aux dépenses des aliénés, enfans trouvés et hospices, — Aux pensions des élèves entretenus dans les écoles militaires et des arts et métiers, — Et généralement aux services publics et de bienfaisance, déterminés par les instructions du ministre des finances, et qui sont exécutés par le trésor. — **3.** Les mandats des receveurs généraux qui auront pour cause les services énoncés en l'art. 2, seront frappés, par les comptables qui les auront tirés, d'une empreinte portant les mots : SERVICE PUBLIC NON SUJET AU TIMBRE. *V*. 1490 -

5446. **4.** Tous les autres *Mandats* (4272) qui seront tirés par les receveurs généraux, à partir du 1er janvier 1835, soit sur les départemens, soit sur la caisse centrale à Paris, seront soumis à l'impôt établi par l'art. 18 de la loi du 24 mai dernier. La perception en sera faite par le trésor, au moyen d'un débit qui sera donné, à la fin de chaque trimestre, aux receveurs généraux dans leur compte courant d'une somme équivalente aux droits de timbre dûs sur leurs dispositions. Les receveurs généraux seront tenus d'apposer sur chacun des mandats formant l'objet du présent article, une empreinte qui suppléera le timbre de la régie et portera ces mots : TIMBRE EN COMPTE COURANT AVEC LE TRÉSOR PUBLIC. *V*. 5420 à 5424, 5445 - 5536.

5452. **AVIS.** 7-21 nov. 1834. *Forêts. Avances*, 3184. I. g. 1480.

5456. **ORD.** 30 nov. 1834. *Passeports et permis de port d'armes*, 4700. I. g. 1472. B. 340-5593.

5460. **ORD.** 22 mars 1835 *Ventes. Terrains acquis pour travaux d'utilité publique*, 7108. I. g. 1484. B. 357-5732.

5464. **LOI.** 5 juin 1835. CAISSES D'ÉPARGNE. I. g. 1492. B. 142-316.

5465. **9.** Seront exempts des droits de timbre les registres et livrets à l'usage des *Caisses d'épargnes* (940).

5472. **ORD**. 25 juin 1835. *Cautionnement des employés*, 1020. I. g. 1491. B. 369-5832.

5476. **ORD**. 20 juil. 1835. *Domaines*, 2216. I. g. 1509. B. 375-5870.

5480. **LOI**. 20 mai 1836. *Ventes de domaines*, 7048 ; *Ventes d'objets immobiliers provenant des ministères*, 7080. I. g. 1541, 1553. B. 429-6314.

5484. **LOI**. 21 mai 1836. CHEMINS VICINAUX. *Contributions des domaines*, 1460. I. g. 1521, 1533. B. 422-6293.

5485. **20**. Les plans, procès-verbaux, certificats, significations, jugemens, contrats, marchés, adjudications de travaux, quittances et autres actes ayant pour objet exclusif la construction, l'entretien et la réparation des *Chemins vicinaux* (1164), seront enregistrés moyennant le droit fixe d'un franc.

5492. **LOI**. 9 juil. 1836. *Saisies-arrêts ou oppositions*, 5928. I. g. 1520. B. 443-6391.

5496. **LOI**. 18 juil. 1836. RENTES SUR L'ÉTAT. I. g. 1525. B. 415-6206.

5497. **6**. A compter du 1er janvier 1837, les donations entre vifs de rentes sur l'état ne seront exemptes du droit proportionnel d'enregistrement, en vertu du § 3, n° 3, de l'art. 70 de la loi du 22 frimaire an 7, qu'autant que l'*Inscription* (3580) de la rente donnée existera, sous le nom du donateur ou de celui auquel il a succédé, depuis plus d'un an, et que l'acte de donation en indiquera le numéro, la date et le montant. — Le droit proportionnel sera perçu si, lors de la donation, la rente donnée est déjà inscrite sous le nom du donataire, à moins qu'il ne soit énoncé dans l'acte et dûment justifié qu'elle était précédemment inscrite depuis plus d'un an sous celui du donateur. — Ce droit sera liquidé sur la valeur réelle de la rente, d'après le cours moyen de la bourse de Paris au jour de la donation. *V*. 1899 -

5504. **ORD**. 26 nov. 1836. *Coupes de bois*, 1512. I. g. 1527.

5508. **AVIS**. 10 mars 1837. *Hypothèques*, 3476. I. g. 1542.

5512. **ORD**. 8 mai 1837. *Amnistie*, 584. I. g. 1540.

5516. **ORD**. 30 mai 1837. *Amnistie*, 584. I. g. 1540. B. 505-6853.

5520. **LOI**. 4 juil. 1837. *SYSTÈME MÉTRIQUE*, 6372. B. 513-6901.

5521. **5**. (*Système métrique*, 6392, 6396. *Poursuites*, 4920. *Instances*, 3664.) A compter de la même époque (1er janvier 1840), toutes dénominations de poids et mesures autres que celles portées dans le tableau annexé à la présente loi, et établies par la loi du 18 germinal an 3, sont interdites dans les actes publics ainsi que dans les affiches et les annonces. — Elles sont également interdites dans les actes sous seing-privé, les registres de commerce et autres écritures privées produites en justice. — Les officiers publics contrevenans seront passibles d'une amende de vingt francs, qui sera recouvrée sur contrainte, comme en matière d'enregistrement. — L'amende sera de dix francs pour les autres contrevenans : elle sera perçue pour chaque acte ou écriture sous signature privée ; quant aux registres de commerce, ils ne donneront lieu qu'à une seule amende pour chaque contestation dans laquelle ils seront produits. — **6**. Il est défendu aux juges et arbitres de rendre aucun jugement ou décision en faveur des particuliers, sur des actes, registres ou écrits, dans lesquels les dénominations interdites par l'art. précédent auraient été insérées, avant que les amendes encourues aux termes dudit article aient été payées. *V*. 988, 1727 et s., 2362, 3253 -

Tableau des Mesures légales (loi du 18 germinal an 3), *annexé à la loi du 4 juillet* 1837.

NOMS SYSTÉMATIQUES.	VALEUR.	NOMS SYSTÉMATIQUES.	VALEUR.
Mesures de longueur.		*Mesures agraires.*	
Myriamètre...........	Dix mille mètres.	Hectare............	Cent ares ou dix mille mètres carrés.
Kilomètre.......	Mille mètres.		
Hectomètre..........	Cent mètres.	Are...............	Cent mètres carrés, carré de dix mètres de côté.
Décamètre.....	Dix mètres.		
Mètre.............	Unité fondamentale des poids et mesures * (dix-millionième partie du quart du méridien terrestre.)	Centiare...........	Centième de l'are, ou mètre carré.
		Mesures de capacité pour les liquides et les matières sèches.	
Décimètre..........	Dixième du mètre.	Kilolitre	Mille litres.
Centimètre	Centième du mètre.	Hectolitre.........	Cent litres.
Millimètre..........	Millième du mètre.	Décalitre..........	Dix litres.

* L'étalon prototype en platine, déposé aux archives, le 4 mes... an 7, donne la longueur légale du mètre quand il est à la température zéro.

Suite du Tableau des Mesures légales (loi du 18 germinal an 3), *annexé à la loi du 4 juillet 1837.*

NOMS SYSTÉMATIQUES.	VALEUR.	NOMS SYSTÉMATIQUES.	VALEUR.
Litre..........	Décimètre cube.		degrés centigrades**.
Décilitre......	Dixième du litre.	Hectogramme.	Cent grammes.
Mesures de solidité.		Décagramme.........	Dix grammes.
Décastère......	Dix stères.	Gramme..........	Poids d'un centimètre cube d'eau à quatre degrés centigrades.
Stère..........	Mètre cube.		
Décistère......	Dixième du stère.		
Poids.		Décigramme.........	Dixième du gramme.
....	Mille kilogrammes, poids du mètre cube d'eau et du tonneau de mer.	Centigramme........	Centième du gramme.
		Milligramme........	Millième du gramme.
		Monnaie.	
....	Cent kilogrammes, quintal métrique.	Franc..............	Cinq grammes d'argent au titre de neuf dixièmes de fin.
Kilogramme.....	Mille grammes, poids dans le vide d'un décimètre cube d'eau distillée à la température de quatre	Décime.............	Dixième du franc.
		Centime............	Centième du franc.

** L'étalon prototype en platine, déposé aux archives, le 4 mess. an 7, donne, dans le vide, le poids légal du kilogramme.

Conformément à la disposition de la loi du 18 germinal an 3, concernant les poids et les mesures de capacité, chacune des mesures décimales de ces deux genres a son double et sa moitié.

5528. **LOI**. 8 juil. 1837. *Saisie-arrêt ou opposition*, 5928 ; *Domaine extraordinaire*, 2232. C. de la Compt. 43-2. 1. g. 1548. B. 515-6908.

5530. **LOI**. 18 juil. 1837. *Instances judiciaires*, 3680. I. g. 1560.

5532. **LOI**. 20 juil. 1837. ENREGISTREMENT. TIMBRE. 1. g. 1544. B. 523-6951.

5533. **4.** A dater du 1er janvier 1838, il sera ajouté trois centimes additionnels au principal de la contribution des patentes, pour tenir lieu du droit de timbre des *Livres de commerce* (4092, 4096), qui en seront alors affranchis. Aucune partie de ces centimes additionnels n'entrera dans le calcul de la portion du droit des patentes qui est attribuée aux communes. *V.* 1481, 4434, 4905 -

5534. **12.** Les *Lettres-patentes* (4030) portant réintégration dans la qualité de français sont assimilées, en ce qui concerne les droits de sceau et l'enregistrement à percevoir, aux lettres de naturalité. *V.* 4394 -

5535. (*Lettre-patente*, 4060) Il sera exigé, pour les autorisations relatives aux changemens et additions de nom, un droit de sceau fixé à 600 fr. — Néanmoins les droits ci-dessus établis pourront être remis en tout ou en partie, conformément aux dispositions de la loi du 21 avril 1832. Ces dispositions sont également étendues aux autorisations de service militaire ou d'acceptation de fonctions publiques à l'étranger.

5536. **16.** A compter du 1er janvier 1838, le droit proportionnel du *Timbre* (6504, 6868), sur les lettres de change et billets à ordre, sur les billets et obligations non négociables d'une somme de 300 fr. et au-dessous, sera réduit à quinze centimes au lieu de vingt-cinq centimes. *V.* 1904. 5421, 4459, 4419 -

5537. (*Effet*, 2584 à 2608. *Débiteur*, 1812) Les amendes dues en cas de contravention seront perçues conformément aux art. 19, 20 et 21 de la loi du 24 mai 1834. *V.* 5425 à 5428 -

5544. **ORD**. 16 sept. 1837. *Saisie-arrêt ou opposition*, 5928. I. g. 1548. B. 534-7042.

5548. **ORD**. 14 déc. 1837. *Vente de domaines*, 7048. I. g. 1553.

5560. **ORD**. 6 mai 1838. *Instances judiciaires*, 3680. I. g. 1559.

5564. **LOI**. 10 mai 1838. *Instances judiciaires*, 3780. I. g. 1560.

5568. **LOI**. 28 mai 1838. *Frais de justice*, 3208. I. g. 1563. B. 575.

5588. **ORD**. 28 nov. 1838. FRAIS DE JUSTICE A PAYER, 3208. Cir. 23 janv. 1839, Nº 47. B. 612.

5592. **2.** Il ne sera plus fait que 2 expéditions de chaque état ou mémoire de *Frais de justice* (3216 à 3224) non réputés urgens, l'une sur papier timbré, l'autre sur papier libre. — Le prix du timbre, tant du mémoire que des pièces à l'appui, est à la charge de la partie prenante. — **7.** Les art. 137, 145 (du décret du 18 juin 1811) sont rapportés. *V.* 3919 -

TABLE ALPHABÉTIQUE

DU

CODE ET DU JOURNAL TOUT-A-LA-FOIS.

Plan du Journal.

ABRÉVIATIONS.

C. Contraventions.
D. Domaines.
Dr. Droit des Français.
E. Enregistrement.
G. Greffes.
H. Hypothèques.
M. Manutention.
O. Objets divers.

T. Timbre.
Am. Amende.
Cir. Circulaire de l'Administration.
C. Circulaire de la comptabilité.
I. g. Instruction générale.
f. fixe.
p. proportionnel.
V. Voyez.

Explication indispensable.

La Table alphabétique est le Plan du Journal *en ce sens que les décisions y seront données dans l'ordre et, (suivant les indications du Code,) sous les mots et N^s ci-après.*

Le trait d'union qui sépare les N^{os} du Code, montre, à sa gauche, les articles abrogés, et, à sa droite, ceux en vigueur.

Les Circulaires de la comptabilité générale des finances, sont citées, sans exception, par leurs N^{os} et paragraphes.

Les lettres grasses E, T, M, *etc., font distinguer, au premier coup d'œil, les articles qui concernent l'Enregistrement, le Timbre, la Manutention, etc. (Voir plus haut les abréviations.)*

A.

Nºˢ du Journal.   Nºˢ du Code.

Nºˢ du Journal		Nºˢ du Code
4	ABANDONNEMENT de biens pour être vendus en direction. E. 5 f. f.	1818
8	ABANDONNEMENT pour fait d'assurance. E.	
12	— En temps de paix. 1 f. f.	1833-4363
16	— En temps de guerre. 50 c. p.	1833 , 1835 4363 , 4365
20	ABBAYES et communautés. D.	420
24	ABRÉVIATION. C. O. Amende 20 f.	2625 , 4909
28	ABSENCE. M.	
32	ABSENS. Dr.	C. civil 112 à 143
	ABSTENTION. E. V. Renonciation , 5624.	
36	ABUS. M.	
40	— Des timbres. C. T.	1543 , 3718
44	ACADÉMIES et Sociétés littéraires. D.	788
48	ACCEPTATION. De suc. legs ou communauté. E. 1 f. f.	1739
52	— De transport ou de délégation de créance. E. 1 f. f.	1741
	ACCEPTILATION. E. V. Quittance , 5208.	
56	ACCUSÉ. De crédit. M. C. 28 , 34-6 , 36-4.	
60	— De réception. M.	

B.

C.

E.

F.

G.

H.

I.

<table>
<tr><td>Nᵒˢ du Journal.</td><td align="center">**J.**</td><td align="right">Nᵒˢ du Code.</td></tr>
</table>

Nᵒˢ du Journal		Nᵒˢ du Code
3812	**JUGEMENS.** *Justices de paix. Prud'hommes.* **E.**	
3816	Préparatoires, interl. et d'instruction. 1 f. f.	1788 , 3618
3820	— Prud'hom. Objet n'excédant pas 25 f. Gratis.	3617
3842	Somme non exprimée. 1 f. f.	3619
3828	Définitifs. 2 f. f.	1800 , 3618
3832	— Prud'hom. Objet n'excédant pas 25 fr. Gratis.	3617
3836	Somme non exprimée. 1 f. f.	3619
3840	En dernier ressort, hors compétence. 3 f. f.	4334
3844	— *Tribunaux de police ord. et correctionnelle.* **E.** 1 f. f.	1790
3848	— *Tribunaux criminels.* **E.** Exempts.	1905 - 4485
3852	— *Tribunaux de première instance, de commerce et d'arbitrage.* **E.**	
3856	Préparatoires, interl. et d'instruction et ceux définitifs en dernier ressort 13 f. f.	1802 , 1804 - 4335
3864	Définitifs en 1ᵉʳ ressort ou sur appel. 5 f. f. 1816, 1817, 2354 - 4080, 4342	
3868	En dernier ressort, hors compétence. 10 f. f.	1816 , 1817 - 4347
3872	Interl. ou prépar. de divorce. 5 f. f.	1802 - 4345
3876	Interdiction. Séparation de biens. 15 f. f.	1823
3880	Adoption. 50 f. f.	1817 - 4356
3884	Prononçant un divorce. 50 f. f.	1817 - 4356
3888	— *Contributions. Sommes dues à l'état.* **E.** Droits ordinaires. 1791 - 4292	
	— *Au surplus V. Chemins vicinaux,* 1164 ; *Collocation,* 1184 ; *Condamnation,* 1292 et s.; *Dommages-intéréts,* 2240 ; *Liquidation,* 4072 ; *Minimum,* 4348 ; *Résolution,* 5724 ; *Vente d'immeubles,* 7000.	
3892	JUSTICE DE PAIX. **Dr.**	C. de proc. 1

L.

Nᵒˢ du Journal		Nᵒˢ du Code
	LAIS et relais. **D.** *V. Alluvion,* 512.	
3896	LAZARISTES. **D.**	
3900	LECTURE des actes aux parties non mentionnée. **C. O.** Am. 20 f. :: 2625, 4909	
3904	LÉGALISATION de signature d'off. public. **E.** Exempte.	1907
3908	**LETTRE.** *De change.* **Dr.**	C. de com. 110 a 186
3912	Enregistrement. 25 c. p.	1844, 1911 - 1599, 4360
	Timbre. *V. Effet,* 2560 et s.	
	Non timbrée. **C. T.** *V. Effet,* 2576 et s.	
3916	— *De voiture.* **E.** 1 f. f.	1760
3920	**T.** Sujette.	2097 - 3533
3924	Donnée à ses voituriers, domestiques ou fermiers. **T.** Exempte.	3534
	Non timbrée. **C T. I.** g. 419. *V. Emploi,* 2672.	
3932	— Attribution de l'amende.	2995
3936	— Solidarité.	2994
3940	— Représentation.	2993
3944	— *Missive.* **E** 2 f. f.	1773 - 4315
3948	LETTRES PATENTES. **E.**	4383
3956	— *Confirmation de titre. Chang. d'armoiries.* Comte 20 f. f.	4384
3960	Baron. 10 f. f.	4385
3964	Chevalier. 3 f. f.	4386
3972	— *Collation de titre héréditaire.* Marquis et Comte 1200 f. f.	4388
3976	Vicomte. 800 f. f.	4389
3980	Baron. 600 f. f.	4390
3984	— *Lettres patentes de chevalier.* 12 f. f.	4391
3988	— *Lettres de noblesse* 120 f. f.	4392
3992	— *Grandes lettres de naturalisation.* Gratis.	4393
3996	— *Lettres.* De déclaration de naturalité. 20 f. f.	4394 , 5277
4000	De réintégration dans la qualité de français. 20 f. f.	5534
4004	— *Autorisation e se faire naturaliser ou ae servir à l'étranger.* 100 f. fixe.	4395
4008	— *Dispense d'âge pour mariage.* 20 f. f.	4396 , 5277
4012	Aux indigens. Gratis.	4654
4016	— *Dispense de parenté pour mariage.* 40 f. f.	4397 , 5277
4024	— *Renouvellement d'armoiries.* Villes de 1ʳᵉ classe. 30 f. f.	4398
4028	2ᵉ classe. 20 f. f.	4399
4032	3ᵉ classe. 10 f. f.	4400
4040	— *Collation d'armoiries.* Villes de 1ʳᵉ classe. 120 f. f.	4401

M.

N.

<table>
<tr><td>4468</td><td>NOMS. Et prénoms. M.</td><td>816 , 1344 , 2648</td></tr>
<tr><td>4472</td><td>— Et qualifications supprimés. C. O. Amende 20 f. et en cas de récidive 40 francs.</td><td>2627, 4909</td></tr>
<tr><td>4476</td><td>— Et résidence des notaires non énoncés. C. O. Am. 20 f.</td><td>2624 , 4909</td></tr>
<tr><td>4480</td><td>— Prénoms, qualités et demeures des parties et des témoins attestans non énoncés. C. O. Am. 20 f.</td><td>2625 , 4909</td></tr>
<tr><td>4484</td><td>NOMINATION. M.</td><td>4548</td></tr>
<tr><td>4488</td><td>— D'avocat à la cour de cassation, notaire, avoué, greffier, huissier, agent de change, courtier et commissaire priseur. E. 10 p % du caution-nement.</td><td>5317</td></tr>
<tr><td>4492</td><td>— D'expert, hors jugement. E. 2 f. f.</td><td>1774 - 4316</td></tr>
<tr><td>4496</td><td>— De tuteur et curateur. E. 2 f. f.</td><td>1799</td></tr>
<tr><td>4500</td><td>NOTAIRES. Actes de leur Chambre. E. Exempts.</td><td>2801</td></tr>
<tr><td>4502</td><td>NOTARIAT. O.</td><td>2620</td></tr>
<tr><td></td><td>— V. la Table des matières, C. 5 et ici Loi, 4168 ; Prescription, 5040 : Poursuites, 4918.</td><td></td></tr>
<tr><td>4504</td><td>— Législation antérieure et postérieure à celle du 25 vent. 11.</td><td>1711</td></tr>
<tr><td>4508</td><td>NOTICES des actes de décès. T. Exemptes.</td><td>1711</td></tr>
<tr><td>4512</td><td>— Non fournies. C. E. Amende 10 f.</td><td>1711, 4906</td></tr>
<tr><td>4516</td><td>NOTORIÉTÉ. (Acte de). E. 2 f. f.</td><td>1711 - 4302</td></tr>
</table>

O.

<table>
<tr><td>Nos du Journal.</td><td></td><td>Nos du Code.</td></tr>
<tr><td>4520</td><td>OBJETS d'intérêt public et de sûreté générale. Dr.</td><td>C. d'inst. c. 600 à 634</td></tr>
<tr><td>4524</td><td>OBLIGATION. T. Sujette.</td><td>2098, 3401</td></tr>
<tr><td>4528</td><td>— De somme. Cession. Délégation. E. 1 f. p.</td><td>1599, 1815, 1859</td></tr>
<tr><td>4532</td><td>— De la ville de Paris. E. Exempte. T. Sujette.</td><td>4589</td></tr>
<tr><td>4536</td><td>— A la grosse aventure. E. 50 c. p.</td><td>1855</td></tr>
<tr><td>4540</td><td>— Non négociable non timbrée. C. T. V. Effet, 2580 et s.</td><td></td></tr>
<tr><td>4544</td><td>OBSERVATIONS sur les receveurs ou surnuméraires. M.</td><td></td></tr>
<tr><td>4548</td><td>OFFRE de paiement. Consignation. Dr.</td><td>C. de proc. 812 à 818</td></tr>
<tr><td>4552</td><td>OMISSION. C. E. Double droit.</td><td>1685</td></tr>
<tr><td>4556</td><td>— D'article de vente. C. O. Amende 20 f.</td><td>1937, 1945 , 4473, 4909</td></tr>
<tr><td>4560</td><td>OPERATIONS. Des inspecteurs et vérificateurs. M.</td><td></td></tr>
<tr><td>4564</td><td>Vérifications.</td><td></td></tr>
<tr><td>4568</td><td>Inspections.</td><td></td></tr>
<tr><td>4572</td><td>Contre-vérifications.</td><td></td></tr>
<tr><td>4576</td><td>Rédaction des comptes d'année.</td><td></td></tr>
<tr><td>4580</td><td>Autres opérations.</td><td></td></tr>
<tr><td>4584</td><td>— De trésorerie. M. I. g. 1358. (V. la Tab. des matièr. M. 2-1 3° 4584 et s.</td><td></td></tr>
<tr><td></td><td>OPPOSITION. Dr. V. Saisie-arrêt, 5924 ; M. V. Saisie-arrêt, 5928.</td><td></td></tr>
<tr><td>4588</td><td>ORDONNANCE. Du juge. E. 3 f. f.</td><td>1801, 1801 - 4335</td></tr>
<tr><td>4592</td><td>Cour royale. E. 5 f. f.</td><td>1801, 1804 - 4343</td></tr>
<tr><td></td><td>— De décharge ou de réduction d'imposition. E. V. Imposition, 3484.</td><td></td></tr>
<tr><td></td><td>— E. V. Caisses publiques, 948 ; T. V. Effet, 2560 et s.</td><td></td></tr>
<tr><td>4596</td><td>ORDRE. Dr.</td><td>C. de proc. 749 à 799</td></tr>
<tr><td>4600</td><td>ORDRE des bureaux. M.</td><td></td></tr>
<tr><td>4604</td><td>ORDRES. D.</td><td>384</td></tr>
<tr><td>4608</td><td>ORDRES et instructions. M. Ordres gén. 83.</td><td>4548</td></tr>
<tr><td>4612</td><td>OTAGES. D.</td><td>2136</td></tr>
<tr><td></td><td>OUVRAGES PÉRIODIQUES. T. V. Journaux, 3744 et s.</td><td></td></tr>
</table>

P.

<table>
<tr><td>Nos du Journal.</td><td></td><td>Nos du Code.</td></tr>
<tr><td>4616</td><td>PAPIER-MUSIQUE. M. C. 24-4.</td><td></td></tr>
<tr><td>4620</td><td>— Ceux qui sont sujets au timbre. T.</td><td>1276</td></tr>
<tr><td>4624</td><td>— Exemptions.</td><td>1373</td></tr>
<tr><td>4628</td><td>— Dimension et prix du papier. T. I. g. 722.</td><td>1278, 1289</td></tr>
<tr><td></td><td>Feuille de 25 déc.   5 c.</td><td></td></tr>
<tr><td></td><td>Feuille de 12 déc. 1/2. 3</td><td></td></tr>
<tr><td></td><td>Par 5 déc. en sus.   1</td><td></td></tr>
<tr><td></td><td>Décime. V. Décime, 1842.</td><td></td></tr>
<tr><td>4648</td><td>— Restitution du droit en cas d'exportation.</td><td>2885</td></tr>
<tr><td>4652</td><td>— Empreintes.</td><td>1280</td></tr>
<tr><td>4656</td><td>— Fourniture du papier.</td><td>1279</td></tr>
</table>

FIN.

L'ORDRE est la première condition de la bonne tenue d'un bureau. L'auteur, qui s'est occupé de l'établir dans le sien d'une manière à faciliter les classemens et recherches, a pensé que ses confrères pourraient lui savoir gré de leur faire connaître sa méthode. Elle sera, d'ailleurs, d'autant mieux placée ici qu'elle leur expliquera celle qu'il a adoptée pour le classement des objets qui rentrent dans le § 2 du chapitre de la *Manutention*, page 42.

MÉTHODE DE CLASSEMENT
DES REGISTRES, TITRES ET PAPIERS DES BUREAUX.

Les REGISTRES sont ainsi divisés :

1° SOMMIERS.	(Dos verts.)
2° REGISTRES DE RECETTE.	(Dos rouges.)
3° JOURNAUX DE DÉPENSES.	(Dos jaunes.)
4° TABLES ALPHABÉTIQUES.	(Dos bleus.)
5° AUTRES REGISTRES.	(Dos violets.)

Les dos des registres de ces cinq divisions sont, comme on le voit, recouverts de papier d'autant de couleurs différentes.

Les registres de chaque division sont ensuite subdivisés *par espèce*. (Voir leur énumération, page 42 et suivantes.) L'étiquette de chaque espèce, portant le N°, le titre et les dates du commencement et de la fin de chaque registre, est aussi d'une couleur différente des autres. Par ce moyen, on trouve de suite ce qu'on désire et un coup d'œil suffit pour être sûr que tout est à sa place.

Pour ce qui est des TITRES ET PAPIERS, notre méthode consiste à rassembler, dans des cartons ou chemises *attachés à chaque espèce de registre* et portant le même titre, tous ceux qui s'y rattachent par leur objet.

Chaque pièce porte le N° du volume, ainsi que le folio et la case de l'enregistrement, ou le N° de l'article du sommier qu'elle concerne.

Celle qui a rapport à plusieurs enregistremens ou articles est classée sous le N° ou le folio *du premier*; mais alors les autres consignations indiquent le N° ou le folio où cette pièce se trouve.

Les titres et papiers sont rangés dans les cartons suivant le même ordre de N° ou de folio ; en sorte que tous ceux relatifs à une même affaire se trouvent *naturellement* ensemble. (Enliassés ou dans un dossier particulier.)

Toutefois, lorsqu'une pièce n'a rapport à aucun enregistrement ou article particulier, elle ne prend que le N° du volume, et se trouve, dans le carton, dans une chemise particulière renfermant les *Pièces générales*.

Tout ce qui concerne la *Comptabilité* est classé, par année, dans le carton attaché au *Sommier de dépouillement*.

Les *Circulaires, Instructions générales, Mémoires d'ordres*, etc., sont tenus séparément dans des cartons ressortissant du *Sommier d'ordres et Instructions*.

Les *Lettres* reçues sont classées d'après la méthode générale, ou, si on le préfère, par ordre de date, dans le carton attaché au *Registre de correspondance*. Dans tous les cas, ce carton doit renfermer les lettres qui traitent de plusieurs objets, ou qui n'ont pas une place assignée ailleurs. Il convient d'y tenir séparément les lettres de la Direction, de MM. les Inspecteurs et Vérificateurs, des Receveurs et des personnes étrangères à l'administration.

Les *Renvois* sont rangés par ordre de date d'enregistrement, et par mois, dans le carton du *Cahier des renvois*.

Deux cartons sont destinés aux *Affaires à terminer* et aux *Pièces à classer*.

Les papiers qui ne peuvent être classés suivant notre méthode, se trouveront dans le carton des *Objets divers*, dans des chemises indiquant leur objet particulier.

Les couleurs des cartons et de leurs étiquettes correspondent à celles des dos et étiquettes des registres auxquels ils sont attachés.

Quant à la MANUTENTION, il suffit de dire que le receveur, qui est familier avec les registres de son bureau, trouvera, à la Table des matières (page 42), et *par la même méthode*, les différens objets rattachés aux Registres, Journaux, Sommiers ou Tables dont la tenue est ordonnée ; en sorte que leur ensemble sera, pour lui, comme la Table d'un Traité sur chacun d'eux, qui le mettra à même de ne perdre de vue aucune des nombreuses obligations qui lui sont imposées. Notre méthode étant *indépendante* du classement alphabétique, n'est qu'un point de vue nouveau qu'on sera toujours libre de négliger ou d'utiliser ; mais peut-être trouvera-t-on que l'ordre alphabétique est si *arbitraire*, dans son application à la science domaniale, qu'une table, par *ordre des matières*, offrant des points de réunion aussi clairement déterminés que ceux des titres de chaque espèce de registre, conduira toujours plus sûrement au but.

FIN.

TARIFS

DES DROITS PROPORTIONNELS

D'ENREGISTREMENT.

4ᵉ édition augmentée.

Par A. Lalou,

Receveur des Domaines, à Thonnebain (Nord).

Ces Tarifs ne se vendent pas ; mais ils seront adressés **GRATIS** à tous les souscripteurs au *Code* et au *Répertoire général de l'Enregistrement et des Domaines* publiés par l'auteur. Ils ont été scrupuleusement vérifiés et ils **DISPENSENT DE TOUS CALCULS.** (On sait que les instructions, en prescrivant d'analyser les actes, n'ajoutent pas qu'on fera les calculs des droits qu'ils engendrent sur les registres de formalités : il suffit donc, pour une adjudication à loyer, par exemple, d'énoncer, une fois pour toutes, qu'elle est faite à la charge par le preneur de payer les contributions et telle quotité du rendage pour vins : la redevance, après cela, justifie assez la perception.)

Explication.

Lorsque les sommes, valeurs ou redevances surpassent seulement d'un centime celles exprimées dans nos tarifs, c'est comme si elles étaient de celles qui les suivent immédiatement.

TARIFS DES BAUX. Les 4 premières colonnes offrent la redevance *annuelle,* non compris vins et impôt. La 5ᵉ donne, d'après cette redevance, le droit dû pour 9 ans. La 1ʳᵉ colonne sert dans le cas où le preneur doit payer, en sus de la redevance exprimée, une année de rendage de vins et les contributions ; la 2ᵉ, lorsqu'en sus des contributions, il n'est chargé de payer qu'une demi-année de loyer de vins ; la 3ᵉ sert lorsque le bail est fait à la seule charge d'acquitter l'impôt foncier ; la 4ᵉ est pour le cas où le bail ne contient aucune charge pour le preneur.

TARIFS DES VENTES. Aux termes d'un arrêt de la Cour de cassation du 29 pluviôse an XIII, lorsque, dans un contrat de vente, le *vendeur* se charge de payer le droit d'enregistrement, il y a lieu, pour la liquidation de ce droit, de le déduire du prix. Ce principe de déduction a été étendu, par une délibération du Conseil d'administration du 24 août 1827 (9025 J. 1903 R.), aux *autres frais de vente ;* et par une solution du 18 janvier 1833 (3998 R.), il a été décidé que dans ce cas le droit devait être assis sur le prix moins le 11ᵉ représentant le 10ᵉ du prix réel, déduction faite des 10 p.%, pour droit d'enregistrement et honoraires du notaire, qui ne doivent pas être ajoutés aux prix de ventes aux termes de l'instruction Nº 1150 § 2. Par la même raison qui a commandé cette limite, on ne pourrait ici admettre une plus forte déduction ; mais si ces frais étaient *fixés dans l'acte* à moins de 10 p.%, il y aurait lieu de la restreindre. Nous pensons aussi que lorsque le droit à percevoir n'est que de 4 p.% (4 fr. 40 c. avec le décime), l'allocation de 10 p.% doit être réduite à 8 fr. 35 c. ; c'est d'après ces décisions et opinions que nos Tarifs de 4 et de 5 1/2 p.% ont été établis. La 1re colonne sert pour les ventes ordinaires ; la 2e, dans le cas où le vendeur se charge, moyennant le prix y exprimé, de payer le droit d'enregistrement ; et la 3e, lorsqu'il doit acquitter de plus tous les autres frais du contrat.

Au surplus, voici, pour tous les cas, la marche qu'il faut suivre pour liquider *exactement* les droits. (On doit toujours forcer au profit du trésor, lorsque la division laisse un reste.)

DROIT DE 4 P.%. — *Droit à la charge du vendeur.* Divisez le prix par 2088 ; multipliez le quotient par 80. — *Droit et autres frais à la charge du vendeur.* Divisez le prix par 2167 ; multipliez le quotient par 80.

DROIT DE 5 1/2 P.%. — *Droit à la charge du vendeur.* Diviser le prix par 2121 ; multiplier le quotient par 110. — *Droit et autres frais à la charge du vendeur.* Après avoir divisé le prix par 2200, multipliez le quotient par 110.

Dans ces 4 cas le résultat obtenu est le droit en principal.

Exemple.

Prix 21 fr. 22 c. divisé par 2121

	21	21		2 (en forçant.)
Reste		1		110
Droit en principal.				2,20

Comparaison de deux autres manières d'opérer.

Prix	21 fr. 22 c.			Prix	21 fr. 22 c.	
Droit	2	42		Droit	1	21
Reste	18	80		Reste	20	01
Droit	1	21		Droit	2	42

Il résulte de cette comparaison, qu'on doit percevoir, dans le cas donné, 2 fr. 42 c., et non 1 fr. 21 c. ; parce qu'on ne pourrait pas déduire 2 fr. 42 c., ni même 1 fr. 22 c., lorsqu'on ne percevrait que 1 fr. 21 c. — 21 fr. 21 c. auraient donné 1 fr. 21 c. de droit. — Cette démonstration toute simple vérifie nos formules.

AUTRES TARIFS. Ces tarifs sont faits à l'imitation de la Table de Pythagore. Ainsi, hors le cas où le droit doit être perçu sur les sommes rondes exprimées dans la première colonne, on doit le chercher, non dans la 2e, mais bien dans celle portant en tête la même fraction de centaine que celle sur laquelle on a à opérer : bien entendu sur la ligne représentant les mêmes centaines.

MOYEN DE DÉCOUVRIR LES ERREURS.

A l'aide de nos Tarifs, on peut découvrir de suite les erreurs qui auraient été commises *pendant l'année* dans la liquidation (ou le classement sur le livre de dépouillement), des droits de 62 c. 1/2, 1 fr. 50 c., 2 fr. 75 c., 3 fr., 4 fr., 5 fr. 50 c. et 6 fr. 50 p.% : il suffit pour cela de vérifier si la somme que chacun de ces droits a donnée, *au total*, se trouve sur le tarif : si on ne l'y rencontre pas, il y a erreur : alors on vérifie le total de chaque mois ; puis les sommes portées sur les feuilles de dépouillement des mois où on a trouvé des différences. Ainsi on ne peut tarder d'arriver à la découverte du vice. Mais il serait préférable que MM. les Receveurs fissent cette vérification à la fin de chaque mois. Lorsque la somme des droits est fort élevée et ne se trouve pas sur le tarif, on en déduit une somme ronde suffisante, prise *sur le même tarif*, et on opère sur le restant. Par exemple, si le livre de dépouillement annonce 22,433 fr. 50 c. de droit à 5 1/2 p.%, déduisez 22,000 fr. (droit que produit une vente de 4,000 fr., en y ajoutant 2 zéros), il restera 433 fr. 50 c. : cette somme ne se trouvant pas sur le tarif de 5 1/2 p.%, vous êtes averti qu'il y a erreur.

Vins et impôt en sus.	1/2 Vins et impôt en sus	Impôt en sus.	Sans impôt.	DROIT.	Vins et impôt en sus.	1/2 Vins et impôt en sus.	Impôt en sus.	Sans impôt.	DROIT.
1 59	1 67	1 77	2 22	» 04	97 59	102 73	108 44	135 55	2 44
3 19	3 36	3 55	4 44	» 08	99 19	104 40	110 21	137 77	2 48
4 79	5 04	5 32	6 66	» 12	100 80	106 10	112 «	140 «	2 52
6 39	6 72	7 10	8 88	» 16	102 39	107 78	113 77	142 22	2 56
7 99	8 41	8 88	11 11	» 20	103 99	109 46	115 55	144 44	2 60
9 59	10 09	10 66	13 33	» 24	105 59	111 14	117 32	146 66	2 64
11 19	11 78	12 44	15 55	» 28	107 19	112 83	119 10	148 88	2 68
12 79	13 46	14 21	17 77	» 32	108 79	114 51	120 88	151 11	2 72
14 40	15 15	16 »	20 »	» 36	110 39	116 20	122 66	153 33	2 76
15 99	16 83	17 77	22 22	» 40	111 99	117 89	124 44	155 55	2 80
17 59	18 52	19 55	24 44	» 44	113 59	119 56	126 21	157 77	2 84
19 19	20 19	21 32	26 66	» 48	115 20	121 26	128 «	160 «	2 88
20 79	21 88	23 10	28 88	» 52	116 79	122 94	129 77	162 22	2 92
22 39	23 57	24 88	31 11	» 56	118 39	124 62	131 55	164 44	2 96
23 99	25 25	26 66	33 33	» 60	119 99	126 30	133 32	166 66	3 «
25 59	26 94	28 44	35 55	» 64	121 59	127 98	135 10	168 88	3 04
27 19	28 62	30 21	37 77	» 68	123 19	129 67	136 88	171 11	3 08
28 80	30 31	32 »	40 »	» 72	124 79	131 36	138 66	173 33	3 12
30 39	31 99	33 77	42 22	» 76	126 39	133 04	140 44	175 55	3 16
31 99	33 67	35 55	44 44	» 80	127 99	134 72	142 21	177 77	3 20
33 59	35 35	37 32	46 66	» 84	129 60	136 42	144 «	180 «	3 24
35 19	37 04	39 10	48 88	» 88	131 19	138 09	145 77	182 22	3 28
36 79	38 72	40 88	51 11	» 92	132 79	139 78	147 55	184 44	3 32
38 39	40 41	42 66	53 33	» 96	134 39	141 46	149 32	186 66	3 36
39 99	42 10	44 44	55 55	1 «	135 99	143 14	151 10	188 88	3 40
41 59	43 77	46 21	57 77	1 04	137 59	144 83	152 88	191 11	3 44
43 20	45 47	48 »	60 »	1 08	139 19	146 52	154 66	193 33	3 48
44 79	47 15	49 77	62 22	1 12	140 79	148 20	156 44	195 55	3 52
46 39	48 83	51 55	64 44	1 16	142 39	149 88	158 21	197 77	3 56
47 99	50 51	53 32	66 66	1 20	144 «	151 57	160 «	200 «	3 60
49 59	52 20	55 10	68 88	1 24	145 59	153 25	161 77	202 22	3 64
51 19	53 88	56 88	71 11	1 28	147 19	154 94	163 55	204 44	3 68
52 79	55 57	58 66	73 33	1 32	148 79	156 61	165 32	206 66	3 72
54 39	57 25	60 44	75 55	1 36	150 39	158 30	167 10	208 88	3 76
55 99	58 93	62 21	77 77	1 40	151 99	159 99	168 88	211 11	3 80
57 60	60 63	64 »	80 »	1 44	153 59	161 67	170 66	213 33	3 84
59 19	62 30	65 77	82 22	1 48	155 19	163 36	172 44	215 55	3 88
60 79	63 99	67 55	84 44	1 52	156 79	165 04	174 21	217 77	3 92
62 39	65 67	69 32	86 66	1 56	158 40	166 73	176 «	220 «	3 96
63 99	67 35	71 10	88 88	1 60	159 99	168 41	177 77	222 22	4 «
65 59	69 04	72 88	91 11	1 64	161 59	170 10	179 55	224 44	4 04
67 19	70 73	74 66	93 33	1 68	163 19	171 77	181 32	226 66	4 08
68 79	72 41	76 44	95 55	1 72	164 79	173 46	183 10	228 88	4 12
70 39	74 09	78 21	97 77	1 76	166 39	175 14	184 88	231 11	4 16
72 »	75 78	80 »	100 »	1 80	167 99	176 83	186 66	233 33	4 20
73 59	77 46	81 77	102 22	1 84	169 59	178 52	188 44	235 55	4 24
75 19	79 15	83 55	104 44	1 88	171 19	180 19	190 21	237 77	4 28
76 79	80 82	85 32	106 66	1 92	172 80	181 89	192 «	240 «	4 32
78 39	82 51	87 10	108 88	1 96	174 39	183 57	193 77	242 22	4 36
79 99	84 20	88 88	111 11	2 «	175 99	185 25	195 55	244 44	4 40
81 59	85 88	90 66	113 33	2 04	177 59	186 93	197 32	246 66	4 44
83 19	87 57	92 44	115 55	2 08	179 19	188 62	199 10	248 88	4 48
84 79	89 25	94 21	117 77	2 12	180 79	190 30	200 88	251 11	4 52
86 40	90 94	96 »	120 »	2 16	182 39	191 99	202 66	253 33	4 56
87 99	92 62	97 77	122 22	2 20	183 99	193 68	204 44	255 55	4 60
89 59	94 31	99 55	124 44	2 24	185 59	195 35	206 21	257 77	4 64
91 19	95 98	101 32	126 66	2 28	187 20	197 05	208 «	260 «	4 68
92 79	97 67	103 10	128 88	2 32	188 79	198 72	209 77	262 22	4 72
94 39	99 36	104 88	131 11	2 36	190 39	200 41	211 55	264 44	4 76
95 99	101 04	106 66	133 33	2 40	191 99	203 09	213 32	266 66	4 80

BAUX.

Vins et impôt en sus.	1/2 Vins et impôt en sus.	Impôt en sus.	Sans impôt.	DROIT.
193 59	203 77	215 10	268 88	4 84
195 19	205 46	216 88	271 11	4 88
196 79	207 15	218 66	273 33	4 92
198 39	208 83	220 44	275 55	4 96
199 99	210 51	222 21	277 77	5 »
201 60	212 21	224 »	280 »	5 04
203 19	213 88	225 77	282 22	5 08
204 79	215 57	227 55	284 44	5 12
206 39	217 25	229 32	286 66	5 16
207 99	218 93	231 10	288 88	5 20
209 59	220 62	232 88	291 11	5 24
211 19	222 30	234 66	293 33	5 28
212 79	223 99	236 44	295 55	5 32
214 39	225 67	238 21	297 77	5 36
216 00	227 36	240 »	300 »	5 40
217 59	229 04	241 77	302 22	5 44
219 19	230 73	243 55	304 44	5 48
220 79	232 40	245 32	306 66	5 52
222 39	234 09	247 10	308 88	5 56
223 99	235 78	248 88	311 11	5 60
225 59	237 46	250 66	313 33	5 64
227 19	239 15	252 44	315 55	5 68
228 79	240 83	254 21	317 77	5 72
230 40	242 52	256 »	320 »	5 76
231 99	244 20	257 77	322 22	5 80
233 59	245 88	259 55	324 44	5 84
235 19	247 56	261 32	326 66	5 88
236 79	249 25	263 10	328 88	5 92
238 39	250 93	264 88	331 11	5 96
239 99	252 62	266 66	333 33	6 »
241 59	254 31	268 44	335 55	6 04
243 19	255 98	270 21	337 77	6 08
244 90	257 68	272 »	340 »	6 12
246 39	259 36	273 77	342 22	6 16
247 99	261 04	275 55	344 44	6 20
249 59	262 72	277 32	346 66	6 24
251 19	264 41	279 10	348 88	6 28
252 79	266 09	280 88	351 11	6 32
254 39	267 78	282 66	353 33	6 36
255 99	269 46	284 44	355 55	6 40
257 59	271 14	286 21	357 77	6 44
259 20	272 84	288 »	360 »	6 48
260 79	274 51	289 77	362 22	6 52
262 39	276 20	291 55	364 44	6 56
263 99	277 88	293 32	366 66	6 60
265 59	279 56	295 10	368 88	6 64
267 19	281 25	296 88	371 11	6 68
268 79	282 94	298 66	373 33	6 72
270 39	284 62	300 44	375 55	6 76
271 99	286 30	302 21	377 77	6 80
273 60	288 00	304 »	380 »	6 84
275 19	289 67	305 77	382 22	6 88
276 79	291 36	307 55	384 44	6 92
278 39	293 04	309 32	386 66	6 96
279 99	294 72	311 10	388 88	7 »
281 59	296 41	312 88	391 11	7 04
283 19	298 09	314 66	393 33	7 08
284 79	299 78	316 44	395 55	7 12
286 39	301 46	318 21	397 77	7 16
288 00	303 15	320 »	400 »	7 20

Vins et impôt en sus.	1/2 Vins et impôt en sus.	Impôt en sus.	Sans impôt.	DROIT.
289 59	304 83	321 77	402 22	7 24
291 19	306 52	323 55	404 44	7 28
292 79	308 19	325 32	406 66	7 32
294 39	309 88	327 10	408 88	7 36
295 99	311 57	328 88	411 11	7 40
297 59	313 25	330 66	413 33	7 44
299 19	314 94	332 44	415 55	7 48
300 79	316 62	334 21	417 77	7 52
302 40	318 31	336 »	420 »	7 56
303 99	319 99	337 77	422 22	7 60
305 59	321 67	339 55	424 44	7 64
307 19	323 35	341 32	426 66	7 68
308 79	325 04	343 10	428 88	7 72
310 39	326 72	344 88	431 11	7 76
311 99	328 41	346 66	433 33	7 80
313 59	330 10	348 44	435 55	7 84
315 19	331 77	350 21	437 77	7 88
316 80	333 47	352 »	440 »	7 92
318 39	335 15	353 77	442 22	7 96
319 99	336 83	355 55	444 44	8 »
321 59	338 51	357 32	446 66	8 04
323 19	340 20	359 10	448 88	8 08
324 79	341 88	360 88	451 11	8 12
326 39	343 57	362 66	453 33	8 16
327 99	345 25	364 44	455 55	8 20
329 59	346 93	366 21	457 77	8 24
331 20	348 63	368 »	460 »	8 28
332 79	350 30	369 77	462 22	8 32
334 39	351 99	371 55	464 44	8 36
335 99	353 67	373 32	466 66	8 40
337 59	355 35	375 10	468 88	8 44
339 19	357 01	376 88	471 11	8 48
340 79	358 73	378 66	473 33	8 52
342 39	360 41	380 44	475 55	8 56
343 99	362 09	382 21	477 77	8 60
345 60	363 78	384 »	480 «	8 64
347 19	365 46	385 77	482 22	8 68
348 79	367 15	387 55	484 44	8 72
350 39	368 82	389 32	486 66	8 76
351 99	370 51	391 10	488 88	8 80
353 59	372 20	392 88	491 11	8 84
355 19	373 88	394 66	493 33	8 88
356 79	375 57	396 44	495 55	8 92
358 39	377 25	398 21	497 77	8 96
360 00	378 94	400 «	500 »	9 »
361 59	380 62	401 77	502 22	9 04
363 19	382 31	403 55	504 44	9 08
364 79	383 98	405 32	506 66	9 12
366 39	385 67	407 10	508 88	9 16
367 99	387 36	408 88	511 11	9 20
369 59	389 04	410 66	513 33	9 24
371 19	390 73	412 44	515 55	9 28
372 79	392 40	414 21	517 77	9 32
374 40	394 10	416 »	520 »	9 36
375 99	395 78	417 77	522 22	9 40
377 59	397 46	419 55	524 44	9 44
379 19	399 14	421 32	526 66	9 48
380 79	400 83	423 10	528 88	9 52
382 39	402 51	424 88	531 11	9 56
383 99	404 20	426 66	533 33	9 60

Vins et impôt en sus.	1/2 Vins et impôt en sus.	Impôt en sus.	Sans impôt.	DROIT.	Vins et impôt en sus.	1/2 Vins et impôt en sus.	Impôt en sus.	Sans impôt.	DROIT.
385 59	405 89	428 44	535 55	9 64	481 59	506 93	535 10	668 88	12 04
387 19	407 56	430 21	537 77	9 68	483 19	508 62	536 88	671 11	12 08
388 80	409 26	432 »	540 »	9 72	484 79	510 30	538 66	673 33	12 12
390 39	410 94	433 77	542 22	9 76	486 39	511 99	540 44	675 55	12 16
391 99	412 62	435 55	544 44	9 80	487 99	513 67	542 21	677 77	12 20
393 59	414 30	437 32	546 66	9 84	489 60	515 36	544 »	680 »	12 24
395 19	415 98	439 10	548 88	9 88	491 19	517 04	545 77	682 22	12 28
396 79	417 67	440 88	551 11	9 92	492 79	518 73	547 55	684 44	12 32
398 39	419 36	442 66	553 33	9 96	494 39	520 40	549 32	686 66	12 36
399 99	421 04	444 44	555 55	10 »	495 99	522 09	551 10	688 88	12 40
401 59	422 72	446 21	557 77	10 04	497 59	523 78	552 88	691 11	12 44
403 20	424 42	448 »	560 »	10 08	499 19	525 46	554 66	693 33	12 48
404 79	426 09	449 77	562 22	10 12	500 79	527 15	556 44	695 55	12 52
406 39	427 78	451 55	564 44	10 16	502 39	528 83	558 21	697 77	12 56
407 99	429 46	453 32	566 66	10 20	504 00	530 52	560 »	700 »	12 60
409 59	431 14	455 10	568 88	10 24	505 59	532 20	561 77	702 22	12 64
411 19	432 83	456 88	571 11	10 28	507 19	533 88	563 55	704 44	12 68
412 79	434 52	458 66	573 33	10 32	508 79	535 56	565 32	706 66	12 72
414 39	436 20	460 44	575 55	10 36	510 39	537 25	567 10	708 88	12 76
415 99	437 88	462 21	577 77	10 40	511 99	538 93	568 88	711 11	12 80
417 60	439 57	464 »	580 »	10 44	513 59	540 62	570 66	713 33	12 84
419 19	441 25	465 77	582 22	10 48	515 19	542 31	572 44	715 55	12 88
420 79	442 94	467 55	584 44	10 52	516 79	543 98	574 21	717 77	12 92
422 39	444 61	469 32	586 66	10 56	518 40	545 68	576 »	720 »	12 96
423 99	446 30	471 10	588 88	10 60	519 99	547 36	577 77	722 22	13 »
425 59	447 99	472 88	591 11	10 64	521 59	549 04	579 55	724 44	13 04
427 19	449 67	474 66	593 33	10 68	523 19	550 72	581 32	726 66	13 08
428 79	451 35	476 44	595 55	10 72	524 79	552 41	583 10	728 88	13 12
430 39	453 04	478 21	597 77	10 76	526 39	554 09	584 88	731 11	13 16
432 00	454 73	480 »	600 »	10 80	527 99	555 78	586 66	733 33	13 20
433 59	456 41	481 77	602 22	10 84	529 59	557 46	588 44	735 55	13 24
435 19	458 10	483 55	604 44	10 88	531 19	559 14	590 21	737 77	13 28
436 79	459 77	485 32	606 66	10 92	532 90	560 84	592 »	740 »	13 32
438 39	461 46	487 10	608 88	10 96	534 39	562 51	593 77	742 22	13 36
439 99	463 14	488 88	611 11	11 »	535 99	564 20	595 55	744 44	13 40
441 59	464 83	490 66	613 33	11 04	537 59	565 88	597 32	746 66	13 44
443 19	466 52	492 44	615 55	11 08	539 19	567 56	599 10	748 88	13 48
444 79	468 19	494 21	617 77	11 12	540 79	569 25	600 88	751 11	13 52
446 40	469 83	496 »	620 »	11 16	542 39	570 94	602 66	753 33	13 56
447 99	471 57	497 77	622 22	11 20	543 99	572 62	604 44	755 55	13 60
449 59	473 25	499 55	624 44	11 24	545 59	574 30	606 21	757 77	13 64
451 19	474 93	501 32	626 66	11 28	547 20	576 00	608 »	760 »	13 68
452 79	476 62	503 10	628 88	11 32	548 79	577 67	609 77	762 22	13 72
454 39	478 30	504 88	631 11	11 36	550 39	579 36	611 55	764 44	13 76
455 99	479 99	506 66	633 33	11 40	551 99	581 04	613 32	766 66	13 80
457 59	481 68	508 44	635 55	11 44	553 59	582 72	615 10	768 88	13 84
459 19	483 35	510 21	637 77	11 48	555 19	584 41	616 83	771 11	13 88
460 80	485 05	512 »	640 »	11 52	556 79	586 09	618 66	773 33	13 92
462 39	486 72	513 77	642 22	11 56	558 39	587 78	620 44	775 55	13 96
463 99	488 41	515 55	644 44	11 60	559 99	589 46	622 21	777 77	14 »
465 59	490 09	517 32	646 66	11 64	561 60	591 15	624 »	780 »	14 04
467 19	491 77	519 10	648 88	11 68	563 19	592 83	625 77	782 22	14 08
468 79	493 46	520 88	651 11	11 72	564 79	594 52	627 55	784 44	14 12
470 39	495 15	522 66	653 33	11 76	566 39	596 19	629 32	786 66	14 16
471 99	496 83	524 44	655 55	11 80	567 99	597 88	631 10	788 88	14 20
473 59	498 51	526 21	657 77	11 84	569 59	599 57	632 88	791 11	14 24
475 20	500 21	528 »	660 »	11 88	571 19	601 25	634 66	793 33	14 28
476 79	501 88	529 77	662 22	11 92	572 79	602 94	636 44	795 55	14 32
478 39	503 57	531 55	664 44	11 96	574 39	604 62	638 21	797 77	14 36
479 99	505 25	533 32	666 66	12 00	576 00	606 31	640 »	800 »	14 40

BAUX.

Continuer de découper aux lignes tracées.

SOMMES.	DROITS.	20 FRˢ.	40 FRˢ.	60 FRˢ.	80 FRˢ.	SOMMES.	DROITS.
fr.	fr. c.	» 13	» 25	» 38	» 50	6000	37 50
100	» 63	» 75	» 88	1 »	1 13	6020	37 63
200	1 25	1 38	1 50	1 63	1 75	6040	37 75
300	1 88	2 »	2 13	2 25	2 38	6060	37 88
400	2 50	2 63	2 75	2 88	3 »	6080	38 »
500	3 13	3 25	3 38	3 50	3 63	6100	38 13
600	3 75	3 88	4 »	4 13	4 25	6120	38 25
700	4 38	4 50	4 63	4 75	4 88	6140	38 38
800	5 »	5 13	5 25	5 38	5 50	6160	38 50
900	5 63	5 75	5 88	6 »	6 13	6180	38 63
1000	6 25	6 38	6 50	6 63	6 75	6200	38 75
1100	6 88	7 »	7 13	7 25	7 38	6220	38 88
1200	7 50	7 63	7 75	7 88	8 »	6240	39 »
1300	8 13	8 25	8 38	8 50	8 63	6260	39 13
1400	8 75	8 88	9 »	9 13	9 25	6280	39 25
1500	9 38	9 50	9 63	9 75	9 88	6300	39 38
1600	10 »	10 13	10 25	10 38	10 50	6320	39 50
1700	10 63	10 75	10 88	11 »	11 13	6340	39 63
1800	11 25	11 38	11 50	11 63	11 75	6360	39 75
1900	11 88	12 »	12 13	12 25	12 38	6380	39 88
2000	12 50	12 63	12 75	12 88	13 2	6400	40 »
2100	13 13	13 25	13 38	13 50	13 63	6420	40 13
2200	13 75	13 88	14 »	14 13	14 25	6440	40 25
2300	14 38	14 50	14 63	14 75	14 88	6460	40 38
2400	15 »	15 13	15 25	15 38	15 50	6480	40 50
2500	15 63	15 75	15 88	16 »	16 13	6500	40 63
2600	16 25	16 38	16 50	16 63	16 75	6520	40 75
2700	16 88	17 »	17 13	17 25	17 38	6540	40 88
2800	17 50	17 63	17 75	17 88	18 »	6560	41 »
2900	18 13	18 25	18 38	18 50	18 63	6580	41 13
3000	18 75	18 88	19 »	19 13	19 25	6600	41 25
3100	19 38	19 50	19 63	19 75	19 88	6620	41 38
3200	20 «	20 13	20 25	20 38	20 50	6640	41 50
3300	20 63	20 75	20 88	21 »	21 13	6660	41 63
3400	21 25	21 38	21 50	21 63	21 75	6680	41 75
3500	21 88	22 »	22 13	22 25	22 38	6700	41 88
3600	22 50	22 63	22 75	22 88	23 »	6720	42 »
3700	23 13	23 25	23 38	23 50	23 63	6740	42 13
3800	23 75	23 88	24 »	24 13	24 25	6760	42 25
3900	24 38	24 50	24 63	24 75	24 88	6780	42 38
4000	25 »	25 13	25 25	25 38	25 50	6800	42 50
4100	25 63	25 75	25 88	26 »	26 13	6820	42 63
4200	26 25	26 38	26 50	26 63	26 75	6840	42 75
4300	26 88	27 »	27 13	27 25	27 38	6860	42 88
4400	27 50	27 63	27 75	27 88	28 »	6880	43 »
4500	28 13	28 25	28 38	28 50	28 63	6900	43 13
4600	28 75	28 88	29 »	29 13	29 25	6920	43 25
4700	29 38	29 50	29 63	29 75	29 88	6940	43 38
4800	30 »	30 13	30 25	30 38	30 50	6960	43 50
4900	30 63	30 75	30 88	31 »	31 13	6980	43 63
5000	31 25	31 38	31 50	31 63	31 75	7000	43 75
5100	31 88	32 »	32 13	32 25	32 38	7020	43 88
5200	32 50	32 63	32 75	32 88	33 »	7040	44 »
5300	33 13	33 25	33 38	33 50	33 63	7060	44 13
5400	33 75	33 88	34 »	34 13	34 25	7080	44 25
5500	34 38	34 50	34 63	34 75	34 88	7100	44 38
5600	35 »	35 13	35 25	35 38	35 50	7120	44 50
5700	35 63	35 75	35 88	36 »	36 13	7140	44 63
5800	36 25	36 38	36 50	36 63	36 75	7160	44 75
5900	36 88	37 »	37 13	37 25	37 38	7180	44 88

SOMMES	DROITS	20 FRˢ	40 FRˢ	60 FRˢ	80 FRˢ	SOMMES	DROITS
fr.	fr. c.	» 30	» 60	« 90	1 20	6000	90 »
100	1 50	1 80	2 10	2 40	2 70	6020	90 30
200	3 »	3 30	3 60	3 90	4 20	6040	90 60
300	4 50	4 80	5 10	5 40	5 70	6060	90 90
400	6 »	6 30	6 60	6 90	7 20	6080	91 20
500	7 50	7 80	8 10	8 40	8 70	6100	91 50
600	9 »	9 30	9 60	9 90	10 20	6120	91 80
700	10 50	10 80	11 10	11 40	11 70	6140	92 10
800	12 »	12 30	12 60	12 90	13 20	6160	92 40
900	13 50	13 80	14 10	14 40	14 70	6180	92 70
1000	15 »	15 30	15 60	15 90	16 20	6200	93 »
1100	16 50	16 80	17 10	17 40	17 70	6220	93 30
1200	18 »	18 30	18 60	18 90	19 20	6240	93 60
1300	19 50	19 80	20 10	20 40	20 70	6260	93 90
1400	21 »	21 30	21 60	21 90	22 20	6280	94 20
1500	22 50	22 80	23 10	23 40	23 70	6300	94 50
1600	24 »	24 30	24 60	24 90	25 20	6320	94 80
1700	25 50	25 80	26 10	26 40	26 70	6340	95 10
1800	27 »	27 30	27 60	27 90	28 20	6360	95 40
1900	28 50	28 80	29 10	29 40	29 70	6380	95 70
2000	30 »	30 30	30 60	30 90	31 20	6400	96 »
2100	31 50	31 80	32 10	32 40	32 70	6420	96 30
2200	33 »	33 30	33 60	33 90	34 20	6440	96 60
2300	34 50	34 80	35 10	35 40	35 70	6460	96 90
2400	36 »	36 30	36 60	36 90	37 20	6480	97 20
2500	37 50	37 80	38 10	38 40	38 70	6500	97 50
2600	39 »	39 30	39 60	39 90	40 20	6520	97 80
2700	40 50	40 80	41 10	41 40	41 70	6540	98 10
2800	42 »	42 30	42 60	42 90	43 20	6560	98 40
2900	43 50	43 80	44 10	44 40	44 70	6580	98 70
3000	45 »	45 30	45 60	45 90	46 20	6600	99 »
3100	46 50	46 80	47 10	47 40	47 70	6620	99 30
3200	48 »	48 30	48 60	48 90	49 20	6640	99 60
3300	49 50	49 80	50 10	50 40	50 70	6660	99 90
3400	51 »	51 30	51 60	51 90	52 20	6680	100 20
3500	52 50	52 80	53 10	53 40	53 70	6700	100 50
3600	54 »	54 30	54 60	54 90	55 20	6720	100 80
3700	55 50	55 80	56 10	56 40	56 70	6740	101 10
3800	57 »	57 30	57 60	57 90	58 20	6760	101 40
3900	58 50	58 80	59 10	59 40	59 70	6780	101 70
4000	60 »	60 30	60 60	60 90	61 20	6800	102 »
4100	61 50	61 80	62 10	62 40	62 70	6820	102 30
4200	63 »	63 30	63 60	63 90	64 20	6840	102 60
4300	64 50	64 80	65 10	65 40	65 70	6860	102 90
4400	66 »	66 30	66 60	66 90	67 20	6880	103 20
4500	67 50	67 80	68 10	68 40	68 70	6900	103 50
4600	69 »	69 30	69 60	69 90	70 20	6920	103 80
4700	70 50	70 80	71 10	71 40	71 70	6940	104 10
4800	72 »	72 30	72 60	72 90	73 20	6960	104 40
4900	73 50	73 80	74 10	74 40	74 70	6980	104 70
5000	75 »	75 30	75 60	75 90	76 20	7000	105 »
5100	76 50	76 80	77 10	77 40	77 70	7020	105 30
5200	78 »	78 30	78 60	78 90	79 20	7040	105 60
5300	79 50	79 80	80 10	80 40	80 70	7060	105 90
5400	81 »	81 30	81 60	81 90	82 20	7080	106 20
5500	82 50	82 80	83 10	83 40	83 70	7100	106 50
5600	84 »	84 30	84 60	84 90	85 20	7120	106 80
5700	85 50	85 80	86 10	86 40	86 70	7140	107 10
5800	87 »	87 30	87 60	87 90	88 20	7160	107 40
5900	88 50	88 80	89 10	89 40	89 70	7180	107 70

62 c 1,2

1 50

Droit de 2 fr. 75 c. p. %

SOMMES.	DROITS.	20 FR.	40 FR.	60 FR.	80 FR.	SOMMES.	DROITS
fr.	fr. c.	» 55	1 10	1 65	2 20	6000	165 »
100	2 75	3 30	3 85	4 40	4 95	6020	165 55
200	5 50	6 5	6 60	7 15	7 70	6040	166 10
300	8 25	8 80	9 35	9 90	10 45	6060	166 65
400	11 »	11 55	12 10	12 65	13 20	6080	167 20
500	13 75	14 30	14 85	15 40	15 95	6100	167 75
600	16 50	17 5	17 60	18 15	18 70	6120	168 30
700	19 25	19 80	20 35	20 90	21 45	6140	168 85
800	22 »	22 55	23 10	23 65	24 20	6160	169 40
900	24 75	25 30	25 85	26 40	26 95	6180	169 95
1000	27 50	28 5	28 60	29 15	29 70	6200	170 50
1100	30 25	30 80	31 35	31 90	32 45	6220	171 05
1200	33 »	33 55	34 10	34 65	35 20	6240	171 60
1300	35 75	36 30	36 85	37 40	37 95	6260	172 15
1400	38 50	39 5	39 60	40 15	40 70	6280	172 70
1500	41 25	41 80	42 35	42 90	43 45	6300	173 25
1600	44 »	44 55	45 10	45 65	46 20	6320	173 80
1700	46 75	47 30	47 85	48 40	48 95	6340	174 35
1800	49 50	50 5	50 60	51 15	51 70	6360	174 90
1900	52 25	52 80	53 35	53 90	54 45	6380	175 45
2000	55 »	55 55	56 10	56 65	57 20	6400	176 »
2100	57 75	58 30	58 85	59 40	59 95	6420	176 55
2200	60 50	61 5	61 60	62 15	62 70	6440	177 10
2300	63 25	63 80	64 35	64 90	65 45	6460	177 65
2400	66 »	66 55	67 10	67 65	68 20	6480	178 20
2500	68 75	69 30	69 85	70 40	70 95	6500	178 75
2600	71 50	72 5	72 60	73 15	73 70	6520	179 30
2700	74 25	74 80	75 35	75 90	76 45	6540	179 85
2800	77 »	77 55	78 10	78 65	79 20	6560	180 40
2900	79 75	80 30	80 85	81 40	81 95	6580	180 95
3000	82 50	83 5	83 60	84 15	84 70	6600	181 50
3100	85 25	85 80	86 35	86 90	87 45	6620	182 05
3200	88 »	88 55	89 10	89 65	90 20	6640	182 60
3300	90 75	91 30	91 85	92 40	92 95	6660	183 15
3400	93 50	94 5	94 60	95 15	95 70	6680	183 70
3500	96 25	96 80	97 35	97 90	98 45	6700	184 25
3600	99 »	99 55	100 10	100 65	101 20	6720	184 80
3700	101 75	102 30	102 85	103 40	103 95	6740	185 35
3800	104 50	105 5	105 60	106 15	106 70	6760	185 90
3900	107 25	107 80	108 35	108 90	109 45	6780	186 45
4000	110 »	110 55	111 10	111 65	112 20	6800	187 »
4100	112 75	113 30	113 85	114 40	114 95	6820	187 55
4200	115 50	116 5	116 60	117 15	117 40	6840	188 10
4300	118 25	118 80	119 35	119 90	120 75	6860	188 65
4400	121 »	121 55	122 10	122 65	123 20	6880	189 20
4500	123 75	124 30	124 85	125 40	125 95	6900	189 75
4600	126 50	127 5	127 60	128 15	128 70	6920	190 30
4700	129 25	129 80	130 35	130 90	131 45	6940	190 85
4800	132 »	132 55	133 10	133 65	134 20	6960	191 40
4900	134 75	135 30	135 85	136 40	136 95	6980	191 95
5000	137 50	138 5	138 60	139 15	139 70	7000	192 50
5100	140 25	140 80	141 35	141 90	142 45	7020	193 05
5200	143 »	143 55	144 10	144 65	145 20	7040	193 60
5300	145 75	146 30	146 85	147 40	147 95	7060	194 15
5400	148 50	149 5	149 60	150 15	150 70	7080	194 70
5500	151 25	151 80	152 35	152 90	153 45	7100	195 25
5600	154 »	154 55	155 10	155 65	156 20	7120	195 80
5700	156 75	157 30	157 85	158 40	158 95	7140	196 35
5800	159 50	160 5	160 60	161 15	161 70	7160	196 90
5900	162 25	162 80	163 35	163 90	164 45	7180	197 45

SOMMES.	DROITS.	20 FRˢ.	40 FRˢ.	60 FRˢ.	80 FRˢ.	SOMMES	DROITS.
fr.	fr.	» 60	1 20	1 80	2 40	6000	180 »
100	3 »	3 60	4 20	4 80	5 40	6020	180 60
200	6 »	6 60	7 20	7 80	8 40	6040	181 20
300	9 »	9 60	10 20	10 80	11 40	6060	181 80
400	12 »	12 60	13 20	13 80	14 40	6080	182 40
500	15 »	15 60	16 20	16 80	17 40	6100	183 »
600	18 »	18 60	19 20	19 80	20 40	6120	183 60
700	21 »	21 60	22 20	22 80	23 40	6140	184 20
800	24 »	24 60	25 20	25 80	26 40	6160	184 80
900	27 »	27 60	28 20	28 80	29 40	6180	185 40
1000	30 »	30 60	31 20	31 80	32 40	6200	186 »
1100	33 »	33 60	34 20	34 80	35 40	6220	186 60
1200	36 »	36 60	37 20	37 80	38 40	6240	187 20
1300	39 »	39 60	40 20	40 80	41 40	6260	187 80
1400	42 »	42 60	43 20	43 80	44 40	6280	188 40
1500	45 »	45 60	46 20	46 80	47 40	6300	189 »
1600	48 »	48 60	49 20	49 80	50 40	6320	189 60
1700	51 »	51 60	52 20	52 80	53 40	6340	190 20
1800	54 »	54 60	55 20	55 80	56 40	6360	190 80
1900	57 »	57 60	58 20	58 80	59 40	6380	191 40
2000	60 »	60 60	61 20	61 80	62 40	6400	192 »
2100	63 »	63 60	64 20	64 80	65 40	6420	192 60
2200	66 »	66 60	67 20	67 80	68 40	6440	193 20
2300	69 »	69 60	70 20	70 80	71 40	6460	193 80
2400	72 »	72 60	73 20	73 80	74 40	6480	194 40
2500	75 »	75 60	76 20	76 80	77 40	6500	195 «
2600	78 »	78 60	79 20	79 80	80 40	6520	195 60
2700	81 »	81 60	82 20	82 80	83 40	6540	196 20
2800	84 »	84 60	85 20	85 80	86 40	6560	196 80
2900	87 »	87 60	88 20	88 80	89 40	6580	197 40
3000	90 »	90 60	91 20	91 80	92 40	6600	198 »
3100	93 »	93 60	94 20	94 80	95 40	6620	198 60
3200	96 »	96 60	97 20	97 80	98 40	6640	199 20
3300	99 »	99 60	100 20	100 80	101 40	6660	199 80
3400	102 »	102 60	103 20	103 80	104 40	6680	200 40
3500	105 »	105 60	106 20	106 80	107 40	6700	201 »
3600	108 »	108 60	109 20	109 80	110 40	6720	201 60
3700	111 »	111 60	112 20	112 80	113 40	6740	202 20
3800	114 »	114 60	115 20	115 80	116 40	6760	202 80
3900	117 »	117 60	118 20	118 80	119 40	6780	203 40
4000	120 »	120 60	121 20	121 80	122 40	6800	204 »
4100	123 »	123 60	124 20	124 80	125 40	6820	204 60
4200	126 »	126 60	127 20	127 80	128 40	6840	205 20
4300	129 »	129 60	130 20	130 80	131 40	6860	205 80
4400	132 »	132 60	133 20	133 80	134 40	6880	206 40
4500	135 »	135 60	136 20	136 80	137 40	6900	207 »
4600	138 »	138 60	139 20	139 80	140 40	6920	207 60
4700	141 »	141 60	142 20	142 80	143 40	6940	208 20
4800	144 »	144 60	145 20	145 80	146 40	6960	208 80
4900	147 »	147 60	148 20	148 80	149 40	6980	209 40
5000	150 »	150 60	151 20	151 80	152 40	7000	210 »
5100	153 »	153 60	154 20	154 80	155 40	7020	210 60
5200	156 »	156 60	157 20	157 80	158 40	7040	211 20
5300	159 »	159 60	160 20	160 80	161 40	7060	211 80
5400	162 »	162 60	163 20	163 80	164 40	7080	212 40
5500	165 »	165 60	166 20	166 80	167 40	7100	213 »
5600	168 »	168 60	169 20	169 80	170 40	7120	213 60
5700	171 »	171 60	172 20	172 80	173 40	7140	214 20
5800	174 »	174 60	175 20	175 80	176 40	7160	214 80
5900	177 »	177 60	178 20	178 80	179 40	7180	215 40

275

5 »

Tous frais non compris.	DROIT compris.	Tous frais compris.	DROIT.	Tous frais non compris.	DROIT compris.	Tous frais compris.	DROIT.
20	20 88	21 67	» 80	1220	1273 68	1321 87	48 80
40	41 76	43 34	1 60	1240	1294 56	1343 54	49 60
60	62 64	65 01	2 40	1260	1315 44	1365 21	50 40
80	83 52	86 68	3 20	1280	1336 32	1386 88	51 20
100	104 40	108 35	4 »	1300	1357 20	1408 55	52 »
120	125 28	130 02	4 80	1320	1378 08	1430 22	52 80
140	146 16	151 69	5 60	1340	1398 96	1451 89	53 60
160	167 04	173 36	6 40	1360	1419 84	1473 56	54 40
180	187 92	195 03	7 20	1380	1440 72	1495 23	55 20
200	208 80	216 70	8 »	1400	1461 60	1516 90	56 »
220	229 68	238 37	8 80	1420	1482 48	1538 57	56 80
240	250 56	260 04	9 60	1440	1503 36	1560 24	57 60
260	271 44	281 71	10 40	1460	1524 24	1581 91	58 40
280	292 32	303 38	11 20	1480	1545 12	1603 58	59 20
300	313 20	325 05	12 »	1500	1566 00	1625 25	60 »
320	334 08	346 72	12 80	1520	1586 88	1646 92	60 80
340	354 96	368 39	13 60	1540	1607 76	1668 59	61 60
360	375 84	390 06	14 40	1560	1628 64	1690 26	62 40
380	396 72	411 73	15 20	1580	1649 52	1711 93	63 20
400	417 60	433 40	16 »	1600	1670 40	1733 60	64 »
420	438 48	455 07	16 80	1620	1691 28	1755 27	64 80
440	459 36	476 74	17 60	1640	1712 16	1776 94	65 60
460	480 24	498 41	18 40	1660	1733 04	1798 61	66 40
480	501 12	520 08	19 20	1680	1753 92	1820 28	67 20
500	522 00	541 75	20 »	1700	1774 80	1841 95	68 »
520	542 88	563 42	20 80	1720	1795 68	1863 62	68 80
540	563 76	585 09	21 60	1740	1816 56	1885 29	69 60
560	584 64	606 76	22 40	1760	1837 44	1906 96	70 40
580	605 52	628 43	23 20	1780	1858 32	1928 63	71 20
600	626 40	650 10	24 »	1800	1879 20	1950 30	72 »
620	647 28	671 77	24 80	1820	1900 08	1971 97	72 80
640	668 16	693 44	25 60	1840	1920 96	1993 64	73 60
660	689 04	715 11	26 40	1860	1941 84	2015 31	74 40
680	709 92	736 78	27 20	1880	1962 72	2036 98	75 20
700	730 80	758 45	28 »	1900	1983 60	2058 65	76 »
720	751 68	780 12	28 80	1920	2004 48	2080 32	76 80
740	772 56	801 79	29 60	1940	2025 36	2101 99	77 60
760	793 44	823 46	30 40	1960	2046 24	2123 66	78 40
780	814 32	845 13	31 20	1980	2067 12	2145 33	79 20
800	835 20	866 80	32 »	2000	2088 00	2167 00	80 »
820	856 08	888 47	32 80	2020	2108 88	2188 67	80 80
840	876 96	910 14	33 60	2040	2129 76	2210 34	81 60
860	897 84	931 81	34 40	2060	2150 64	2232 01	82 40
880	918 72	953 48	35 20	2080	2171 52	2253 68	83 20
900	939 60	975 15	36 »	2100	2192 40	2275 35	84 »
920	960 48	996 82	36 80	2120	2213 28	2297 02	84 80
940	981 36	1018 49	37 60	2140	2234 16	2318 69	85 60
960	1002 24	1040 16	38 40	2160	2255 04	2340 36	86 40
980	1023 12	1061 83	39 20	2180	2275 92	2362 03	87 20
1000	1044 00	1083 50	40 »	2200	2296 80	2383 70	88 »
1020	1064 88	1105 17	40 80	2220	2317 68	2405 37	88 80
1040	1085 76	1126 84	41 60	2240	2338 56	2427 04	89 60
1060	1106 64	1148 51	42 40	2260	2359 44	2448 71	90 40
1080	1127 52	1 70 18	43 20	2280	2380 32	2470 38	91 20
1100	1148 40	1191 85	44 »	2300	2401 20	2492 05	92 »
1120	1169 28	1213 52	44 80	2320	2422 08	2513 72	92 80
1140	1190 16	1235 19	45 60	2340	2442 96	2535 39	93 60
1160	1211 04	1256 86	46 40	2360	2463 84	2557 06	94 40
1180	1231 92	1278 53	47 20	2380	2484 72	2578 73	95 20
1200	1252 80	1300 20	48 »	2400	2505 60	2600 40	96 »

Tous frais non compris.	DROIT compris.	Tous frais compris.	DROIT.	Tous frais non compris.	DROIT compris.	Tous frais compris.	DROIT.
2420	2526 48	2622 07	96 80	3620	3779 28	3922 27	144 80
2440	2547 36	2643 74	97 60	3640	3800 16	3943 94	145 60
2460	2568 24	2665 41	98 40	3660	3821 04	3965 61	146 40
2480	2589 12	2687 08	99 20	3680	3841 92	3987 28	147 20
2500	2610 00	2708 75	100 »	3700	3862 80	4008 95	148 »
2520	2630 88	2730 42	100 80	3720	3883 68	4030 62	148 80
2540	2651 76	2752 09	101 60	3740	3904 56	4052 29	149 60
2560	2672 64	2773 76	102 40	3760	3925 44	4073 96	150 40
2580	2693 52	2795 43	103 20	3780	3946 32	4095 63	151 20
2600	2714 40	2817 10	104 »	3800	3967 20	4117 30	152 »
2620	2735 28	2838 77	104 80	3820	3988 08	4138 97	152 80
2640	2756 16	2860 44	105 60	3840	4008 96	4160 64	153 60
2660	2777 04	2882 11	106 40	3860	4029 84	4182 31	154 40
2680	2797 92	2903 78	107 20	3880	4050 72	4203 98	155 20
2700	2818 80	2925 45	108 »	3900	4071 60	4225 65	156 »
2720	2839 68	2947 12	108 80	3920	4092 48	4247 32	156 80
2740	2860 56	2968 79	109 60	3940	4113 36	4268 99	157 60
2760	2881 44	2990 46	110 40	3960	4134 24	4290 66	158 40
2780	2902 32	3012 13	111 20	3980	4155 12	4312 33	159 20
2800	2923 20	3033 80	112 »	4000	4176 00	4334 00	160 »
2820	2944 08	3055 47	112 80	4020	4196 88	4355 67	160 80
2840	2964 96	3077 14	113 60	4040	4217 76	4377 34	161 60
2860	2985 84	3098 81	114 40	4060	4238 64	4399 01	162 40
2880	3006 72	3120 48	115 20	4080	4259 52	4420 68	163 20
2900	3027 60	3142 15	116 »	4100	4280 40	4442 35	164 »
2920	3048 48	3163 82	116 80	4120	4301 28	4464 02	164 80
2940	3069 36	3185 49	117 60	4140	4322 16	4485 69	165 60
2960	3090 24	3207 16	118 40	4160	4343 04	4507 36	166 40
2980	3111 12	3228 83	119 20	4180	4363 92	4529 03	167 20
3000	3132 00	3250 50	120 »	4200	4384 80	4550 70	168 »
3020	3152 88	3272 17	120 80	4220	4405 68	4572 37	168 80
3040	3173 76	3293 84	121 60	4240	4426 56	4594 04	169 60
3060	3194 64	3315 51	122 40	4260	4447 44	4615 71	170 40
3080	3215 52	3337 18	123 20	4280	4468 32	4637 38	171 20
3100	3236 40	3358 85	124 »	4300	4489 20	4659 05	172 »
3120	3257 28	3380 52	124 80	4320	4510 08	4680 72	172 80
3140	3278 16	3402 19	125 60	4340	4530 96	4702 39	173 60
3160	3299 04	3423 86	126 40	4360	4551 84	4724 06	174 40
3180	3319 92	3445 53	127 20	4380	4572 72	4715 73	175 20
3200	3340 80	3467 20	128 »	4400	4593 60	4767 40	176 »
3220	3361 68	3488 87	128 80	4120	4614 48	4789 07	176 80
3240	3382 56	3510 54	129 60	4140	4635 36	4810 74	177 60
3260	3403 44	3532 21	130 40	4160	4656 24	4832 41	178 40
3280	3424 32	3553 88	131 20	4180	4677 12	4854 08	179 20
3300	3445 20	3575 55	132 »	4500	4698 00	4875 75	180 »
3320	3466 08	3597 22	132 80	4520	4718 88	4897 42	180 80
3340	3486 96	3618 89	133 60	4540	4739 76	4919 09	181 60
3360	3507 84	3640 56	134 40	4560	4760 64	4940 76	182 40
3380	3528 72	3662 23	135 20	4580	4781 52	4962 43	183 20
3400	3549 60	3683 90	136 »	4600	4802 40	4984 10	184 »
3420	3570 48	3705 57	136 80	4620	4823 28	5005 77	184 80
3440	3591 36	3727 24	137 60	4640	4844 16	5027 44	185 60
3460	3612 24	3748 91	138 40	4660	4865 04	5049 11	186 40
3480	3633 12	3770 58	139 20	4680	4885 92	5070 78	187 20
3500	3654 00	3792 25	140 »	4700	4906 80	5092 45	188 »
3520	3674 88	3813 92	140 80	4720	4927 68	5114 12	188 80
3540	3695 76	3835 59	141 60	4740	4948 56	5135 79	189 60
3560	3716 64	3857 26	142 40	4760	4969 44	5157 46	190 40
3580	3737 52	3878 93	143 20	4780	4990 32	5179 13	191 20
3600	3758 40	3900 60	144 »	4800	5011 20	5200 80	192 »

4

Tous frais non compris	DROIT compris	Tous frais compris	DROIT	Tous frais non compris	DROIT compris	Tous frais compris	DROIT
4820	5032 08	5222 47	192 80	6020	6284 88	6522 67	240 80
4840	5052 96	5244 14	193 60	6040	6305 76	6544 34	241 60
4860	5073 84	5265 81	194 40	6060	6326 64	6566 01	242 40
4880	5094 72	5287 48	195 20	6080	6347 52	6587 68	243 20
4900	5115 60	5309 15	196 »	6100	6368 40	6609 35	244 »
4920	5136 48	5330 82	196 80	6120	6389 28	6631 02	244 80
4940	5157 36	5352 49	197 60	6140	6410 16	6652 69	245 60
4960	5178 24	5374 16	198 40	6160	6431 04	6674 36	246 40
4980	5199 12	5395 83	199 20	6180	6451 92	6696 03	247 20
5000	5220 00	5417 50	200 »	6200	6472 80	6717 70	248 »
5020	5240 88	5439 17	200 80	6220	6493 68	6739 37	248 80
5040	5261 76	5460 84	201 60	6240	6514 56	6761 04	249 60
5060	5282 64	5482 51	202 40	6260	6535 44	6782 71	250 40
5080	5303 52	5504 18	203 20	6280	6556 32	6804 38	251 20
5100	5324 40	5525 85	204 »	6300	6577 20	6826 05	252 »
5120	5345 28	5547 52	204 80	6320	6598 08	6847 72	252 80
5140	5366 16	5569 19	205 60	6340	6618 96	6869 39	253 60
5160	5387 04	5590 86	206 40	6360	6639 84	6891 06	254 40
5180	5407 92	5612 53	207 20	6380	6660 72	6912 73	255 20
5200	5428 80	5634 20	208 »	6400	6681 60	6934 40	256 »
5220	5449 68	5655 87	208 80	6420	6702 48	6956 07	256 80
5240	5470 56	5677 54	209 60	6440	6723 36	6977 74	257 60
5260	5491 44	5699 21	210 40	6460	6744 24	6999 41	258 40
5280	5512 32	5720 88	211 20	6480	6765 12	7021 08	259 20
5300	5533 20	5742 55	212 »	6500	6786 00	7042 75	260 »
5320	5554 08	5764 22	212 80	6520	6806 88	7064 42	260 80
5340	5574 96	5785 89	213 60	6540	6827 76	7086 09	261 60
5360	5595 84	5807 56	214 40	6560	6848 64	7107 76	262 40
5380	5616 72	5829 23	215 20	6580	6869 52	7129 43	263 20
5400	5637 60	5850 90	216 »	6600	6890 40	7151 10	264 »
5420	5658 48	5872 57	216 80	6620	6911 28	7172 77	264 80
5440	5679 36	5894 24	217 60	6640	6932 16	7194 44	265 60
5460	5700 24	5915 91	218 40	6660	6953 04	7216 11	266 40
5480	5721 12	5937 58	219 20	6680	6973 92	7237 78	267 20
5500	5742 00	5959 25	220 »	6700	6994 80	7259 45	268 »
5520	5762 88	5980 92	220 80	6720	7015 68	7281 12	268 80
5540	5783 76	6002 59	221 60	6740	7036 56	7302 79	269 60
5560	5804 64	6024 26	222 40	6760	7057 44	7324 46	270 40
5580	5825 52	6045 93	223 20	6780	7078 32	7346 13	271 20
5600	5846 40	6067 60	224 »	6800	7099 20	7367 80	272 »
5620	5867 28	6089 27	224 80	6820	7120 08	7389 47	272 80
5640	5888 16	6110 94	225 60	6840	7140 96	7411 14	273 60
5660	5909 04	6132 61	226 40	6860	7161 84	7432 81	274 40
5680	5929 92	6154 28	227 20	6880	7182 72	7454 48	275 20
5700	5950 80	6175 95	228 »	6900	7203 60	7476 15	276 »
5720	5971 68	6197 62	228 80	6920	7224 48	7497 82	276 80
5740	5992 56	6219 29	229 60	6940	7245 36	7519 49	277 60
5760	6013 44	6240 96	230 40	6960	7266 24	7541 16	278 40
5780	6034 32	6262 63	231 20	6980	7287 12	7562 83	279 20
5800	6055 20	6284 30	232 »	7000	7308 00	7584 50	280 »
5820	6076 08	6305 97	232 80	7020	7328 88	7606 17	280 80
5840	6096 96	6327 64	233 60	7040	7349 76	7627 84	281 60
5860	6117 84	6349 31	234 40	7060	7370 64	7649 51	282 40
5880	6138 72	6370 98	235 20	7080	7391 52	7671 18	283 20
5900	6159 60	6392 65	236 »	7100	7412 40	7692 85	284 »
5920	6180 48	6414 32	236 80	7120	7433 28	7714 52	284 80
5940	6201 36	6435 99	237 60	7140	7454 16	7736 19	285 60
5960	6222 24	6457 66	238 40	7160	7475 04	7757 86	286 40
5980	6243 12	6479 33	239 20	7180	7495 92	7779 53	287 20
6000	6264 00	6501 00	240 »	7200	7516 80	7801 20	288 »

Tous frais non compris.	DROIT compris.	Tous frais compris.	DROIT.	Tous frais non compris.	DROIT compris.	Tous frais compris.	DROIT.
20	21 21	22 »	1 10	1220	1293 81	1342 »	67 10
40	42 42	44 »	2 20	1240	1315 02	1364 »	68 20
60	63 63	66 »	3 30	1260	1336 23	1386 »	69 30
80	84 84	88 »	4 40	1280	1357 44	1408 »	70 40
100	106 05	110 »	5 50	1300	1378 65	1430 »	71 50
120	127 26	132 »	6 60	1320	1399 86	1452 »	72 60
140	148 47	154 »	7 70	1340	1421 07	1474 »	73 70
160	169 68	176 »	8 80	1360	1442 28	1496 »	74 80
180	190 89	198 »	9 90	1380	1463 49	1518 »	75 90
200	212 10	220 »	11 00	1400	1484 70	1540 »	77 00
220	233 31	242 »	12 10	1420	1505 91	1562 »	78 10
240	254 52	264 »	13 20	1440	1527 12	1584 »	79 20
260	275 73	286 »	14 30	1460	1548 33	1606 »	80 30
280	296 94	308 »	15 40	1480	1569 54	1628 »	81 40
300	318 15	330 »	16 50	1500	1590 75	1650 »	82 50
320	339 36	352 »	17 60	1520	1611 96	1672 »	83 60
340	360 57	374 »	18 70	1540	1633 17	1694 »	84 70
360	381 78	396 »	19 80	1560	1654 38	1716 »	85 80
380	402 99	418 »	20 90	1580	1675 59	1738 »	86 90
400	424 20	440 »	22 00	1600	1696 80	1760 »	88 00
420	445 41	462 »	23 10	1620	1718 01	1782 »	89 10
440	466 62	484 »	24 20	1640	1739 22	1804 »	90 20
460	487 83	506 »	25 30	1660	1760 43	1826 »	91 30
480	509 04	528 »	26 40	1680	1781 64	1848 »	92 40
500	530 25	550 »	27 50	1700	1802 85	1870 »	93 50
520	551 46	572 »	28 60	1720	1824 06	1892 »	94 60
540	572 67	594 »	29 70	1740	1845 27	1914 »	95 70
560	593 88	616 »	30 80	1760	1866 48	1936 »	96 80
580	615 09	638 »	31 90	1780	1887 69	1958 »	97 90
600	636 30	660 »	33 00	1800	1908 90	1980 »	99 00
620	657 51	682 »	34 10	1820	1930 11	2002 »	100 10
640	678 72	704 »	35 20	1840	1951 32	2024 »	101 20
660	699 93	726 »	36 30	1860	1972 53	2046 »	102 30
680	721 14	748 »	37 40	1880	1993 74	2068 »	103 40
700	742 35	770 »	38 50	1900	2014 95	2090 »	104 50
720	763 56	792 »	39 60	1920	2036 16	2112 »	105 60
740	784 77	814 »	40 70	1940	2057 37	2134 »	106 70
760	805 98	836 »	41 80	1960	2078 58	2156 »	107 80
780	827 19	858 »	42 90	1980	2099 79	2178 »	108 90
800	848 40	880 »	44 00	2000	2121 00	2200 »	110 00
820	869 61	902 »	45 10	2020	2142 21	2222 »	111 10
840	890 82	924 »	46 20	2040	2163 42	2244 »	112 20
860	912 03	946 »	47 30	2060	2184 63	2266 »	113 30
880	933 24	968 »	48 40	2080	2205 84	2288 »	114 40
900	954 45	990 »	49 50	2100	2227 05	2310 »	115 50
920	975 66	1012 »	50 60	2120	2248 26	2332 »	116 60
940	996 87	1034 »	51 70	2140	2269 47	2354 »	117 70
960	1018 08	1056 »	52 80	2160	2290 68	2376 »	118 80
980	1039 29	1078 »	53 90	2180	2311 89	2398 »	119 90
1000	1060 50	1100 »	55 00	2200	2333 10	2420 »	121 00
1020	1081 71	1122 »	56 10	2220	2354 31	2442 »	122 10
1040	1102 92	1144 »	57 20	2240	2375 52	2464 »	123 20
1060	1124 13	1166 »	58 30	2260	2396 73	2486 »	124 30
1080	1145 34	1188 »	59 40	2280	2417 94	2508 »	125 40
1100	1166 55	1210 »	60 50	2300	2439 15	2530 »	126 50
1120	1187 76	1232 »	61 60	2320	2460 36	2552 »	127 60
1140	1208 97	1254 »	62 70	2340	2481 57	2574 »	128 70
1160	1230 18	1276 »	63 80	2360	2502 78	2596 »	129 80
1180	1251 39	1298 »	64 90	2380	2523 99	2618 »	130 90
1200	1272 60	1320 »	66 00	2400	2545 20	2640 »	132 00

550

Tous frais non compris.	DROIT compris.	Tous frais compris.	DROIT.	Tous frais non compris.	DROIT compris.	Tous frais compris.	DROIT.
2420	2566 11	2662 »	133 10	3620	3839 01	3982 »	199 10
2440	2587 62	2684 »	134 20	3640	3860 22	4004 »	200 20
2460	2608 83	2706 »	135 30	3660	3881 43	4026 »	201 30
2480	2630 04	2728 »	136 40	3680	3902 64	4048 »	202 40
2500	2651 25	2750 »	137 50	3700	3923 85	4070 »	203 50
2520	2672 46	2772 »	138 60	3720	3945 06	4092 »	204 60
2540	2693 67	2794 »	139 70	3740	3966 27	4114 »	205 70
2560	2714 88	2816 »	140 80	3760	3987 48	4136 »	206 80
2580	2736 09	2838 »	141 90	3780	4008 69	4158 »	207 90
2600	2757 30	2860 »	143 00	3800	4029 90	4180 »	209 00
2620	2778 51	2882 »	144 10	3820	4051 11	4202 »	210 10
2640	2799 72	2904 »	145 20	3840	4072 32	4224 »	211 20
2660	2820 93	2926 »	146 30	3860	4093 53	4246 »	212 30
2680	2842 14	2948 »	147 40	3880	4114 74	4268 »	213 40
2700	2863 35	2970 »	148 50	3900	4135 95	4290 »	214 50
2720	2884 56	2992 »	149 60	3920	4157 16	4312 »	215 60
2740	2905 77	3014 »	150 70	3940	4178 37	4334 »	216 70
2760	2926 98	3036 »	151 80	3960	4199 58	4356 »	217 80
2780	2948 19	3058 »	152 90	3980	4220 79	4378 »	218 90
2800	2969 40	3080 »	154 00	4000	4242 00	4400 »	220 00
2820	2990 61	3102 »	155 10	4020	4263 21	4422 »	221 10
2840	3011 82	3124 »	156 20	4040	4284 42	4444 »	222 20
2860	3033 03	3146 »	157 30	4060	4305 63	4466 »	223 30
2880	3054 24	3168 »	158 40	4080	4326 84	4488 »	224 40
2900	3075 45	3190 »	159 50	4100	4348 05	4510 »	225 50
2920	3096 66	3212 »	160 60	4120	4369 26	4532 »	226 60
2940	3117 87	3234 »	161 70	4140	4390 47	4554 »	227 70
2960	3139 08	3256 »	162 80	4160	4411 68	4576 »	228 80
2980	3160 29	3278 »	163 90	4180	4432 89	4598 »	229 90
3000	3181 50	3300 »	165 00	4200	4454 10	4620 »	231 00
3020	3202 71	3322 »	166 10	4220	4475 31	4642 »	232 10
3040	3223 92	3344 »	167 20	4240	4496 52	4664 »	233 20
3060	3245 13	3366 »	168 30	4260	4517 73	4686 »	234 30
3080	3266 34	3388 »	169 40	4280	4538 94	4708 »	235 40
3100	3287 55	3410 »	170 50	4300	4560 15	4730 »	236 50
3120	3308 76	3432 »	171 60	4320	4581 36	4752 »	237 60
3140	3329 97	3454 »	172 70	4340	4602 57	4774 »	238 70
3160	3351 18	3476 »	173 80	4360	4623 78	4796 »	239 80
3180	3372 39	3498 »	174 90	4380	4644 99	4818 »	240 90
3200	3393 60	3520 »	176 00	4400	4666 20	4840 »	242 00
3220	3414 81	3542 »	177 10	4420	4687 41	4862 »	243 10
3240	3436 02	3564 »	178 20	4440	4708 62	4884 »	244 20
3260	3457 23	3586 »	179 30	4460	4729 83	4906 »	245 30
3280	3478 44	3608 »	180 40	4480	4751 04	4928 »	246 40
3300	3499 65	3630 »	181 50	4500	4772 25	4950 »	247 50
3320	3520 86	3652 »	182 60	4520	4793 46	4972 »	248 60
3340	3542 07	3674 »	183 70	4540	4814 67	4994 »	249 70
3360	3563 28	3696 »	184 80	4560	4835 88	5016 »	250 80
3380	3584 49	3718 »	185 90	4580	4857 09	5038 »	251 90
3400	3605 70	3740 »	187 00	4600	4878 30	5060 »	253 00
3420	3626 91	3762 »	188 10	4620	4899 51	5082 »	254 10
3440	3648 12	3784 »	189 20	4640	4920 72	5104 »	255 20
3460	3669 33	3806 »	190 30	4660	4941 93	5126 »	256 30
3480	3690 54	3828 »	191 40	4680	4963 14	5148 »	257 40
3500	3711 75	3850 »	192 50	4700	4984 35	5170 »	258 50
3520	3732 96	3872 »	193 60	4720	5005 56	5192 »	259 60
3540	3754 17	3894 »	194 70	4740	5026 77	5214 »	260 70
3560	3775 38	3916 »	195 80	4760	5047 98	5236 »	261 80
3580	3796 59	3938 »	196 90	4780	5069 19	5258 »	262 90
3600	3817 80	3960 »	198 00	4800	5090 40	5280 »	264 00

Tous frais non compris.	DROIT compris.	Tous frais compris.	DROIT.	Tous frais non compris.	DROIT compris.	Tous frais compris.	DROIT.
4820	5111 61	5302 »	265 10	6020	6384 21	6622 »	331 10
4840	5132 82	5324 »	266 20	6040	6405 42	6644 »	332 20
4860	5154 03	5346 »	267 30	6060	6426 63	6666 »	333 30
4880	5175 24	5368 »	268 40	6080	6447 84	6688 »	334 40
4900	5196 45	5390 »	269 50	6100	6469 05	6710 »	335 50
4920	5217 66	5412 »	270 60	6120	6490 26	6732 »	336 60
4940	5238 87	5434 »	271 70	6140	6511 47	6754 »	337 70
4960	5260 08	5456 »	272 80	6160	6532 68	6776 »	338 80
4980	5281 29	5478 »	273 90	6180	6553 89	6798 »	339 90
5000	5302 50	5500 »	275 00	6200	6575 10	6820 »	341 00
5020	5323 71	5522 »	276 10	6220	6596 31	6842 »	342 10
5040	5344 92	5544 »	277 20	6240	6617 52	6864 »	343 20
5060	5366 13	5566 »	278 30	6260	6638 73	6886 »	344 30
5080	5387 34	5588 »	279 40	6280	6659 94	6908 »	345 40
5100	5408 55	5610 »	280 50	6300	6681 15	6930 »	346 50
5120	5429 76	5632 »	281 60	6320	6702 36	6952 »	347 60
5140	5450 97	5654 »	282 70	6340	6723 57	6974 »	348 70
5160	5472 18	5676 »	283 80	6360	6744 78	6996 »	349 80
5180	5493 39	5698 »	284 90	6380	6765 99	7018 »	350 90
5200	5514 60	5720 »	286 00	6400	6787 20	7040 »	352 00
5220	5535 81	5742 »	287 10	6420	6808 41	7062 »	353 10
5240	5557 02	5764 »	288 20	6440	6829 62	7084 »	354 20
5260	5578 23	5786 »	289 30	6460	6850 83	7106 »	355 30
5280	5599 44	5808 »	290 40	6480	6872 04	7128 »	356 40
5300	5620 65	5830 »	291 50	6500	6893 25	7150 »	357 50
5320	5641 86	5852 »	292 60	6520	6914 46	7172 »	358 60
5340	5663 07	5874 »	293 70	6540	6935 67	7194 »	359 70
5360	5684 28	5896 »	294 80	6560	6956 88	7216 »	360 80
5380	5705 49	5918 »	295 90	6580	6978 09	7238 »	361 90
5400	5726 70	5940 »	297 00	6600	6999 30	7260 »	363 00
5420	5747 91	5962 »	298 10	6620	7020 51	7282 »	364 10
5440	5769 12	5984 »	299 20	6640	7041 72	7304 »	365 20
5460	5790 33	6006 »	300 30	6660	7062 93	7326 »	366 30
5480	5811 54	6028 »	301 40	6680	7084 14	7348 »	367 40
5500	5832 75	6050 »	302 50	6700	7105 35	7370 »	368 50
5520	5853 96	6072 »	303 60	6720	7126 56	7392 »	369 60
5540	5875 17	6094 »	304 70	6740	7147 77	7414 »	370 70
5560	5896 38	6116 »	305 80	6760	7168 98	7436 »	371 80
5580	5917 59	6138 »	306 90	6780	7190 19	7458 »	372 90
5600	5938 80	6160 »	308 00	6800	7211 40	7480 »	374 00
5620	5960 01	6182 »	309 10	6820	7232 61	7502 »	375 10
5640	6981 22	6204 »	310 20	6840	7253 82	7524 »	376 20
5660	6002 43	6226 »	311 30	6860	7274 03	7546 »	377 30
5680	6023 64	6248 »	312 40	6880	7295 24	7568 »	378 40
5700	6044 85	6270 »	313 50	6900	7316 45	7590 »	379 50
5720	6066 06	6292 »	314 60	6920	7337 66	7612 »	380 60
5740	6087 27	6314 »	315 70	6940	7359 87	7634 »	381 70
5760	6108 48	6336 »	316 80	6960	7381 08	7656 »	382 80
5780	6129 69	6358 »	317 90	6980	7402 29	7678 »	383 90
5800	6150 90	6380 »	319 00	7000	7423 50	7700 »	385 00
5820	6172 11	6402 »	320 10	7020	7444 71	7722 »	386 10
5840	6193 32	6424 »	321 20	7040	7465 92	7744 »	387 20
5860	6214 53	6446 »	322 30	7060	7487 13	7766 »	388 30
5880	6235 74	6468 »	323 40	7080	7508 34	7788 »	389 40
5900	6256 95	6490 »	324 50	7100	7529 55	7810 »	390 50
5920	6278 16	6512 »	325 60	7120	7550 76	7832 »	391 60
5940	6299 37	6534 »	326 70	7140	7571 97	7854 »	392 70
5960	6320 58	6556 »	327 80	7160	7593 18	7876 »	393 80
5980	6341 79	6578 »	328 90	7180	7614 39	7898 »	394 90
6000	6363 00	6600 »	330 00	7200	7635 60	7920 »	396 00

SOMMES.	DROITS.	20 FRˢ.	40 FRˢ.	60 FRˢ.	80 FRˢ.	SOMMES.	DROITS.
fr.	fr. c.	1 30	2 60	3 90	5 20	6000	390 »
100	6 50	7 80	9 10	10 40	11 70	6020	391 30
200	13 »	14 30	15 60	16 90	18 20	6040	392 60
300	19 50	20 80	22 10	23 40	24 70	6060	393 90
400	26 »	27 30	28 60	29 90	31 20	6080	395 20
500	32 50	33 80	35 10	36 40	37 70	6100	396 50
600	39 »	40 30	41 60	42 90	44 20	6120	397 80
700	45 50	46 80	48 10	49 40	50 70	6140	399 10
800	52 »	53 30	54 60	55 90	57 20	6160	400 40
900	58 50	59 80	61 10	62 40	63 70	6180	401 70
1000	65 »	66 30	67 60	68 90	70 20	6200	403 »
1100	71 50	72 80	74 10	75 40	76 70	6220	404 30
1200	78 »	79 30	80 60	81 90	83 20	6240	405 60
1300	84 50	85 80	87 10	88 40	89 70	6260	406 90
1400	91 »	92 30	93 60	94 90	96 20	6280	408 20
1500	97 50	98 80	100 10	101 40	102 70	6300	409 50
1600	104 »	105 30	106 60	107 90	109 20	6320	410 80
1700	110 50	111 80	113 10	114 40	115 70	6340	412 10
1800	117 »	118 30	119 60	120 90	122 20	6360	413 40
1900	123 50	124 80	126 10	127 40	128 70	6380	414 70
2000	130 »	131 30	132 60	133 90	135 20	6400	416 »
2100	136 50	137 80	139 10	140 40	141 70	6420	417 30
2200	143 »	144 30	145 60	146 90	148 20	6440	418 60
2300	149 50	150 80	152 10	153 40	154 70	6460	419 90
2400	156 »	157 30	158 60	159 90	161 20	6480	421 20
2500	162 50	163 80	165 10	166 40	167 70	6500	422 50
2600	169 »	170 30	171 60	172 90	174 20	6520	423 80
2700	175 50	176 80	178 10	179 40	180 70	6540	425 10
2800	182 »	183 30	184 60	185 90	187 20	6560	426 40
2900	188 50	189 80	191 10	192 40	193 70	6580	427 70
3000	195 »	196 30	197 60	198 90	200 20	6600	429 »
3100	201 50	202 80	204 10	205 40	206 70	6620	430 30
3200	208 »	209 30	210 60	211 90	213 20	6640	431 60
3300	214 50	215 80	217 10	218 40	219 70	6660	432 90
3400	221 »	222 30	223 60	224 90	226 20	6680	434 20
3500	227 50	228 80	230 10	231 40	232 70	6700	435 50
3600	234 »	235 30	236 60	237 90	239 20	6720	436 80
3700	240 50	241 80	243 10	244 40	245 70	6740	438 10
3800	247 »	248 30	249 60	250 90	252 20	6760	439 40
3900	253 50	254 80	256 10	257 40	258 70	6780	440 70
4000	260 »	261 30	262 60	263 90	265 20	6800	442 »
4100	266 50	267 80	269 10	270 40	271 70	6820	443 30
4200	273 »	274 30	275 60	276 90	278 20	6840	444 60
4300	279 50	280 80	282 10	283 40	284 70	6860	445 90
4400	286 »	287 30	288 60	289 90	291 20	6880	447 20
4500	292 50	293 80	295 10	296 40	297 70	6900	448 50
4600	299 »	300 30	301 60	302 90	304 20	6920	449 80
4700	305 50	306 80	308 10	309 40	310 70	6940	451 10
4800	312 »	313 30	314 60	315 90	317 20	6960	452 40
4900	318 50	319 80	321 10	322 40	323 70	6980	453 70
5000	325 »	326 30	327 60	328 90	330 20	7000	455 »
5100	331 50	332 80	334 10	335 40	336 70	7020	456 30
5200	338 »	339 30	340 60	341 90	343 20	7040	457 60
5300	344 50	345 80	347 10	348 40	349 70	7060	458 90
5400	351 »	352 30	353 60	354 90	356 20	7080	460 20
5500	357 50	358 80	360 10	361 40	362 70	7100	461 50
5600	364 »	365 30	366 60	367 90	369 20	7120	462 80
5700	370 50	371 80	373 10	374 40	375 70	7140	464 10
5800	377 »	378 30	379 60	380 90	382 20	7160	465 40
5900	383 50	384 80	386 10	387 40	388 70	7180	466 70

www.ingramcontent.com/pod-product-compliance
Ingram Content Group UK Ltd.
Pitfield, Milton Keynes, MK11 3LW, UK
UKHW021637170726
13836UKWH00005B/2245

9 782329 386782